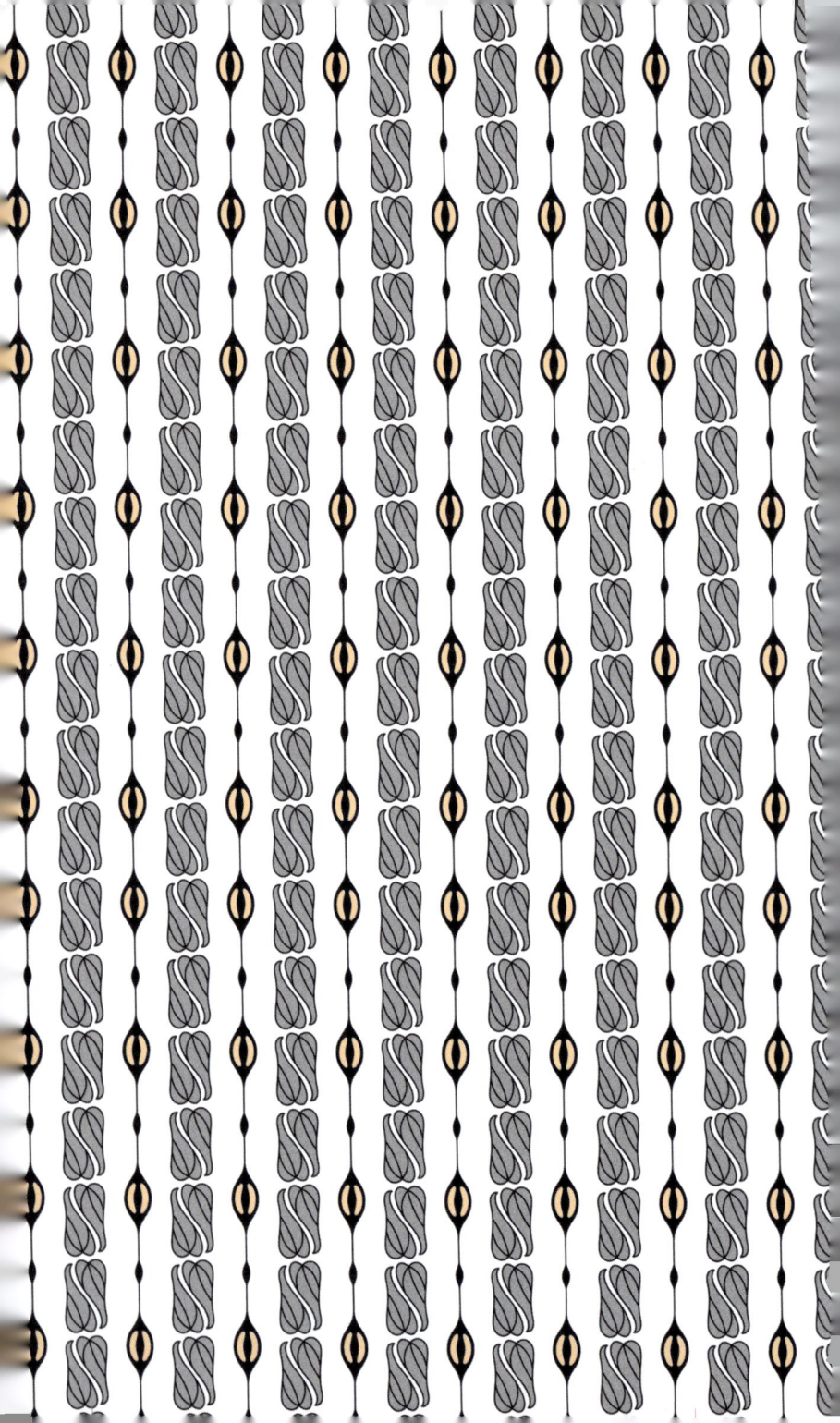

**SIGMUND**
# FREUD
**OBRAS COMPLETAS**

**SIGMUND**
# FREUD
**OBRAS COMPLETAS VOLUME 19**
**MOISÉS E O MONOTEÍSMO,
COMPÊNDIO DE PSICANÁLISE
E OUTROS TEXTOS**
# (1937-1939)

**TRADUÇÃO PAULO CÉSAR DE SOUZA**

*6ª reimpressão*

COMPANHIA DAS LETRAS

Copyright da tradução © 2018 by Paulo César Lima de Souza

*Grafia atualizada segundo o Acordo Ortográfico da Língua Portuguesa de 1990, que entrou em vigor no Brasil em 2009.*

Os textos deste volume foram traduzidos de *Gesammelte Werke*, volumes XVI e XVII (Londres: Imago, 1950 e 1941). Os títulos originais estão na página inicial de cada texto. A outra edição alemã referida é *Studienausgabe* (Frankfurt: Fischer, 2000).

Capa e projeto gráfico
Raul Loureiro / Claudia Warrak

Imagens das pp. 3 e 4, obras da coleção pessoal de Freud:
*Ísis amamentando Hórus menino*, Egito, 664-525 a.C., 21,5 cm
*Amon-Rá*, Egito, 716-332 a.C., 21,2 cm
Freud Museum, Londres

Preparação
Célia Euvaldo

Índice remissivo
Luciano Marchiori

Revisão
Huendel Viana
Angela das Neves

---

Dados Internacionais de Catalogação na Publicação (CIP)
(Câmara Brasileira do Livro, SP, Brasil)

Freud, Sigmund, 1856-1939.
 Obras completas, volume 19 : Moisés e o monoteísmo, Compêndio de psicanálise e outros textos (1937-1939) / Sigmund Freud; tradução Paulo César de Souza. — 1ª ed. — São Paulo: Companhia das Letras, 2018.

Título original: Gesammelte Werke
ISBN 978-85-359-3050-4

1. Freud, Sigmund, 1856-1939 2. Psicanálise 3. Psicologia 4. Psicoterapia I. Título.

17-11191      CDD-150.1952

Índice para catálogo sistemático:
1. Sigmund, Freud : Obras completas : Psicologia analítica    150.1952

---

Todos os direitos desta edição reservados à
EDITORA SCHWARCZ S.A.
Rua Bandeira Paulista, 702, cj. 32
04532-002 — São Paulo — SP
Telefone: (11) 3707-3500
www.companhiadasletras.com.br
www.blogdacompanhia.com.br
facebook.com/companhiadasletras
instagram.com/companhiadasletras
twitter.com/cialetras

# SUMÁRIO

**ESTA EDIÇÃO** 9

**MOISÉS E O MONOTEÍSMO: TRÊS ENSAIOS (1939 [1934-1938])** 13
    I. MOISÉS, UM EGÍPCIO 14
    II. SE MOISÉS ERA UM EGÍPCIO... 27
    III. MOISÉS, SEU POVO E O MONOTEÍSMO 78
        PRIMEIRA PARTE 78
            NOTA PRELIMINAR I 78
            NOTA PRELIMINAR II 81
            A. A PREMISSA HISTÓRICA 83
            B. PERÍODO DE LATÊNCIA E TRADIÇÃO 94
            C. A ANALOGIA 102
            D. APLICAÇÃO 113
            E. DIFICULDADES 130
        SEGUNDA PARTE 143
            RESUMO E RECAPITULAÇÃO 143
            A. O POVO DE ISRAEL 145
            B. O GRANDE HOMEM 148
            C. O AVANÇO NA ESPIRITUALIDADE 154
            D. RENÚNCIA INSTINTUAL 160
            E. O CONTEÚDO DE VERDADE DA RELIGIÃO 169
            F. O RETORNO DO REPRIMIDO 172
            G. A VERDADE HISTÓRICA 176
            H. A EVOLUÇÃO HISTÓRICA 181

**COMPÊNDIO DE PSICANÁLISE (1940 [1938])** 189
    [PREFÁCIO] 190
    PARTE I — [A NATUREZA DO PSÍQUICO] 190
        1. O APARELHO PSÍQUICO 190
        2. TEORIA DOS INSTINTOS 195
        3. O DESENVOLVIMENTO DA FUNÇÃO SEXUAL 199
        4. QUALIDADES PSÍQUICAS 205
        5. EXPLICAÇÃO COM BASE NA INTERPRETAÇÃO DOS SONHOS 215
    PARTE II — A TAREFA PRÁTICA 225
        6. A TÉCNICA PSICANALÍTICA 225
        7. UMA AMOSTRA DO TRABALHO PSICANALÍTICO 240

PARTE III — O GANHO TEÓRICO 256
    8. O APARELHO PSÍQUICO E O MUNDO EXTERIOR 256
    9. O MUNDO INTERIOR 270

**ANÁLISE TERMINÁVEL E INTERMINÁVEL (1937)** 274

**CONSTRUÇÕES NA ANÁLISE (1937)** 327

**A CISÃO DO EU NO PROCESSO DE DEFESA (1940 [1938])** 345

**ALGUMAS LIÇÕES ELEMENTARES DE PSICANÁLISE (1940 [1938])** 351

**TEXTOS BREVES (1937-1938)** 361
    LOU ANDREAS-SALOMÉ [1861-1937] 362
    CONCLUSÕES, IDEIAS, PROBLEMAS 363
    UM COMENTÁRIO SOBRE O ANTISSEMITISMO 365
    O ANTISSEMITISMO NA INGLATERRA 368

**ÍNDICE REMISSIVO** 371

## ESTA EDIÇÃO

Esta edição das obras completas de Sigmund Freud pretende ser a primeira, em língua portuguesa, traduzida do original alemão e organizada na sequência cronológica em que apareceram originalmente os textos.

A afirmação de que são obras completas pede um esclarecimento. Não se incluem os textos de neurologia, isto é, não psicanalíticos, anteriores à criação da psicanálise. Isso porque o próprio autor decidiu deixá-los de fora quando se fez a primeira edição completa de suas obras, nas décadas de 1920 e 30. No entanto, vários textos pré-psicanalíticos, já psicológicos, serão incluídos nos dois primeiros volumes. A coleção inteira será composta de vinte volumes, sendo dezenove de textos e um de índices e bibliografia.

A edição alemã que serviu de base para esta foi *Gesammelte Werke* [Obras completas], publicada em Londres entre 1940 e 1952. Agora pertence ao catálogo da editora Fischer, de Frankfurt, que também recolheu num grosso volume, intitulado *Nachtragsband* [Volume suplementar], inúmeros textos menores ou inéditos que haviam sido omitidos na edição londrina. Apenas alguns deles foram traduzidos para a presente edição, pois muitos são de caráter apenas circunstancial.

A ordem cronológica adotada pode sofrer pequenas alterações no interior de um volume. Os textos considerados mais importantes do período coberto pelo volume, cujos títulos aparecem na página de rosto, vêm em primeiro lugar. Em uma ou outra ocasião, são reunidos aqueles que tratam de um só tema, mas não foram publicados sucessivamente; é o caso dos artigos sobre a técnica psicanalítica, por exemplo. Por fim, os textos mais curtos são agrupados no final do volume.

Embora constituam a mais ampla reunião de textos de Freud, os dezessete volumes dos *Gesammelte Werke* foram sofrivelmente editados, talvez devido à penúria dos anos de guerra e de pós-guerra na Europa. Embora ordenados cronologicamente, não indicam sequer o ano da publicação de cada trabalho. O texto em si é geralmente confiável, mas sempre que possível foi cotejado com a *Studienausgabe* [Edição de estudos], publicada pela Fischer em 1969-75, da qual consultamos uma edição revista, lançada posteriormente. Trata-se de onze volumes organizados por temas (como a primeira coleção de obras de Freud), que não incluem vários textos secundários ou de conteúdo repetido, mas incorporam, traduzidas para o alemão, as apresentações e notas que o inglês James Strachey redigiu para a *Standard edition* (Londres, Hogarth Press, 1955-66).

O objetivo da presente edição é oferecer os textos com o máximo de fidelidade ao original, sem interpretações de comentaristas e teóricos posteriores da psicanálise, que devem ser buscadas na imensa bibliografia sobre o tema. Informações sobre a gênese de cada obra também podem ser encontradas na literatura secundária. Para questionamentos de pontos específicos e do próprio conjunto da teoria freudiana, o leitor deve recorrer à literatura crítica de M. Macmillan, F. Cioffi, J. Van Rillaer, E. Gellner e outros.

Após o título de cada texto há apenas a referência bibliográfica da primeira publicação, não a das edições subsequentes ou em outras línguas, que interessam tão somente a alguns especialistas. Entre parênteses se acha o ano da publicação original; havendo transcorrido mais de um ano entre a redação e a publicação, a data da redação aparece entre colchetes. As indicações bibliográficas do autor foram normalmente conservadas tais como ele as redigiu, isto é, não foram substituídas por edições mais recentes das obras citadas. Mas sempre é fornecido o ano da publicação, que, no caso de remissões do autor a seus próprios textos, permite que o leitor os localize sem maior dificuldade, tanto nesta como em outras edições das obras de Freud.

As notas do tradutor geralmente informam sobre os termos e passagens de versão problemática, para que o leitor tenha uma ideia mais precisa de seu significado e para justificar em alguma medida as soluções aqui adotadas. Nessas notas são reproduzidos os equivalentes achados em algumas versões estrangeiras dos textos, em línguas aparentadas ao português e ao alemão. Não utilizamos as duas versões das obras completas já aparecidas em português, das editoras Delta e Imago, pois não foram traduzidas do alemão, e sim do francês e do espanhol (a primeira) e do inglês (a segunda).

No tocante aos termos considerados técnicos, não existe a pretensão de impor as escolhas aqui feitas, como se fossem absolutas. Elas apenas pareceram as menos insatisfatórias para o tradutor, e os leitores e profissionais que empregam termos diferentes, conforme suas diferentes abordagens e percepções da psicanálise, devem sentir-se à vontade para conservar suas opções; que cada qual seja "feliz à sua maneira", como disse aquele famoso rei da Prússia, citado por Freud.

P.C.S.

# MOISÉS E O MONOTEÍSMO: TRÊS ENSAIOS (1939 [1934-1938])

TÍTULO ORIGINAL: *DER MANN MOSES UND DIE MONOTHEISTISCHE RELIGION: DREI ABHANDLUNGEN*. OS DOIS PRIMEIROS ENSAIOS FORAM PUBLICADOS ORIGINALMENTE EM DOIS NÚMEROS DE *IMAGO*, 23 (1) E (4), 1937. A PRIMEIRA EDIÇÃO COMO LIVRO SAIU EM AMSTERDAM: ALLERT DE LANGE, 241 PP. TRADUZIDO DE *GESAMMELTE WERKE* XVI, PP. 101-246. TAMBÉM SE ACHA EM *STUDIENAUSGABE* IX, PP. 455-581.

## I. MOISÉS, UM EGÍPCIO

Privar um povo do homem celebrado como o maior dos seus filhos não é algo que se faça com prazer ou de forma leviana, ainda mais quando quem o faz pertence a esse povo. Mas nenhuma consideração desse tipo nos levará a preterir a verdade em favor de supostos interesses nacionais, e é lícito esperar que o esclarecimento de um conjunto de fatos resulte num ganho para o nosso conhecimento.

O homem Moisés, que para o povo judeu foi libertador, legislador e fundador da religião, pertence a uma época tão remota que não podemos evitar a questão preliminar de saber se ele foi uma personalidade histórica ou uma criatura lendária. Se realmente viveu, foi no século XIII, talvez no século XIV antes da nossa era; dele não temos outras informações exceto as contidas nos livros sagrados e nas tradições judaicas que nos chegaram em manuscritos. Não há certeza definitiva quanto a isso, portanto, mas a grande maioria dos historiadores sustenta que Moisés viveu realmente e que o êxodo do Egito, a ele associado, ocorreu de fato. Argumenta-se, com razão, que a história posterior do povo de Israel não seria compreensível se não aceitássemos esta premissa. A ciência de hoje tornou-se mais cautelosa, e lida com as tradições de modo bem mais indulgente do que no período inicial da crítica histórica.

A primeira coisa que nos chama a atenção, na pessoa de Moisés, é o nome: *Mosche*, em hebraico. Cabe perguntar de onde ele vem e o que significa. Como sabemos, o

## I. MOISÉS, UM EGÍPCIO

relato que há no segundo capítulo do Êxodo já traz uma resposta. Ali se conta que a princesa egípcia que salvou o bebê abandonado no rio Nilo deu-lhe esse nome, com uma explicação etimológica: "pois eu o retirei da água". Mas essa justificação é claramente insatisfatória. "A interpretação bíblica do nome, 'o retirado das águas'", considera um autor do *Jüdisches Lexikon* [Enciclopédia Judaica],[1] "é etimologia popular, com a qual não se harmoniza a forma hebraica ativa ('Mosche' pode significar, quando muito, 'aquele que retira')." Podemos lembrar dois outros motivos para concordar com essa rejeição: primeiro, não faz sentido achar que uma princesa egípcia tirou o nome do hebraico; segundo, a água de onde o menino foi retirado provavelmente não foi a do Nilo.

Há muito tempo, diferentes autores vêm manifestando a suspeita de que o nome Moisés é do idioma egípcio. Em vez de elencar todos os que se pronunciaram nesse sentido, citarei, traduzindo-a, a passagem relevante de um livro mais recente de J. H. Breasted,[2] autor cuja *History of Egypt* (1906) é considerada fundamental.

> "É digno de nota que seu nome, Moisés, era egípcio. É simplesmente a palavra egípcia *mose*, que significa 'filho', e constitui a abreviação de formas mais completas como, por exemplo, Amon-mose, que significa 'Amon-filho', ou

---

1 *Jüdisches Lexikon*, criado por Herlitz e Kirschner, v. IV, 1930, Berlim: Jüdischer Verlag.
2 *The Dawn of Conscience* [A aurora da consciência], Londres, 1934, p. 350.

Ptah-mose, 'Ptah-filho', nomes que, por sua vez, são abreviações das frases 'Amon (presenteou) um filho', ou 'Ptah (presenteou) um filho'. O nome 'filho' logo se tornou um substituto prático para o extenso nome completo, e não é raro encontrar a forma 'Mose' em monumentos egípcios. Certamente o pai de Moisés havia dado ao filho um nome que incluía o de um deus como 'Ptah' ou 'Amon', e esse nome divino gradualmente se perdeu no uso cotidiano, até que o menino foi chamado apenas 'Moisés' (o *s* final vem da tradução grega do Velho Testamento; tampouco pertence ao hebraico, em que o nome é 'Mosche')."

Apenas reproduzi a passagem literalmente, e de modo algum me disponho a partilhar todas as suas afirmações. Também me surpreende um pouco o fato de Breasted não haver mencionado justamente os nomes teóforos análogos que se acham na lista dos reis egípcios, como *Ah-mose*, *Thut-mose* (Tutmés) e *Ra-mose* (Ramsés).

Ora, seria de esperar que, entre os muitos estudiosos que reconheceram o nome de Moisés como egípcio, alguns tivessem tirado a conclusão ou, pelo menos, considerado a possibilidade de que o portador do nome era ele próprio um egípcio. No tocante à época moderna, não hesitamos em fazer tal inferência, embora nos dias de hoje uma pessoa não tenha só um nome, mas dois, o de família e o prenome, e embora mudanças de nome e adaptações não estejam excluídas nas circunstâncias mais recentes. Assim, não nos admiramos ao constatar que o escritor Adelbert von Chamisso é de origem francesa, que Napoleão Bonaparte, por outro lado, é de ascendência italia-

## I. MOISÉS, UM EGÍPCIO

na, e que Benjamin Disraeli é mesmo um judeu italiano, como seu nome leva a crer. Em relação a épocas antigas, pensaríamos que a inferência da nacionalidade a partir do nome deveria ser mais confiável ainda, e até mesmo conclusiva. Pelo que sei, no entanto, nenhum historiador chegou a essa conclusão no caso de Moisés, mesmo entre aqueles, como Breasted, que admitem que Moisés "era familiarizado com toda a sabedoria dos egípcios".[3]

Não é possível dizer com segurança o que os impediu de fazê-lo. O respeito pela tradição bíblica talvez fosse insuperável. A ideia de que Moisés podia não ser hebreu talvez lhes parecesse uma enormidade. De toda forma, verifica-se que a admissão do nome egípcio não é considerada decisiva para um julgamento sobre a origem de Moisés, e que não leva a outras conclusões mais. Se a questão da nacionalidade desse grande homem for vista como algo significativo, será desejável trazer material novo que contribua para uma resposta.

É o que pretende este meu breve ensaio. Se ele tem direito a um espaço na revista *Imago*, é porque o seu teor constitui uma aplicação da psicanálise. Sem dúvida, o argumento a que chegaremos só causará impressão naquela minoria de leitores familiarizada com o pensamento analítico e capaz de apreciar os seus resultados. Mas a esses leitores ele parecerá significativo, espero.

---

3 Op. cit., p. 334. Embora a suposição de que Moisés era egípcio tenha sido muitas vezes manifestada sem referência ao nome, dos tempos mais antigos à atualidade.

Em 1909, Otto Rank, ainda sob minha influência então, publicou, estimulado por mim, um trabalho com o título *O mito do nascimento do herói*.⁴ Aborda o fato de que

"quase todos os povos civilizados relevantes [...] glorificaram bem cedo, em poemas e sagas, os seus heróis, seus lendários reis e príncipes, criadores de religiões, fundadores de dinastias, reinos e cidades, em suma, os seus heróis nacionais. Dotaram de características fantásticas, em especial, a história do nascimento e da infância desses indivíduos, e a espantosa semelhança, até mesmo coincidência literal dessas características em povos diversos, às vezes muito distantes e independentes um do outro, há muito é conhecida e chamou a atenção de não poucos pesquisadores."

Se, seguindo Rank e utilizando a técnica de Galton,* construirmos uma "lenda média" que destaque os traços essenciais de todas essas histórias, obteremos o seguinte quadro:

---

4 Editado por Franz Deuticke, quinto volume dos *Schriften zur angewandte Seelenkunde* [Textos de psicologia aplicada]. É algo distante da minha intenção diminuir o valor das contribuições independentes de Rank nesse trabalho.

* Referência às "fotografias sobrepostas de Galton, que, para identificar semelhanças entre parentes, fotografou vários rostos com a mesma chapa" (*Interpretação dos sonhos*, cap. IV). [As notas chamadas por asterisco e as interpolações às notas do autor, entre colchetes, são de autoria do tradutor. As notas do autor são sempre numeradas.]

## I. MOISÉS, UM EGÍPCIO

"O herói é filho de pais *bastante nobres*, geralmente o filho de um rei."

"Sua concepção é precedida de dificuldades, como abstinência, longa infertilidade ou relacionamento secreto dos pais, devido a proibições ou empecilhos externos. Durante a gravidez, ou já antes dela, ocorre um anúncio (em forma de sonho ou oráculo) prevenindo contra o seu nascimento, que quase sempre assinala um perigo para o pai."

"Por causa disso, o recém-nascido é destinado ao abandono ou à morte, geralmente por ordem *do pai ou de quem o substitui*; normalmente o deixam *na água*, dentro de uma *caixa*."

"Então ele é salvo por animais ou por *gente humilde* (como *pastores*) e amamentado pela *fêmea de um animal* ou por uma *mulher humilde*."

"Tendo crescido, depois de muitas peripécias ele reencontra os pais nobres, *vinga-se* do pai, é *reconhecido* e conquista fama e grandeza."

A mais antiga personalidade histórica associada a esse mito é Sargão de Agade, fundador do reino da Babilônia (por volta de 2800 a.C.). Para nós, tem interesse particular a citação do relato atribuído a ele mesmo:

"Sou Sargão, o rei poderoso, o rei de Agade. Minha mãe era uma vestal, meu pai não conheci, e o irmão de meu pai habitava as montanhas. Na minha cidade de Azupirani, à beira do Eufrates, minha mãe, a vestal, engravidou de mim. Às escondidas ela me deu à luz. *Ela me pôs numa canastra de juncos*, tapou com piche as entradas e me dei-

*xou na corrente*, que não me afogou. A corrente me levou até Akki, o aguadeiro. Akki, o aguadeiro, na bondade do seu coração me recolheu. *Akki, o aguadeiro, criou-me como seu próprio filho.* Akki, o aguadeiro, fez de mim seu jardineiro. Em meu trabalho de jardineiro, Istar [a deusa] tomou afeição por mim, eu me tornei rei e por 45 anos exerci o poder real."

Os nomes que mais conhecemos, da série que tem início com Sargão de Agade, são Moisés, Ciro e Rômulo. Além deles, porém, Rank juntou grande número de figuras heroicas da literatura ou da lenda, das quais se conta a mesma história do nascimento e juventude, inteiramente ou em trechos reconhecíveis: Édipo, Karna, Páris, Télefo, Perseu, Hércules, Gilgamesh, Anfião, Zeto e outros.*
As pesquisas de Rank nos fizeram conhecer a fonte e o propósito desse mito. Basta que eu me refira a elas com frases sucintas. Herói é quem se rebelou corajosamente contra o pai e, por fim, triunfou sobre ele. Nosso mito faz remontar essa luta até os primórdios do indivíduo, pois o bebê nasce contra a vontade do pai e é salvo à revelia dele, de sua má intenção. O abandono na caixa é uma inequívoca representação simbólica do nascimento, a caixa sendo o ventre da mãe, e a água, o líquido amniótico. Em inúmeros sonhos, a relação pais-filho é representada pela ação de tirar ou salvar da água. Quan-

---

* São personagens da mitologia grega, excetuando Karna, que pertence ao *Mahabharata*, o épico hindu, e Gilgamesh, o herói babilônio.

## I. MOISÉS, UM EGÍPCIO

do a imaginação popular vincula a uma personalidade extraordinária esse mito do nascimento, quer reconhecê-la como herói, anunciar que correspondeu ao padrão da vida de herói. Mas a fonte dessa criação poética é o assim chamado "romance familiar" da criança, em que o filho reage à mudança de seu relacionamento afetivo com os pais, em especial com o pai. A primeira infância é dominada por uma enorme superestimação do pai; em conformidade com isso, o rei e a rainha, nos sonhos e nas fábulas, sempre significam os pais. Depois, sob a influência da rivalidade e da desilusão real, tem início o desprendimento em relação aos pais e a atitude crítica perante o pai. Assim, as duas famílias do mito, a nobre e a humilde, são reflexos da própria família da criança, tal como lhe aparecem em épocas sucessivas da vida.

Pode-se afirmar que com esses esclarecimentos se tornam compreensíveis tanto a difusão como a uniformidade do mito do nascimento do herói. Por isso, é ainda mais merecedor de nosso interesse o fato de a lenda do nascimento e abandono de Moisés ocupar uma posição especial e, inclusive, contradizer as demais num aspecto essencial.

Tomemos as duas famílias entre as quais, segundo a lenda, se passa o destino do garoto. Sabemos que elas são uma só na interpretação psicanalítica, que se diferenciam apenas ao longo do tempo. Na forma típica da lenda, a primeira família, em que nasce o menino, é nobre, geralmente real; a segunda, em que o menino cresce, é humilde ou rebaixada — o que condiz com as circunstâncias [o "romance familiar"] a que a interpretação remete. Apenas no mito de Édipo não há essa diferença. O garoto abandonado por uma família real é acolhido por outro casal real. Algo nos diz que não pode ser um acaso que justamente nesse exemplo a identidade original das duas famílias transpareça na lenda. O contraste social entre as duas famílias fornece ao mito — que, como sabemos, deve enfatizar a natureza heroica do grande homem — uma segunda função, que vem a ser importante sobretudo para personalidades históricas. O mito pode ser usado também para dar ao herói uma carta de nobreza, para elevá-lo socialmente. Desse modo, Ciro, que para os medos era um conquistador estrangeiro, torna-se um neto do rei medo através do mito do abandono. O mesmo sucede com Rômulo: se houve de fato esse indivíduo, foi um aventureiro de origem desconhecida, um arrivista; mediante a lenda, ele se torna rebento e herdeiro da casa real de Alba Longa.

É muito diferente com Moisés. No caso dele, a primeira família, normalmente a aristocrática, é bastante humilde. Ele é filho de judeus levitas. Já a segunda família, em que normalmente o herói cresce, aquela humilde, é substituída pela casa real do Egito; a princesa o cria como seu próprio filho. Essa divergência em relação ao tipo causou espécie em muitos estudiosos. Eduard Meyer, assim como outros depois dele, supôs que originalmente a lenda diferia nesse ponto; o faraó teria sido avisado, por um sonho profético,[5] de que um filho da sua filha viria a ser uma ameaça para ele e

---

5 Também no relato de Flávio Josefo isso é mencionado.

## I. MOISÉS, UM EGÍPCIO

todo o reino. Por isso ele fez com que abandonassem a criança no Nilo após o nascimento. Mas ela foi salva por judeus e criada como seu filho. Por "motivos nacionalistas", na expressão de Rank,[6] a lenda teria sofrido uma reelaboração e chegado até nós na forma conhecida.

Mas uma breve reflexão nos convence de que não pode haver existido essa lenda original de Moisés que não diverge das outras do tipo. Pois a lenda é de procedência ou egípcia ou judaica. A primeira opção deve ser excluída; os egípcios não tinham motivo para glorificar Moisés, este não foi um herói para eles. Portanto, a lenda deve ter sido criada dentro do povo judeu, ou seja, em sua forma familiar deve ter sido vinculada à pessoa do líder. Mas para isso ela era totalmente inadequada, pois de que serviria a um povo uma lenda que fazia de seu grande homem um estrangeiro?

Na forma em que hoje a temos, a lenda de Moisés falha de maneira notável em relação às suas intenções secretas. Se Moisés não é de estirpe real, a lenda não pode denominá-lo herói; se ele permanece filho de judeus, ela nada faz para elevá-lo. Somente uma pequena parte de todo o mito permanece efetiva: a certeza de que o garoto sobreviveu não obstante poderosas forças externas, e esse traço se repete também na história da infância de Jesus, em que o rei Herodes assume o papel do faraó. Assim, ficamos livres para supor que algum inepto reelaborador tardio da lenda foi levado a incluir na história do seu herói Moisés algo semelhante à clássica lenda

---

6 Rank, op. cit., p. 8on.

de abandono que distingue o herói, mas que, devido às circunstâncias especiais do caso, não se adequava a ele.

Nossa investigação teria de se satisfazer com esse resultado insatisfatório — e incerto, além disso —, e nada teria feito para responder à questão de se Moisés era um egípcio. Mas há outra abordagem, mais promissora talvez, para se examinar a lenda do abandono.

Retornemos às duas famílias do mito. Sabemos que são a mesma no nível da interpretação analítica, enquanto no nível da lenda se diferenciam entre a nobre e a humilde. Mas, quando a pessoa a que o mito é ligado tem existência histórica, há um terceiro nível: o da realidade. Uma família é a autêntica, na qual a pessoa, o grande homem, realmente nasceu e cresceu; a outra é fictícia, criada pelo mito na consecução de seus propósitos. Em regra, a família autêntica corresponde à humilde, e a inventada, à nobre. No caso de Moisés, algo parece estar diferente. E aqui talvez contribua para esclarecer as coisas um novo ponto de vista: em todos os casos que se pode examinar, a primeira família, a que abandona a criança, é a inventada, mas a segunda, em que ela é acolhida e cresce, é a verdadeira. Se tivermos a coragem de reconhecer essa tese como geral, e a ela também sujeitarmos a lenda de Moisés, perceberemos com clareza, de repente, que Moisés é um egípcio — provavelmente nobre —, que a lenda deve transformar em judeu. Esta seria a nossa conclusão! O abandono na água estava no lugar certo; mas, para se adequar à nova tendência, seu propósito teve de ser torcido, não

## I. MOISÉS, UM EGÍPCIO

sem alguma violência: deixou de ser abandono e se tornou salvação.

A divergência da lenda de Moisés em relação a todas as outras de sua espécie pode ser ligada a uma particularidade da história de Moisés. Enquanto normalmente um herói se ergue, ao longo da vida, acima do seu começo humilde, a vida de herói do homem Moisés teve início quando ele desceu de sua posição elevada e rebaixou-se até os filhos de Israel.

Começamos esta pequena investigação na expectativa de chegar a um novo argumento em prol da conjectura de que Moisés era um egípcio. Vimos que o primeiro argumento, aquele baseado no nome, não foi convincente para muitas pessoas.[7] Estejamos preparados para a possibilidade de que o novo argumento, proveniente da análise do mito do abandono, não tenha melhor sorte. As objeções deverão ser que as circunstâncias em que se formam e se modificam as lendas são muito obscuras para justificar uma conclusão como a nossa, e que as tradições acerca do herói Moisés — confusas, contraditórias, com sinais inequívocos de remodelações e sobreposições ten-

---

[7] Assim, Eduard Meyer, por exemplo, afirma (em "Die Mosessagen und die Leviten" [As lendas de Moisés e os levitas], *Sitzungsberichte der deutschen Akademie der Wissenschaften zu Berlin*, v. 31, 1905): "O nome Moisés é provavelmente egípcio, e o nome *Pinchas*, da família sacerdotal de Silo, [...] é sem dúvida egípcio. Isso não prova, naturalmente, que essas famílias eram de procedência egípcia, mas que tinham relações com o Egito" (p. 651). Pode-se perguntar, claro, que tipo de relações seriam essas.

denciosas ao longo de séculos — inevitavelmente farão malograr todos os esforços de trazer à luz o núcleo de verdade histórica por trás delas. Eu não partilho essa atitude de rejeição, mas também não sou capaz de refutá-la.

Se não era possível alcançar maior certeza, por que tornei pública esta investigação? Lamento que tampouco minha justificativa possa ir além de algumas indicações, pois, se nos deixarmos conduzir pelos dois argumentos aqui apresentados e levarmos a sério a suposição de que Moisés era um nobre egípcio, perspectivas muito interessantes e abrangentes se abrirão. Recorrendo a certas hipóteses não muito remotas, acreditamos entender os motivos que fizeram Moisés dar aquele passo extraordinário, e, em estreita relação com isso, apreender o possível fundamento de numerosas características e peculiaridades da legislação e da religião que ele deu ao povo hebreu, e sentimo-nos até mesmo instigados a formular ideias significativas sobre a gênese das religiões monoteístas em geral. Mas conclusões assim importantes não podem se fundamentar apenas em verossimilhanças psicológicas. Mesmo que aceitemos a condição egípcia de Moisés como ponto de apoio histórico, necessitamos de ao menos outro apoio para defender a profusão de novas possibilidades da crítica de que seriam produtos da imaginação, muito distantes da realidade. Poderia satizfazer tal necessidade uma prova objetiva de quando viveu Moisés e, portanto, aconteceu o êxodo do Egito. Mas essa prova não foi encontrada, de maneira que será melhor não comunicar as outras conclusões oriundas da percepção de que Moisés era um egípcio.

## II. SE MOISÉS ERA UM EGÍPCIO...

Numa contribuição anterior para esta revista,[8] busquei reforçar com um novo argumento a suposição de que Moisés, o libertador e legislador do povo judeu, não era judeu, e sim egípcio. O fato de seu nome pertencer ao vocabulário egípcio já fora notado havia muito tempo, embora não fosse devidamente considerado. A isso acrescentei que a interpretação do mito do abandono, relacionado a Moisés, obrigava a concluir que ele era um egípcio que a necessidade de um povo transformou em judeu. No final do ensaio, afirmei que consequências relevantes e abrangentes advinham da hipótese de que Moisés era um egípcio; mas que eu não me achava pronto para sustentá-las publicamente, pois elas se baseiam apenas em verossimilhanças psicológicas e carecem de prova objetiva. Quanto mais significativas são essas percepções, tanto mais ouvimos a advertência de não expô-las ao ataque das críticas sem que tenham uma fundamentação segura — como uma estátua de bronze com pés de barro. Diz-se que uma verossimilhança, por mais sedutora que seja, não resguarda do erro; que mesmo que todas as partes de um problema pareçam se encaixar como as peças de um quebra-cabeça, seria preciso lembrar que o provável ou verossímil não é necessariamente o verdadeiro, e que a verdade nem sempre é verossímil. E, por fim, que não é tentador

---

[8] "Moisés, um egípcio", *Imago*, v. 23, 1, 1937 [O primeiro ensaio, neste volume].

ser incluído entre os escolásticos e talmudistas que se contentam em exercitar a inteligência, não se importando que suas teses sejam alheias à realidade.

Não obstante esses escrúpulos, que hoje têm o mesmo peso de antes, o que resultou do conflito entre os meus motivos foi a decisão de dar este prosseguimento àquela primeira comunicação. Mais uma vez, porém, isso não é tudo, nem a parte mais importante do todo.

## 1.

Então, se Moisés era um egípcio — o primeiro ganho que obtemos dessa hipótese é um enigma novo e difícil de ser respondido. Se um povo ou uma tribo[9] começa um grande empreendimento, cabe esperar que um dos seus membros se arvore em líder ou seja escolhido para esse papel. Mas é difícil imaginar o que teria levado um nobre egípcio — talvez um príncipe, um sacerdote, um alto funcionário — a se pôr à frente de um bando de estrangeiros, de imigrantes culturalmente atrasados, e com eles abandonar o país. O conhecido desprezo dos egípcios por povos estrangeiros torna um acontecimento desses bastante improvável. Creio que justamente por isso até mesmo os historiadores que reconheceram o nome como egípcio e atribuíram ao homem a sabedoria do Egito não quiseram admitir a possibilidade óbvia de que Moisés era egípcio.

A essa primeira dificuldade logo se junta outra. Não

---

9 Não fazemos ideia do número dos que participaram da saída do Egito.

## II. SE MOISÉS ERA UM EGÍPCIO...

podemos esquecer que Moisés não foi apenas o líder político dos judeus estabelecidos no Egito, mas também seu legislador e educador, e os fez servir a uma nova religião, ainda hoje denominada "mosaica". É assim fácil, para um só indivíduo, criar uma nova religião? Se alguém deseja influir na religião de outro, o mais natural não seria convertê-lo para a sua própria? Certamente o povo judeu do Egito possuía alguma forma de religião, e se Moisés, que lhe deu uma nova, era um egípcio, não devemos afastar a conjectura de que essa outra religião era a egípcia.

Essa possibilidade encontra um obstáculo: há um enorme contraste entre a religião judaica vinculada a Moisés e a egípcia. A primeira é um monoteísmo de formidável rigor: há apenas um deus, ele é único, onipotente, inacessível; os homens não suportam a sua visão, não podem fazer imagens dele, nem mesmo pronunciar o seu nome. Na religião egípcia há inumeráveis deuses de origem e dignidade diversas, algumas personificações de grandes forças naturais como o Céu e a Terra, o Sol e a Lua, também uma abstração como a Maat (verdade, justiça) ou uma caricatura como o anão Bes, a maioria sendo, porém, divindades locais do tempo em que o país se dividia em muitas províncias, tendo formas de animais, como se ainda não tivessem completado a evolução a partir dos velhos animais totêmicos, sem claras diferenças entre si, de modo que dificilmente lhes são atribuídas funções especiais. Os hinos para esses deuses dizem aproximadamente a mesma coisa de cada um, identificam uns com os outros sem hesitação, de uma maneira que nos confunde irremediavelmente. Nomes de deuses são combinados, de sorte que um é quase reduzido a epíteto de outro; assim, no auge do "Novo Império" o deus principal de Tebas se chama Amon-Rá, composição em que a primeira parte designa o deus da cidade, que tem cabeça de carneiro, enquanto Rá é o nome do deus-sol de On [Heliópolis], com cabeça de falcão. Atos mágicos e de cerimonial, fórmulas de encantamento e amuletos dominavam o culto desses deuses, tal como sucedia na vida cotidiana dos egípcios.

Várias dessas diferenças podem facilmente derivar da oposição fundamental entre um rígido monoteísmo e um politeísmo sem restrições. Outras são claras consequências de uma distinção no nível intelectual e espiritual, já que uma religião se acha próxima das fases primitivas, enquanto a outra se elevou a alturas de sublime abstração. Talvez seja devido a esses dois fatores que às vezes se tem a impressão de que o contraste entre a religião mosaica e a egípcia é deliberadamente realçado; quando, por exemplo, uma delas condena rigorosamente toda espécie de magia e encanto, coisas que vicejam luxuriosamente na outra. Ou quando o insaciável prazer dos egípcios em materializar seus deuses em argila, pedra e bronze — ao qual nossos museus tanto devem hoje em dia — é contraposto à crua proibição de representar por imagens qualquer ser vivo ou cogitado. Mas há ainda outra oposição entre as duas religiões que não é considerada pelas explicações que propusemos. Nenhum outro povo da Antiguidade fez tanto para negar a morte, tomou tão cuidadosas providências para pos-

## II. SE MOISÉS ERA UM EGÍPCIO...

sibilitar uma existência no Além, e, de modo coerente, Osíris, o deus dos mortos, que governava esse outro mundo, era o mais popular e menos contestado entre os deuses egípcios. Já a antiga religião hebraica abandonou completamente a imortalidade; a possibilidade de uma continuação da existência após a morte não é mencionada jamais, em lugar nenhum. E isso é tanto mais notável porque experiências posteriores demonstraram que a crença numa vida após a morte pode muito bem condizer com uma religião monoteísta.

Esperávamos que a hipótese de que Moisés era um egípcio se revelasse fecunda e esclarecedora em vários aspectos. Mas a primeira conclusão a que nos levou essa hipótese, de que a nova religião que ele deu aos hebreus foi a sua própria, a egípcia, não se sustenta devido à percepção da diferença e até mesmo oposição entre as duas religiões.

## 2.

Há um acontecimento notável na história da religião egípcia, conhecido e apreciado apenas tardiamente, que nos abre mais uma perspectiva. É possível que a religião dada por Moisés ao seu povo judeu fosse a sua própria, *uma* religião egípcia, embora não *a* religião egípcia.

Na gloriosa dinastia XVIII, sob a qual o Egito se tornou primeiramente um império internacional, assumiu o trono, por volta de 1375 a.C., um jovem faraó que inicialmente se chamou Amenófis (IV) como o pai, mas que depois alterou o nome, e não apenas isso. Esse rei quis impor a seus egípcios uma nova religião, que ia de encontro a suas tradições milenares e a todos os hábitos de vida que conheciam. Era um monoteísmo rigoroso, a primeira tentativa dessa espécie na história do mundo, até onde vai nosso conhecimento, e com a fé num único deus também nasceu — como que de forma inevitável — a intolerância religiosa, que era alheia à Antiguidade até então e assim permaneceria ainda muito tempo depois. Mas o reinado de Amenófis durou apenas dezessete anos; logo depois de sua morte, ocorrida em 1358, a nova religião foi abolida, e a memória do rei herético, proscrita. O pouco que dele sabemos vem das ruínas da nova capital que construiu e dedicou a seu deus e das inscrições nas tumbas de pedras que a ela pertenciam. É digno de todo o interesse tudo o que pudermos descobrir sobre essa personalidade notável, até mesmo única.[10]

Tudo o que é novo teve seus preparativos e precondições no que veio antes. As origens do monoteísmo egípcio podem ser rastreadas, com alguma certeza, por um trecho anterior ao evento.[11] Na escola sacerdotal do templo do Sol em On (Heliópolis), desde certo tempo havia tendências que desenvolviam a concepção de um deus universal e enfatizavam o lado ético de sua natureza. Maat, a deusa da verdade, ordem e justiça, era uma filha de Re, deus do Sol. Já sob Amenófis III, pai e predecessor do reformador, a adoração do deus Sol recebeu novo

---

10 *"The first individual in human history"*, segundo Breasted.
11 O que se segue acompanha principalmente as exposições de J. H. Breasted em sua *History of Egypt*, de 1906, e *The Dawn of Conscience*, de 1934, assim como nos capítulos pertinentes de *The Cambridge Ancient History*, v. II.

## II. SE MOISÉS ERA UM EGÍPCIO...

ímpeto, provavelmente em oposição a Amon, de Tebas, que se tornara muito poderoso. Foi retomado um nome antiquíssimo do rei Sol, Aton ou Atum, e nessa religião de Aton o jovem rei encontrou um movimento que não necessitou criar, ao qual pôde aderir.

As condições políticas do Egito haviam começado, nessa época, a influir de forma duradoura na religião egípcia. Graças aos feitos guerreiros do grande conquistador Tutmés III, o Egito se tornara uma potência mundial; o império passou a incluir a Núbia, ao sul, a Palestina, ao norte, e também a Síria e parte da Mesopotâmia. Esse imperialismo refletia-se na religião como universalismo e monoteísmo. Como a atenção do faraó se voltava agora, além do Egito, para a Núbia e a Síria, também a divindade devia abandonar sua limitação nacional, e, tal como o faraó era o senhor único e ilimitado do mundo conhecido dos egípcios, assim também a nova divindade dos egípcios devia ser. Além disso, era natural que, ampliando-se as fronteiras do reino, o Egito se tornasse mais aberto às influências estrangeiras; várias das mulheres da família real eram princesas asiáticas,[12] e é possível que até mesmo incitações diretas ao monoteísmo viessem da Síria.

Amenófis jamais negou sua adesão ao culto solar de On. Nos dois hinos a Aton, conservados nas inscrições dos túmulos de pedra e provavelmente compostos por ele mesmo, louva o Sol como criador e conservador de tudo o que vive dentro e fora do Egito, com um fervor

---

12 Talvez também Nefertiti, a querida esposa de Amenófis.

que apenas muitos séculos depois reaparece, nos salmos para o deus hebraico Jeová. Mas ele não se contentou com essa espantosa antecipação do conhecimento científico sobre o efeito dos raios solares. Não há dúvida de que deu um passo além, de que venerou o Sol não como objeto material, mas como símbolo de um ser divino cuja energia se manifestava em seus raios.[13]

Não faremos justiça ao rei, porém, se o virmos apenas como adepto e fomentador de uma religião de Aton que já havia. Sua atividade foi bem mais incisiva. Ele acrescentou algo novo, aquilo que fez a doutrina do deus universal se tornar um monoteísmo: o fator da exclusividade. Num de seus hinos isso é declarado expressamente: "Ó tu, Deus único, junto ao qual não há outro".[14] E não esqueçamos que, para a apreciação da nova doutri-

---

13 "*But however evident the Heliopolitan origin of the new state religion might be, it was not merely sun-worship; the word Aton was employed in the place of the old world for 'god'* (nuter) *and the god is clearly distinguished from the material sun*" [Mas, por mais evidente que seja a origem heliopolitana da nova religião do Estado, ela não era apenas adoração do Sol; a palavra Aton era empregada no lugar do velho termo para "deus" (*nuter*) e o deus é claramente diferenciado do Sol material] (Breasted, *History of Egypt*, p. 360). "*It is evident that what the king was deifying was the force by which the sun made itself felt on earth*" [É evidente que o que o rei deificava era a força mediante a qual o Sol se faz sentir na Terra] (*The Dawn of Conscience*, p. 279) — é semelhante o julgamento sobre uma fórmula para venerar o deus que encontramos em A. Erman (*Die ägyptische Religion*,1905): "são [...] palavras que devem exprimir, do modo mais abstrato, que não se adora o astro mesmo, mas o ser que nele se manifesta".

14 Breasted, *History of Egypt*, p. 374n.

na, não basta o conhecimento de seu teor positivo; quase tão importante é o seu lado negativo, o conhecimento daquilo que ela rejeita. Também seria equivocado supor que a nova religião tenha nascido de uma vez e já plenamente equipada, como Atenas da cabeça de Zeus. Tudo indica, na verdade, que durante o reinado de Amenófis ela se fortaleceu gradualmente, adquirindo maior clareza, coerência, intolerância e dureza. Essa evolução provavelmente ocorreu sob influência da vigorosa oposição que a reforma do rei provocou entre os sacerdotes de Amon. No sexto ano do reinado de Amenófis, a hostilidade chegou a tal ponto que o rei mudou seu nome, do qual fazia parte o interdito nome do deus Amon. Ele passou a se chamar *Akhenaton*.[15] Mas não apenas do seu nome apagou aquele do deus odiado; também de todas as inscrições, inclusive naquelas onde se achava no nome de seu pai, Amenófis III. Pouco depois de mudar o nome, Akhenaton abandonou Tebas, dominada por Amon, e construiu uma nova capital a jusante do rio, a qual chamou Aketaton ("horizonte de Aton"). Hoje suas ruínas são conhecidas como Tell el-Amarna.[16]

---

15 [No original se acha "Ikhnaton", que Freud pensava ser a grafia inglesa. Segundo nota de James Strachey, "Ikhnaton" é, na verdade, a grafia do nome usada por Breasted, que era americano. Aqui adotamos "Akhenaton"]. Nesse nome eu sigo a grafia inglesa (também se usa "Akhenaton"). O novo nome do rei significa aproximadamente o mesmo que o anterior: "O Deus é satisfeito". Cf. os nossos "Gotthold" [Deus-amável] e "Gottfried" [Deus-satisfeito].
16 Lá foi achada, em 1887, a correspondência dos reis egípcios com os amigos e vassalos asiáticos, tão importante para o conhecimento da história.

A perseguição por parte do rei atingiu sobretudo Amon, mas não apenas ele. Em todo o reino foram fechados os templos, o culto foi proibido e o patrimônio dos templos, confiscado. O afã do rei foi tão longe que ele ordenou que se examinassem os monumentos antigos, para riscar deles a palavra "deus" quando usada no plural.[17] Não surpreende que essas medidas de Akhenaton gerassem um clima de fanática ânsia de vingança no clero reprimido e no povo insatisfeito, algo que se manifestou livremente após a morte do rei. A religião de Aton não se tornou popular, provavelmente ficou restrita a um pequeno círculo ao redor da pessoa do rei. O fim de Akhenaton permanece obscuro para nós. Sabemos de alguns sucessores em sua família, figuras vagas que não viveram muito tempo. Já o seu genro Tutankaton foi obrigado a voltar para Tebas e substituir o deus Aton por Amon em seu próprio nome. Seguiu-se uma época de anarquia, até que o general Haremhab conseguiu restaurar a ordem em 1350. A gloriosa XVIII dinastia se extinguiu, e simultaneamente se perderam suas conquistas na Núbia e na Ásia. Nesse intervalo nebuloso foram reintroduzidas as velhas religiões egípcias. A religião de Aton foi abolida, a capital de Akhenaton foi destruída e saqueada, sua memória foi banida como a de um criminoso.

Com um propósito específico, vamos destacar alguns pontos da caracterização negativa da religião de Aton. Em primeiro lugar, o fato de que tudo ligado a

---

17 Breasted, *History of Egypt*, p. 363.

## II. SE MOISÉS ERA UM EGÍPCIO...

mito, magia e feitiçaria se acha excluído dela.[18] Depois, a forma de representação do deus Sol já não era, como no passado, uma pequena pirâmide e [ou] um falcão, mas sim — o que podemos chamar de sóbrio — um disco redondo de que saem raios que terminam em mãos humanas. Não obstante o entusiasmo pela arte do período de Amarna, não foi achada outra representação do deus Sol, nenhuma imagem pessoal de Aton, e podemos afirmar com segurança que não será.[19]

Por fim, o completo silêncio quanto ao deus dos mortos, Osíris, e ao reino dos mortos. Os hinos e as inscrições tumulares nada dizem sobre o que provavelmente era mais caro aos egípcios. O contraste com a religião popular não pode ser mais claro.[20]

---

18 A. Weigall (*The Life and Times of Ikhnaton*, 1923, p. 121) diz que Akhenaton não admitia um inferno de cujos terrores o indivíduo precisaria se proteger mediante inúmeras fórmulas mágicas: "*Akhnaton flung all these formulae into the fire. Djins, bogies, spirits, monsters, demigods and Osiris himself with all his court, were swept into the blaze and reduced to ashes* [Akhenaton lançou todas essas fórmulas no fogo. Gênios, fantasmas, espíritos, monstros, semideuses e até o próprio Osíris, com toda a sua corte, foram varridos para as chamas e reduzidos a cinzas]".

19 Weigall, op. cit., p. 103: "*Akhnaton did not permit any graven image to be made of the Aton. The true God, said the King, had no form; and held to this opinion throughout his life*" [Akhenaton não permitia que se fizesse imagem nenhuma gravada de Aton. O verdadeiro Deus, dizia o Rei, não possuía forma; e ele sustentou essa opinião por toda a vida].

20 Erman, op. cit., p. 70: "não se falaria mais de Osíris e seu reino". Breasted, *The Dawn of Conscience*, p. 291: "*Osiris is completely ignored. He is never mentioned in any record of Ikhnaton or in any of the tombs of Amarna*" [Osíris é completamente ignorado. Ele nunca

## 3.

Agora arriscarei esta conclusão: se Moisés era um egípcio e se transmitiu aos judeus sua religião, esta foi a de Akhenaton, a religião de Aton.

Já comparamos a religião judaica com a do povo egípcio e verificamos o contraste entre as duas. Agora devemos fazer uma comparação entre a religião judaica e a de Aton, na expectativa de provar a identidade original de ambas. Sabemos que não é uma tarefa simples. Devido à ânsia de vingança dos sacerdotes de Amon, talvez saibamos muito pouco sobre a religião de Aton. Conhecemos a religião mosaica apenas em sua forma definitiva, tal como foi fixada pelos sacerdotes judeus mais ou menos oitocentos anos depois, na época pós-exílio. Se, apesar da ausência de material favorável, encontrarmos indícios que favoreçam nossa hipótese, será lícito lhes darmos grande valor.

Haveria um caminho breve para provar nossa tese de que a religião mosaica não era outra senão a de Aton: se tivéssemos uma confissão, uma declaração. Mas creio que nos dirão que esse caminho não é válido. Como se sabe, o credo judaico diz: *Schema Jisroel Adonai Elohenu Adonai Echod* ["Ouve, ó Israel, o Senhor nosso Deus é o único Senhor", Deuteronômio 6,4]. Se o nome egípcio Aton (ou Atum) não soar como o hebraico Adonai [Senhor] e o nome do deus sírio Adonis apenas casualmente, mas graças a uma primitiva afinidade linguística e se-

---

é mencionado em qualquer inscrição de Ikhnaton e em qualquer dos túmulos de Amarna].

## II. SE MOISÉS ERA UM EGÍPCIO...

mântica, poderemos traduzir essa fórmula judaica desta maneira: "Ouve, ó Israel, nosso Deus Aton (Adonai) é o único Deus". Infelizmente, não possuo competência alguma para solucionar essa questão, e encontrei muito pouco sobre isso na literatura;[21] de toda forma, provavelmente isso tornaria as coisas fáceis demais para nós. Ainda retornaremos ao problema do nome de Deus.

Tanto as semelhanças como as diferenças entre as duas religiões são facilmente notadas, sem que isso nos esclareça muito. As duas são formas de um monoteísmo rigoroso, e logo nos inclinamos a relacionar a essa característica básica o que elas têm em comum. O monoteísmo judeu procede, em vários pontos, de maneira ainda mais dura que o egípcio; por exemplo, ao proibir absolutamente a representação por imagem. A diferença maior — não considerando o nome do Deus — está em que a religião judaica dispensava inteiramente o culto do Sol, no qual ainda se baseava a egípcia. Na comparação com a religião popular egípcia, tivemos a impressão de que, além da oposição fundamental, um fator de contraposição deliberada desempenhava algum papel na diferença entre as duas religiões. Tal impressão parece agora justificada, se na comparação substituímos a religião judaica pela de Aton, que Akhenaton, como sabemos, desenvolveu em deliberada hostilidade à religião popu-

---

[21] Somente algumas passagens em Weigall, op. cit.: "O deus Atum, que designava Rá enquanto Sol poente, tinha talvez a mesma origem que o Aton adorado no norte da Síria, e uma rainha estrangeira, juntamente com seu séquito, podia sentir mais afinidade com Heliópolis do que com Tebas" (pp. 12 e 19).

lar. Ficamos admirados, com razão, do fato de a religião judaica não admitir o Além e a vida após a morte, pois uma doutrina dessas é conciliável com o mais rigoroso monoteísmo. Tal admiração desaparece quando retrocedemos da religião judaica para a de Aton e supomos que essa rejeição foi tomada desta, pois Akhenaton necessitava dessa rejeição no combate à religião popular, em que Osíris, o deus dos mortos, tinha talvez um papel maior do que qualquer deus do mundo superior. A concordância entre a religião judaica e a de Aton, nesse ponto relevante, é o primeiro forte argumento em favor de nossa tese. Veremos que não é o único.

Moisés não deu apenas uma nova religião aos judeus; podemos afirmar, com a mesma segurança, que introduziu o costume da circuncisão entre eles. Esse fato tem importância decisiva para nosso problema, e mal foi apreciado. É certo que a Bíblia o contradiz algumas vezes: por um lado, faz remontar a circuncisão à época dos patriarcas, como sinal da aliança entre Deus e Abraão; por outro, relata, numa passagem particularmente obscura, que Deus se irritou com Moisés, porque este havia negligenciado o costume sagrado, e quis matá-lo por isso, e que a esposa de Moisés, uma midianita, salvou-o da ira divina executando rapidamente a operação. Mas estas são distorções que não devem nos confundir; mais adiante compreenderemos os seus motivos. Permanece o fato de que há somente uma resposta à questão de onde veio o costume da circuncisão: do Egito. Heródoto, "o pai da História", nos diz que esse costume se achava estabelecido no Egito ha-

## II. SE MOISÉS ERA UM EGÍPCIO...

via muito tempo, e sua informação foi confirmada por achados feitos nas múmias e também por representações nas paredes dos túmulos. Nenhum outro povo do Mediterrâneo oriental tinha esse costume, pelo que sabemos. É correto supor que semitas, babilônios e sumérios não eram circuncidados. Sobre os habitantes de Canaã a própria Bíblia o diz; é a premissa para o desfecho da aventura da filha de Jacó com o príncipe de Siquém [cf. Gênesis 34].[22] Podemos rejeitar como sem fundamento a possibilidade de os judeus que se achavam no Egito haverem adquirido o costume da circuncisão por uma via que não fosse relacionada à religião fundada por Moisés. Tomemos como certo que a circuncisão era um costume geral do povo egípcio e, além disso, aceitemos por um instante a suposição habitual de que Moisés era um judeu que pretendia libertar seus patrícios da servidão no Egito e fazer com que levassem, fora dali, uma existência autônoma e consciente de si — como de fato aconteceu —; que sentido podia haver em lhes impor, ao mesmo tempo, um costume penoso, que os tornava

---

22 Se lidamos com a tradição bíblica de maneira assim autocrática e arbitrária, utilizando-a para confirmação quando nos convém e rejeitando-a sem hesitar quando nos contradiz, sabemos muito bem que desse modo nos expomos a uma séria crítica metodológica e enfraquecemos a força comprobatória de nossos argumentos. Mas é a única forma de tratar um material do qual sabemos, com segurança, que teve a confiabilidade prejudicada por tendências deformadoras. Esperamos encontrar alguma justificação mais adiante, ao descobrir esses motivos secretos. De toda forma, a certeza é inalcançável, e pode-se dizer que todos os demais autores procederam igualmente.

eles próprios egípcios, de certo modo, e que neles devia manter sempre viva a lembrança do Egito, quando o empenho desse líder só podia ter a direção contrária: que seu povo se distanciasse da terra da escravidão e superasse a nostalgia das "panelas de carne do Egito"?*
Não, o fato do qual partimos e a suposição que lhe acrescentamos são tão inconciliáveis entre si que adquirimos o ânimo para esta conclusão: se Moisés deu aos judeus não apenas uma nova religião, mas também o preceito da circuncisão, ele não era um judeu, e sim um egípcio, e a religião mosaica era provavelmente egípcia e, por seu antagonismo com a religião popular, devia ser a de Aton, com a qual a religião judaica posterior concorda em alguns aspectos notáveis.

Já observamos que a nossa hipótese de que Moisés não era judeu, mas egípcio, cria um novo enigma. Sua conduta, que parecia facilmente compreensível num judeu, torna-se inapreensível num egípcio. Porém, se situarmos Moisés no tempo de Akhenaton e o relacionarmos a esse faraó, o enigma desaparece, e se revela a possibilidade de motivos que respondem às nossas questões. Partamos da premissa de que Moisés era um indivíduo nobre e de alta posição, talvez um membro da casa real, como diz a lenda. Ele certamente era cônscio de suas grandes capacidades, era ambicioso e enérgico; talvez até acalentasse a ideia de um dia guiar seu povo, governar o reino. Próximo do faraó, era um adepto convicto da nova religião, cujos princípios fundamentais tornara seus. Quando

---

* Alusão a uma passagem bíblica: cf. Números 11,4-5.

## II. SE MOISÉS ERA UM EGÍPCIO...

o faraó morreu e se instaurou a reação, ele viu suas esperanças e perspectivas arruinadas; se não abjurasse as convicções que lhe eram caras, o Egito nada mais tinha a lhe oferecer, ele havia perdido sua pátria. Nesta situação, achou uma saída incomum. O sonhador Akhenaton havia se afastado de seu povo e deixado seu império desmoronar. Combinava com a natureza enérgica de Moisés o plano de fundar um novo reino, de achar outro povo ao qual desse, para adoração, a religião desprezada pelo Egito. Era, como se percebe, uma tentativa heroica de lutar contra o destino, de compensar, em duas direções diferentes, as perdas que a catástrofe de Akhenaton lhe trouxera. Talvez ele fosse, naquele tempo, governador da província de fronteira (Gósen) na qual (ainda na época dos hicsos?) certas tribos semitas haviam se estabelecido. Então escolheu estas para serem seu novo povo — uma decisão histórica de alcance mundial![23] Entrou em acordo com elas, colocou-se à sua frente e cuidou de sua emigração "com mão forte".* Em completa oposição à tradição bíblica, devemos supor que esse êxodo ocorreu de modo pacífico e sem perseguição.

---

[23] Se Moisés era um alto funcionário, isso torna mais fácil compreender o papel de líder que assumiu entre os judeus; se era um sacerdote, seria natural, para ele, atuar como o fundador de uma religião. Nos dois casos, isso representaria o prosseguimento de sua função anterior. Um príncipe da casa real podia ser ambas as coisas, governador e sacerdote. Na narrativa de Flávio Josefo (em *Antiguidades judaicas*) — que aceita a lenda do abandono, mas parece conhecer outras tradições além da bíblica — Moisés, no posto de general egípcio, liderou uma campanha vitoriosa na Etiópia.
* Êxodo 13,3; 14,16; referindo-se à mão do Senhor, porém.

A autoridade de Moisés o tornou possível, e não havia, então, um poder central que o impedisse.

Segundo esta nossa construção, o êxodo teria se dado entre 1358 e 1350, ou seja, após a morte de Akhenaton e *antes* do restabelecimento da autoridade estatal por Haremhab.[24] O destino da emigração só podia ser a terra de Canaã. Lá, após o colapso da dominação egípcia, haviam irrompido hordas de arameus belicosos, a conquistar e saquear, mostrando, assim, onde um povo capaz podia obter novas terras. Conhecemos esses guerreiros pelas cartas que em 1887 foram achadas no arquivo das ruínas de Amarna. Ali são chamados *habiru*, e o nome passou, não se sabe como, para os invasores judeus posteriores — *hebreus* —, a que não podem se referir as cartas de Amarna. No sul da Palestina — em Canaã — viviam também as tribos que eram os parentes mais próximos dos judeus que então se retiravam do Egito.

Os motivos que percebemos para todo o êxodo se aplicam também à introdução da circuncisão. É conhecida a atitude que os seres humanos, tanto povos como indivíduos, têm ante esse costume antiquíssimo, agora dificilmente compreendido. Aqueles que não o praticam o consideram muito estranho e sentem algum horror em relação a ele. Mas aqueles que o adotam têm orgulho dele; sentem-se como que elevados, enobrecidos, e

---

24 Isto seria um século antes do que supõe a maioria dos historiadores, que o situa na XIX dinastia, sob Merneptah. Talvez um pouco mais tarde, pois a historiografia oficial [egípcia] parece ter incluído o interregno no tempo de governo de Haremhab.

## II. SE MOISÉS ERA UM EGÍPCIO...

olham com desprezo para os outros, que veem como impuros. Ainda hoje, um turco xingará um cristão de "cão incircunciso". É plausível crer que Moisés — ele próprio circuncidado, como egípcio — partilhasse tal opinião. Os judeus, com os quais ele abandonou a pátria, deveriam ser um substituto melhor para os egípcios que deixou no país. De maneira nenhuma poderiam ficar atrás desses. Queria fazer deles um "povo santo", como se diz expressamente no texto bíblico,* e, como sinal dessa consagração, impôs-lhes o costume que pelo menos os igualava aos egípcios. Além do mais, devia lhe ser bem-vindo que este sinal os isolasse e impedisse a mistura com os povos estrangeiros que inevitavelmente encontrariam durante a migração, assim como os próprios egípcios haviam se separado dos estrangeiros.[25]

---

* Cf. sobretudo Êxodo 19,6.
25 Heródoto, que visitou o Egito por volta de 450 a.C., faz, em seu relato da viagem, uma caracterização do povo egípcio que mostra espantosa semelhança com traços conhecidos do judaísmo posterior: "Eles são, em todos os aspectos, mais religiosos que os demais homens, dos quais se separam também por vários de seus costumes: pela circuncisão, que foram os primeiros a adotar, por razões de higiene; também pela aversão aos porcos, que certamente se liga ao fato de [o deus] Seth, sob a forma de um porco negro, haver ferido [o deus] Hórus; enfim, e sobretudo, pelo respeito às vacas, que jamais comem ou sacrificam, pois assim ofenderiam a deusa Ísis, que tem chifres de vaca. Por isso, nenhum egípcio ou egípcia beijaria um grego ou usaria a faca, o espeto ou a chaleira deste, ou comeria da carne de um boi (limpo, de resto) que tivesse sido cortado com uma faca grega [...]. Com altiva estreiteza desdenhavam os outros povos, que eram impuros e não se achavam tão próximos dos deuses como eles" (Apud Erman, *A*

Mais tarde, porém, a tradição judaica se comportou como se estivesse oprimida pela conclusão que apresentamos. Se fosse admitido que a circuncisão era um costume egípcio que Moisés havia introduzido, isso era praticamente um reconhecimento de que a religião que ele lhes transmitira também era egípcia. Mas havia boas razões para negar esse fato; em consequência, era preciso também contradizer os fatos relativos à circuncisão.

## 4.

Neste ponto creio ouvir a objeção de que expus minha construção que situa Moisés na época de Akhenaton, que liga sua decisão de cuidar do povo judeu à situação política do país e que vê a religião que ele deu ou impôs a seus protegidos como sendo a de Aton, que havia acabado no próprio Egito — de que expus esse edifício de conjecturas com certeza excessiva, sem base no material. Mas penso que tal objeção não se justifica. Enfatizei o elemento da dúvida já na introdução, colocando-o antes do parêntese, por assim dizer, e pude me poupar, então, de repeti-lo a cada item no interior dos parênteses.*

---

*religião egípcia*, pp. 181 ss.). [O trecho é um resumo de Heródoto, livro II, capítulos 36-47.]

Não devemos esquecer, naturalmente, paralelos entre isso e a vida do povo indiano. E quem inspirou o poeta judeu Heinrich Heine, no século XIX, para que deplorasse sua religião como "a praga trazida do vale do Nilo, a velha crença malsã dos egípcios"? [Do poema "O novo hospital hebraico em Hamburgo", *Zeitgedichte*, XI.]

* Nessa imagem, Freud compara o texto a uma equação algébrica.

## II. SE MOISÉS ERA UM EGÍPCIO...

Algumas observações críticas minhas podem dar prosseguimento à discussão. O núcleo de nossa tese, de que o monoteísmo judaico derivou do episódio monoteísta da história egípcia, foi suspeitado e mencionado por vários autores. Eu me dispensarei de citá-los aqui, pois nenhum deles sabe indicar de que modo essa influência pode ter ocorrido. Para nós ela se vincula à pessoa de Moisés, mas há outras possibilidades a considerar, além daquela que favorecemos. Não se deve supor que a derrota da religião oficial de Aton tenha ocasionado o fim absoluto da corrente monoteísta no Egito. A escola sacerdotal de On, na qual ela se originou, sobreviveu à catástrofe e pode ter continuado a atrair gerações para suas ideias após Akhenaton. Portanto, o feito de Moisés é concebível, ainda que ele não vivesse no período de Akhenaton e não tivesse experimentado a influência pessoal deste, se fosse apenas adepto ou até membro da escola de On. Tal possibilidade adiaria o momento do êxodo e o aproximaria da época geralmente adotada (no século XIII); mas não há outra coisa que a recomende. Não se teria a percepção dos motivos de Moisés e também não haveria a facilitação do êxodo pela anarquia vigente no país. Os reis seguintes, da XIX dinastia, impuseram um regime forte. As condições internas e externas favoráveis ao êxodo se dão apenas imediatamente após a morte do rei herético.

Os judeus têm uma abundante literatura extrabíblica, em que se encontram os mitos e lendas que se formaram, ao longo dos séculos, em torno da formidável figura do primeiro líder e fundador de sua religião, e que a transfiguraram e obscureceram. Nesse material talvez se achem fragmentos dispersos de uma tradição confiável, que não foram incluídos no Pentateuco. Uma dessas lendas relata, de maneira cativante, como a ambição do Moisés adulto já se manifestava na infância. Certa vez, quando o faraó o tomou nos braços e o ergueu, brincando, o menino de três anos arrancou-lhe a coroa da cabeça e a pôs em si mesmo. O rei se inquietou com esse prenúncio, e não deixou de inquirir seus sábios acerca dele.[26] Em outra ocasião são narradas façanhas guerreiras que ele, como general egípcio, realizou na Etiópia, e, relacionado a isso, conta-se que ele fugiu do Egito porque teve de recear a inveja de um partido da corte ou do próprio faraó. A própria Bíblia lhe atribui alguns traços a que é possível dar crédito. Ele é descrito como um homem colérico, facilmente irritável, como quando, tomado de indignação, golpeia e mata o supervisor brutal que maltratou um trabalhador judeu, ou quando, exasperado com a defecção do povo, despedaça as tábuas da Lei que trouxe do monte Sinai; e o próprio Senhor o castiga enfim, por um ato de impaciência que não é explicitado. Dado que essa característica não contribui para sua glorificação, ela poderia corresponder à verdade histórica. Também não podemos rejeitar a possibilidade de que alguns traços que os judeus incluíram na concepção primeva do seu Deus, retratando-o como ciumento severo e implacável, tenham sido, no fundo,

---

[26] A mesma anedota se acha, com pequenas diferenças, em Flávio Josefo.

## II. SE MOISÉS ERA UM EGÍPCIO...

tomados da lembrança de Moisés, pois na realidade concreta fora ele, não um deus invisível, que os conduzira para fora do Egito.

Outro traço conferido a Moisés tem direito especial a nosso interesse. Diz-se que ele era "lento na fala", ou seja, que tinha uma inibição ou problema na fala, de maneira que nas supostas negociações com o faraó precisou do auxílio de Aarão, que é designado como seu irmão. De novo, isso pode ser uma verdade histórica e seria uma desejável contribuição a um retrato mais vivo do grande homem. Mas também pode ter outro significado mais importante. Talvez constitua uma referência, ligeiramente deformada, ao fato de que Moisés era de outra língua e não podia se comunicar com seus novos egípcios semitas sem um intérprete, pelo menos não no início de suas relações. Portanto, uma nova confirmação da tese de que Moisés era um egípcio.

Mas agora parece que o nosso trabalho chegou a um fim provisório. Não podemos, de imediato, tirar outras conclusões da nossa hipótese de que Moisés era um egípcio, esteja ela provada ou não. Um historiador não pode tomar o relato bíblico sobre Moisés e o êxodo senão como literatura devota, que moldou uma tradição longínqua em favor de suas próprias tendências. Nada sabemos da tradição original; bem gostaríamos de descobrir quais foram as tendências deformadoras, mas a ignorância dos eventos históricos nos deixa às escuras quanto a isso. Se em nossa reconstrução não há lugar para certos episódios conspícuos do relato bíblico, como as dez pragas, a travessia do mar Vermelho, a solene entrega da Lei no monte Sinai, esse contraste com a Bíblia não deve nos embaraçar. Mas não pode nos deixar indiferentes que nos achemos em contradição com os resultados da sóbria pesquisa histórica de nossos dias.

Os historiadores modernos, dos quais Eduard Meyer[27] é um bom representante, concordam com o relato bíblico num ponto decisivo. Também acham que as tribos judaicas, das quais depois se originou o povo de Israel, adotaram uma nova religião em certo momento. Porém, isso não ocorreu no Egito, nem ao pé de um monte na península do Sinai, mas num local denominado Meribá-Cades, um oásis caracterizado pela abundância de fontes e poços, numa área ao sul da Palestina, entre a saída oriental da península do Sinai e o limite ocidental da Arábia. Ali elas passaram a adorar o deus Jeová [ou Javé], que provavelmente era da tribo árabe vizinha dos midianitas. Supõe-se que outras tribos vizinhas também seguissem esse deus.

Jeová certamente era um deus vulcânico. Ora, sabe-se que não há vulcões no Egito, e que os montes da península do Sinai também nunca foram vulcânicos. Por outro lado, acham-se vulcões, possivelmente ativos até uma época recente, ao longo da fronteira ocidental da Arábia. Um desses montes deve ter sido o de Sinai-Horeb, que era visto como a morada de Jeová.[28] A despeito

---

27 Meyer, *Die Israeliten und ihre Nachbarstämme* [Os israelitas e suas tribos vizinhas], 1906.
28 Em algumas passagens da Bíblia ainda se acha que Jeová desceu do Sinai para Meribá-Cades [cf. Números 20,6-13].

## II. SE MOISÉS ERA UM EGÍPCIO...

de todas as revisões sofridas pelo texto bíblico, pode-se, de acordo com E. Meyer, reconstruir o caráter original desse deus: ele é um demônio sinistro, ávido de sangue, que vagueia pela noite e receia a luz do dia.[29]

O intermediário entre Deus e o povo, na fundação dessa religião, é denominado Moisés. Ele é genro do sacerdote midianita Jetro e cuidava dos rebanhos deste quando escutou o chamado divino. Em Cades ele também recebeu a visita de Jetro, que lhe deu instruções.*

Meyer diz, é verdade, que jamais duvidou que a narrativa da estada no Egito e da catástrofe dos egípcios contivesse algum núcleo histórico;[30] mas claramente não sabe como situar e utilizar o fato que admite. Dispõe-se a ver como proveniente do Egito apenas o costume da circuncisão. Enriquece nossa argumentação anterior com duas indicações significativas. Primeiro, o fato de Josué ordenar a circuncisão do povo, "para dele tirar o opróbrio do Egito".** Depois, a citação de Heródoto, segundo a qual os próprios fenícios (provavelmente os judeus) e os sírios da Palestina reconhecem ter aprendido a circuncisão com os egípcios.[31] Mas em favor de um Moisés egípcio não tem o que dizer.

> "O Moisés que conhecemos é o ancestral dos sacerdotes de Cades, uma figura da lenda genealógica que tem

---

29 Meyer, op. cit., pp. 38, 58.
* Cf. Êxodo 3,1 e 18,1-27.
30 Ibid., p. 49.
** Cf. Josué 5,8-9.
31 Ibid., p. 449. [Citação de Heródoto, livro II, cap. 104.]

relação com o culto, não uma personalidade histórica. Excetuando os que veem a tradição inteira como verdade histórica, nenhum dos que o tratam como uma figura histórica soube dotá-lo de um conteúdo qualquer, apresentá-lo como uma individualidade concreta ou indicar algo que ele tenha feito e qual teria sido sua obra histórica."[32]

Por outro lado, Meyer não se cansa de enfatizar a relação de Moisés com Cades. "A figura de Moisés, que é estreitamente ligada a Midiã e aos locais de culto no deserto."[33] "Essa figura de Moisés se acha inseparavelmente unida a Cades (Massá e Meribá), e a situação de genro do sacerdote midianita é um complemento disso. Já a ligação com o êxodo e toda a história da juventude são inteiramente secundárias, apenas uma consequência da inserção de Moisés numa lenda contínua e coerente."[34] Ele também aponta que os temas da história da juventude de Moisés são abandonados depois.

"Moisés em Midiã não é mais um egípcio e neto do faraó, mas um pastor ao qual Jeová se manifesta. No relato das pragas não há mais menção dos seus antigos laços, embora ele pudesse tê-los usado de modo eficaz, e a ordem de matar os garotos israelitas é inteiramente esquecida. No êxodo e na derrocada dos egípcios ele não

32 Ibid., p. 451.
33 Ibid., p. 49.
34 Ibid., p. 71.

tem nenhum papel, não é sequer mencionado. O caráter de herói, que a lenda da infância pressupõe, falta completamente no Moisés adulto; ele é apenas o homem de Deus, um milagreiro que Jeová dotou de poderes sobrenaturais [...]."[35]

Não podemos nos furtar à impressão de que esse Moisés de Cades e Midiã, ao qual a tradição atribuiu até mesmo a feitura de uma serpente de bronze que agia como divindade curadora, é muito diferente do grão--senhor egípcio que nós inferimos, que apresentou ao povo uma religião em que toda magia e feitiçaria estava rigorosamente banida. A diferença entre o nosso Moisés egípcio e o Moisés midianita pode não ser menor que aquela entre o deus universal Aton e o demônio Jeová que habitava o monte dos deuses. E, se dermos algum crédito às investigações dos historiadores recentes, teremos de admitir que se rompeu agora pela segunda vez a linha que buscamos traçar a partir da hipótese de que Moisés foi um egípcio. Desta vez, ao que parece, sem a esperança de que seja reatada.

## 5.

Inesperadamente, também aqui se apresenta uma saída. Os esforços de perceber em Moisés uma figura maior que o sacerdote de Cades, de confirmar a grandeza que a tradição nele enaltece não cessaram depois de Meyer (cf. H. Gressmann e outros). Em 1922, Ernst Sellin fez uma

---

[35] Ibid., p. 47.

descoberta que influi decisivamente em nosso problema.[36] Ele achou no profeta Oseias (segunda metade do século VIII a.C.) indícios claros de uma tradição segundo a qual Moisés, tendo fundado a religião, encontrou um fim violento numa revolta de seu povo renitente e teimoso. Ao mesmo tempo, a religião que ele introduziu foi rejeitada.* Mas essa tradição não se limita a Oseias, ela reaparece na maioria dos profetas posteriores, tendo inclusive se tornado, de acordo com Sellin, o fundamento de todas as expectativas messiânicas que surgiriam. No final do exílio babilônico, desenvolveu-se no povo judeu a esperança de que o líder vergonhosamente assassinado retornaria de entre os mortos e conduziria seu povo arrependido, e talvez não só este, para o reino da beatitude perene. A evidente relação com o destino do fundador de uma religião posterior não nos concerne aqui.

Naturalmente, mais uma vez não posso julgar se Sellin interpretou corretamente as passagens dos profetas. Mas, se ele tem razão, é possível dar confiabilidade histórica à tradição que percebeu, pois tais coisas não são facilmente inventadas. Não há motivo palpável para isso; mas, tendo realmente ocorrido, compreende-se que

---

36 E. Sellin, *Mose und seine Bedeutung für die israelitisch-jüdische Religionsgeschichte* [Moisés e sua importância para a história religiosa israelita-judaica], 1922.

* Cf. Oseias 12,14-15 e 13,1-2, trechos de que Sellin dá uma tradução conjectural, para demonstrar que Moisés foi assassinado pelos judeus em Sitim (segundo nota da edição italiana, *L'Uomo Mosè e la religione monoteistica*, em *Opere*, v. 11, 1930-1938. Turim: Boringhieri, 1979).

## II. SE MOISÉS ERA UM EGÍPCIO...

as pessoas queiram esquecê-las. Não precisamos aceitar todos os pormenores da tradição. Sellin acha que Sitim, a leste do Jordão, foi o cenário do atentado a Moisés. Logo veremos que esse local não é aceitável em nossas considerações.

Tomaremos de Sellin a hipótese de que o Moisés egípcio foi morto pelos judeus e a religião que ele instituiu foi abandonada. Ela nos permite voltar a tecer os fios de nossa linha sem contradizer resultados confiáveis da pesquisa histórica. Mas, de resto, nós ousaremos manter independência das autoridades, "seguir nossa própria trilha" de maneira autônoma. O êxodo do Egito continua a ser nosso ponto de partida. Um número considerável de pessoas deve ter abandonado o país com Moisés; um pequeno grupo não valeria a pena para aquele homem ambicioso que almejava grandes coisas. Provavelmente os imigrantes haviam ficado no país por tempo suficiente para se tornar uma população significativa. Mas certamente não nos enganaremos se, como a maioria dos autores, supusermos que apenas uma parcela do futuro povo judeu experimentou as vicissitudes do Egito. Em outras palavras, a tribo que retornou do Egito se uniu depois, na região entre o Egito e Canaã, com outras tribos aparentadas, que lá haviam se estabelecido há mais tempo. Essa união, da qual surgiu o povo de Israel, achou expressão na nova religião adotada por todas as tribos, a de Jeová — acontecimento que se deu, conforme E. Meyer, em Cades, sob influência midianita. Depois disso, o povo se sentiu forte o bastante para empreender a invasão da terra de Canaã. Não condiz com esse evento que a catástrofe de Moisés e sua religião tenha ocorrido na Transjordânia; ela deve ter sucedido bem antes da união.

Não há dúvida de que elementos muito diversos concorreram na formação do povo judeu, mas a maior diferença entre as tribos devia consistir em ter vivenciado ou não a estadia no Egito e o que a ela se seguiu. Considerando esse ponto, podemos dizer que a nação resultou da junção de dois componentes, e está conforme a isso o fato de, após um breve período de unidade política, ela se romper em dois pedaços, o reino de Israel e o reino de Judá. A história gosta dessas reconstituições, em que fusões mais recentes são desfeitas e separações antigas ressurgem. Como se sabe, o exemplo mais impressionante disso nos foi dado pela Reforma, que mostrou novamente, após um intervalo de mais de mil anos, a linha divisória entre a Germânia que um dia fora romana e aquela que permanecera independente. No caso do povo judeu, não poderíamos evidenciar uma reprodução tão fiel do antigo estado de coisas; nosso conhecimento dessa época é muito incerto para autorizar a afirmação de que no reino do Norte se encontravam aqueles desde sempre lá estabelecidos e no reino do Sul, aqueles que haviam retornado do Egito, mas também aqui a divisão posterior não podia deixar de ter relação com a antiga junção. Provavelmente os ex-egípcios eram em número menor que os outros, mas se revelaram culturalmente mais fortes; exerceram influência maior sobre a evolução do povo, porque eram portadores de uma tradição que faltava aos demais.

## II. SE MOISÉS ERA UM EGÍPCIO...

Talvez possuíssem também outra coisa, mais palpável que uma tradição. Um dos grandes mistérios da pré-história judaica é a origem dos levitas. Diz-se que eles remontam a uma das doze tribos de Israel, à tribo de Levi, mas nenhuma tradição chega a indicar onde habitava originalmente essa tribo ou que parte da terra conquistada (Canaã) lhe era concedida. Eles ocupam os mais importantes cargos sacerdotais, mas são diferenciados dos sacerdotes, um levita não é necessariamente um sacerdote; não é o nome de uma casta. Nosso pressuposto quanto à pessoa de Moisés nos sugere uma explicação. Não é plausível que um grande senhor como o egípcio Moisés se juntasse desacompanhado àquele povo que lhe era estrangeiro. Certamente levou consigo o seu séquito, os adeptos mais próximos, os escribas, os criados. Esses foram originalmente os levitas. Dizendo que Moisés era um levita, a tradição parece cometer uma deformação transparente dos fatos: os levitas eram a gente de Moisés. Tal solução é favorecida por algo que mencionei no ensaio anterior: que apenas entre os levitas aparecem nomes egípcios depois.[37] É de supor que boa parcela dessa gente de Moisés tenha escapado à ca-

---

37 [Não se encontra essa menção no primeiro ensaio; ela pode ter sido eliminada numa revisão feita antes da publicação. O que se acha de mais próximo dela, naquele ensaio, é a última nota do autor, em que fala do nome Moisés como sendo egípcio.] Essa hipótese combina bem com as afirmações de Yahuda sobre a influência egípcia na literatura hebraica primitiva. Ver A. S. Yahuda, *Die Sprache des Pentateuchs in ihren Beziehungen zum Ägyptischen* [A linguagem do Pentateuco em sua relação com o idioma egípcio], 1929.

tástrofe que atingiu a ele e à religião que fundou. Eles se multiplicaram nas gerações seguintes e se fundiram com o povo em meio ao qual viviam, mas continuaram fiéis ao seu senhor, conservaram sua memória e cultivaram a tradição de seus ensinamentos. Na época da união com os seguidores de Jeová, formavam uma minoria influente, culturalmente superior aos outros.

Levanto provisoriamente a hipótese de que entre a derrocada de Moisés e o estabelecimento da religião em Cades se passaram duas gerações, talvez até mesmo um século. Não vejo como decidir se os neoegípcios (como vou chamá-los aqui para diferenciá-los), ou seja, os que retornavam, se encontraram com as tribos aparentadas depois que estas haviam adotado a religião de Jeová ou antes. Pode-se ter como mais provável a segunda opção. Não faz diferença para o resultado final. O que sucedeu em Cades foi um compromisso, no qual a participação das tribos de Moisés é inequívoca.

Aqui, mais uma vez podemos apelar para a evidência da circuncisão, que repetidamente nos presta importante serviço — como um fóssil-guia, digamos. Esse costume se tornou obrigatório também na religião de Jeová, e, como estava indissoluvelmente ligado ao Egito, sua adoção deve ter sido uma concessão aos seguidores de Moisés (ou aos levitas entre eles), que não quiseram renunciar a este sinal de sua santificação. Era o que queriam salvar de sua antiga religião, e para isso estavam dispostos a aceitar a nova divindade e o que os sacerdotes de Midiã dela falavam. É possível que tenham obtido outras concessões. Já mencionamos que

## II. SE MOISÉS ERA UM EGÍPCIO...

o ritual judaico impunha certas restrições no uso do nome divino. Em vez de Jeová, devia-se dizer Adonai [Senhor]. Podemos incluir este preceito em nossa argumentação, mas é uma conjectura sem maior sustentação. Sabe-se que a proibição relativa ao nome do deus é um tabu antiquíssimo. Não se compreende por que foi revivido precisamente na legislação judaica; não se descarta que isso tenha acontecido por influência de um novo motivo. Não devemos supor que a proibição tenha sido imposta com severidade; o nome do deus Jeová pôde continuar sendo usado na formação de nomes próprios teóforos,* ou seja, em compostos (Joachanan, Jeú, Josué). Mas esse nome era um caso especial. Como se sabe, a investigação crítica da Bíblia supõe que o Hexateuco teve dois textos-fonte. Eles são designados como J e E, porque um utiliza o nome Jeová, e o outro, Eloim. É certo que usa "Eloim", não "Adonai", mas lembremos a observação de um de nossos autores: "Os nomes diferentes são um claro indício de deuses originalmente diferentes".[38]

Admitimos a preservação da circuncisão como prova de que o estabelecimento da religião em Cades envolveu um compromisso. Pode-se depreender o teor deste a partir dos relatos concordantes de J e E, que nisso, portanto, remetem a uma fonte comum (manuscrito ou tradição oral). A tendência principal era de-

---

* Isto é, que conduzem ou contêm o (nome do) deus — assim como "Cristóvão", *Christopher*, é "aquele que conduziu Cristo".
38 Gressmann, op. cit., p. 54.

monstrar a grandeza e o poder da nova divindade, Jeová. Como a gente de Moisés dava enorme valor à sua experiência do êxodo do Egito, esse ato de libertação teve de ser atribuído a Jeová, e o evento foi acrescido de ornamentos que indicavam a terrível grandiosidade do deus vulcânico, como a coluna de fumaça que à noite se transformava em coluna de fogo e a ventania que deixou à mostra o leito do mar por algum tempo, de maneira que os perseguidores se afogaram nas águas que voltavam.* Nisso o êxodo e a fundação da religião foram aproximados, o longo intervalo entre os dois foi rejeitado; também a entrega dos mandamentos não ocorreu em Cades, mas ao pé do monte de Deus, sob a marca de uma erupção vulcânica. Porém, essa exposição cometia grave injustiça com a memória da pessoa de Moisés; afinal, fora ele, não o deus vulcânico, que libertara e conduzira o povo para fora do Egito. Assim, deviam-lhe uma reparação, e fizeram-na transferindo Moisés para Cades ou Sinai-Horeb e pondo-o no lugar dos sacerdotes midianitas. Mais adiante abordaremos o fato de esta solução satisfazer uma segunda tendência, urgente e inevitável. Desse modo produziram uma compensação, por assim dizer: deixaram que Jeová, que habitava um monte em Midiã, se estendesse até o Egito e, em troca, que a existência e a atividade de Moisés se expandissem até Cades e a Transjordânia. Assim ele se fundiu com a pessoa do posterior fundador da religião, o genro do midianita Jetro, ao qual emprestou

---

* Êxodo 13,21 e 14,21-28.

seu nome, Moisés. Mas desse outro Moisés não temos nenhuma informação pessoal — ele é inteiramente obscurecido pelo outro, o Moisés egípcio; a não ser que aproveitemos as contradições da caracterização de Moisés que se acham no relato bíblico. Com frequência ele é descrito como dominador, irascível e até violento, mas também se diz que foi o mais brando e paciente dos seres. É claro que esses últimos atributos seriam de pouca valia para o Moisés egípcio, que pretendia fazer coisas grandes e árduas com seu povo; eles podiam pertencer ao outro, o midianita. Creio que se justifica separar os dois indivíduos e supor que o Moisés egípcio nunca esteve em Cades e nunca ouviu o nome de Jeová, e que o Moisés midianita jamais pisou no Egito e nada sabia de Aton. Com a finalidade de juntar as duas pessoas, coube à tradição ou à lenda a tarefa de levar o Moisés egípcio para Midiã, e vimos que circulava mais de uma explicação para isso.

### 6.

Estamos preparados para novamente ouvir a crítica de que apresentamos nossa reconstrução da história primitiva do povo de Israel com excessiva, injustificada segurança. Esse reproche não nos atinge duramente, pois encontra eco em nosso próprio julgamento. Sabemos que nossa edificação tem seus pontos fracos; mas também tem aspectos sólidos. A impressão dominante, no conjunto, é de que vale a pena prosseguir a obra na direção tomada. O relato bíblico que temos inclui dados históricos valiosos, inestimáveis até, mas que sofreram deformação por influência de poderosas tendências e foram ornados com os produtos da invenção poética. Em nossos esforços até o momento, pudemos perceber uma dessas tendências deformadoras. Essa descoberta nos mostra o caminho a seguir. É preciso desvelar outras tendências assim. Se tivermos pontos de apoio para reconhecer as deformações por elas geradas, mostraremos novos fragmentos do verdadeiro estado de coisas por trás delas.

Vejamos, primeiramente, o que pode nos dizer a crítica bíblica sobre a gênese do Hexateuco (os cinco livros de Moisés e o livro de Josué, os que aqui nos interessam).[39] Considera-se que a mais antiga fonte textual é J, o "jeovista", que recentemente se busca reconhecer como o sacerdote Ebiatar, um contemporâneo do rei Davi.[40] Um tanto depois, não se sabe exatamente quando, acrescentou-se o assim chamado "eloísta", que era do reino do Norte.[41] Após a derrocada do reino do Norte em 722, um sacerdote judeu reuniu porções de J e E e fez alguns acréscimos próprios. Sua compilação é designada JE. No século VII foi acrescentado o Deuteronômio, o quinto livro, que se supõe haver sido reencontrado, inteiro, no templo. A revisão chamada "Códice Sacerdotal" é situada na época após a destruição

---

39 *Encyclopaedia Britannica*, 11ª edição, 1910, verbete *"Bible"*.
40 Cf. E. Auerbach, *Wüste und Gelobtes Land* [Deserto e Terra Prometida], 1932.
41 Jeovista e eloísta foram diferenciados primeiramente por Astruc, em 1753 [Jean Astruc (1684-1766), médico francês da corte de Luís XV].

do templo (em 586), durante e após o exílio; no século v a obra tem a redação definitiva, e desde então não foi alterada essencialmente.[42]

A história do rei Davi e sua época é, muito provavelmente, obra de um contemporâneo. É verdadeira historiografia, quinhentos anos antes de Heródoto, o "pai da História". Torna-se mais fácil compreender essa realização se, em conformidade com nossa hipótese, pensamos na influência egípcia.[43] Houve até mesmo a conjectura de que os israelitas daquele tempo primitivo — ou seja, os escribas de Moisés — não deixaram de participar da invenção do primeiro alfabeto.[44] Naturalmente, escapa ao nosso conhecimento em que medida os relatos sobre tempos longínquos remontam

---

42 É historicamente certo que a fixação definitiva do tipo judeu foi consequência da reforma de Esdras e Neemias no século v a.C. — ou seja, após o exílio, sob o domínio persa, que era benevolente para com os judeus. Pela nossa contagem, haviam se passado, então, cerca de novecentos anos desde o aparecimento de Moisés. Tal reforma levou a sério as disposições que objetivavam a santificação do povo inteiro, impôs a separação relativamente aos povos vizinhos mediante a proibição de casamentos mistos, deu forma final ao Pentateuco, o genuíno livro das leis, e terminou aquela remodelação conhecida como Códice Sacerdotal. Mas parece certo que a reforma não introduziu tendências novas, que acolheu e fortaleceu incitações já existentes.
43 Cf. Yahuda, op. cit.
44 Se estavam sujeitos à proibição de usar imagens, tinham inclusive um motivo para abandonar as figuras da escrita hieroglífica, enquanto ajustavam os sinais escritos desta para a expressão de uma nova língua. Cf. Auerbach, op. cit., p. 142. [Cabe lembrar que a escrita hieroglífica também incluía sinais puramente fonéticos.]

a escritos anteriores ou a tradições orais, e que lapsos de tempo haveria, em cada caso, entre o acontecimento e o seu registro. Mas o texto de que dispomos nos diz o bastante sobre as suas vicissitudes. Dois tratamentos opostos deixaram nele seus traços. Por um lado, sofreu reelaborações que o falsearam conforme suas intenções ocultas, mutilaram e ampliaram, chegando a transformá-lo no reverso; por outro lado, foi alvo de uma respeitosa devoção que pretendeu conservar tudo tal como havia achado, não importando se era coerente ou desmentia a si próprio. Assim, em quase todas as partes surgiram lacunas evidentes, repetições incômodas, contradições palpáveis, indícios de coisas que não se pretendia comunicar. A deformação de um texto é semelhante a um assassinato: difícil não é a execução do ato, mas a eliminação das pistas. Poderíamos dar ao termo *"Entstellung"* [deformação] o duplo sentido a que ele tem direito, embora não o utilize hoje. Deveria significar não apenas "modificar a aparência", mas também "pôr em outro lugar, deslocar".* Desse modo, em muitos casos de deformação textual podemos esperar encontrar em outro local o que foi suprimido e renegado, embora mudado e arrancado do contexto. Ocorre apenas que nem sempre será fácil reconhecê-lo.

As tendências deformadoras que queremos apreender já devem ter influído nas tradições antes de serem

---

* Apenas o primeiro sentido ("deformar, alterar, deturpar") é utilizado e se encontra nos dicionários da língua alemã.

fixadas por escrito. Já descobrimos uma delas, talvez a mais forte de todas. Dissemos que, com a instituição do novo deus Jeová em Cades, houve a necessidade de fazer algo para a sua glorificação. Seria mais correto dizer: era preciso instalá-lo, abrir espaço para ele, apagar os traços de religiões anteriores. No caso da religião das tribos estabelecidas, isso parece ter ocorrido inteiramente, pois nada mais ouvimos sobre ela. Com os que retornaram não foi tão fácil, eles não deixaram que lhes tirassem o êxodo, Moisés e a circuncisão. Portanto, estiveram no Egito, mas o deixaram, e a partir de então todo traço de influência egípcia devia ser negado. Lidaram com Moisés situando-o em Midiã e Cades e fundindo-o com o sacerdote de Jeová, fundador da religião. Tiveram de conservar a circuncisão, o mais grave indício da ligação com o Egito, mas buscaram desprender esse costume daquele país, apesar de toda a evidência. Somente como oposição deliberada ao fato revelador podemos entender a enigmática passagem do Êxodo, de redação incompreensível, em que Jeová se irrita com Moisés porque este negligenciou a circuncisão, e sua mulher midianita lhe salva a vida executando rapidamente a operação.* Logo saberemos de outra invenção para neutralizar a incômoda prova.

Mal poderemos designar como uma nova tendência, antes como o prosseguimento da anterior, os esforços de questionar diretamente que Jeová fosse um deus novo, desconhecido dos judeus. Com esse propósito são

---

* Cf. Êxodo 4,24-26.

introduzidas as lendas dos patriarcas do povo judeu, de Abraão, Isaac e Jacó. Jeová assegura que já era o deus desses ancestrais; mas, ele próprio tem de admitir, eles não o adoravam sob esse nome.[45]

Ele não acrescenta sob que outro nome o faziam. E aqui está o ensejo para um golpe decisivo contra a origem egípcia do costume da circuncisão. Jeová já o demandava de Abraão, introduziu-o como sinal da aliança entre ele e os descendentes de Abraão. Mas isso foi uma invenção particularmente inapta. Como traço distintivo, que deve separar um indivíduo dos outros e dar-lhe privilégio em relação a eles, escolhe-se algo que não se acha nos outros, não algo que milhões de outros podem igualmente possuir. Um israelita, tendo sido levado para o Egito, teria de reconhecer todos os egípcios como irmãos de aliança, irmãos em Jeová. Os israelitas que criaram o texto da Bíblia não podiam desconhecer o fato de que a circuncisão era comum no Egito. A própria passagem de Josué citada por E. Meyer [cf. p. 51] o admite sem hesitar, mas por isso mesmo ele tinha de ser negado a todo custo.

Não é lícito esperar que as formações míticas religiosas tenham grande consideração pela coerência lógica. De outro modo, o sentimento popular poderia legitimamente se ofender com a conduta de uma divindade que firma com os ancestrais um pacto de obrigações mútuas e depois se desinteressa dos sócios humanos du-

---

45 [Cf. Êxodo 6,3.] Isso não torna mais compreensíveis, e sim mais suspeitas, as restrições ao uso desse novo nome.

## II. SE MOISÉS ERA UM EGÍPCIO...

rante séculos, até que subitamente lhe vem a ideia de se manifestar de novo aos descendentes. Ainda mais estranha parece a noção de que um deus "escolhe" um povo de repente, declarando que este lhe pertence e que ele próprio é o deus deste povo. Acredito que seja um caso único na história das religiões humanas. Normalmente, um deus e um povo estão ligados de forma inseparável, são uma unidade desde o princípio; às vezes ouvimos falar que um povo adota outro deus, mas jamais que um deus elege outro povo. Talvez compreendamos melhor esse evento único se lembrarmos a relação entre Moisés e o povo judeu. Moisés desceu ao encontro dos judeus, tornou-os seu povo; eles eram seu "povo eleito".[46]

46 Sem dúvida, Jeová era um deus vulcânico. Não havia motivo para que os habitantes do Egito o adorassem. Certamente não sou o primeiro a notar a semelhança fonética entre o nome Jeová e a raiz do nome de outro deus, Júpiter (*Jovis*). O nome Jochanan (algo como *Gotthold* [Deus é satisfeito]; equivalente em cartaginês: Aníbal), composto com a abreviatura do hebraico Jeová, tornou-se o prenome favorito da cristandade europeia, nas formas Johann, John, Jean, Juan. Ao traduzi-lo por *Giovanni* e chamar *giovedí* um dia da semana [quinta-feira], os italianos evidenciam uma semelhança que pode não significar nada, mas talvez signifique muito. Aqui se abrem perspectivas bem amplas, mas também muito incertas. Parece que naqueles séculos obscuros, pouco acessíveis à pesquisa histórica, os países em torno da bacia oriental do Mediterrâneo foram o palco de frequentes e violentas erupções vulcânicas, que devem ter impressionado muito os habitantes. Arthur Evans supõe que a destruição final do palácio de Minos, em Cnossos, foi consequência de um terremoto. Em Creta, provavelmente em todo o mundo egeu, adorava-se a grande divindade-mãe. A percepção de que ela não era capaz de proteger sua casa dos ataques de um poder mais forte pode ter contribuído para que cedesse o lugar a

A inclusão dos patriarcas servia também a outra intenção. Eles tinham vivido em Canaã, sua memória se ligava a certos lugares da região. É possível que originalmente fossem heróis cananeus ou divindades locais, de que os imigrantes israelitas então se apropriaram para sua história primitiva. Ao invocá-los, como que afirmavam sua natureza autóctone e se precaviam do ódio que os conquistadores estrangeiros inspiravam. Foi um movimento hábil: o deus Jeová apenas lhes dava de novo o que seus antepassados tinham possuído.

Nas contribuições posteriores ao texto bíblico, valeu o propósito de evitar a menção a Cades. O local da fundação da religião tornou-se definitivamente o Sinai-Horeb, o monte de Deus. O motivo para isso não se nota claramente; talvez não quisessem ser lembrados da influência de Midiã. Mas todas as deformações posteriores, especialmente da época do chamado Códice Sacerdotal, serviam a outra intenção. Não era mais preciso mudar os relatos sobre acontecimentos no sentido desejado, pois isso fora feito há muito tempo. Houve o empenho, isto sim, de transpor mandamentos e institui-

---

uma divindade masculina, e então o deus vulcânico era o primeiro candidato a substituí-la. Afinal, Zeus é sempre o "abalador da terra". Há pouca dúvida de que aconteceu naqueles tempos obscuros a substituição das divindades maternas por deuses masculinos (que talvez fossem originalmente os filhos). Impressiona, em particular, o destino de Palas Atena, que certamente era a forma local da divindade materna, foi rebaixada a filha na grande mudança religiosa, privada de sua mãe e, enfim, permanentemente excluída da maternidade, pela virgindade que lhe foi imposta.

ções do presente para épocas passadas, de fundamentá-los geralmente na legislação mosaica, para daí derivar o caráter sagrado e obrigatório que se reivindicava para eles. Por mais que desse modo se falsificasse a imagem do passado, tal procedimento não deixa de ter alguma justificação psicológica. Refletiu o fato de que ao longo de muito tempo — da saída do Egito à fixação do texto bíblico sob Esdras e Neemias decorreram uns oitocentos anos — a religião de Jeová havia se transformado e retrocedido até chegar à concordância, talvez até à identidade, com a religião original de Moisés.

E este é o resultado essencial, o momentoso teor da história da religião judaica.

## 7.

Entre todos os acontecimentos da história primitiva, de que os poetas, sacerdotes e historiadores depois vieram a tratar, destacou-se um, que bons e imediatos motivos humanos solicitavam que fosse reprimido. Foi o assassinato do grande líder e libertador Moisés, que Sellin percebeu a partir de alusões nos escritos dos profetas. Não se pode chamar de fantástica a colocação de Sellin; ela é verossímil. Moisés, que provinha da escola de Akhenaton, não se utilizou de métodos diferentes daqueles do rei; ele ordenou, impôs sua fé ao povo.[47] Talvez a doutrina de Moisés fosse ainda mais dura que a de seu mestre, ele não necessitava manter o apoio no deus-sol, a escola de On nada sig-

---

47 Naquele tempo não era possível outra forma de influência.

nificava para seu povo de estrangeiros. Tanto Moisés como Akhenaton tiveram o destino que aguarda todos os déspotas esclarecidos. Tal como os egípcios da XVIII dinastia, o povo judeu de Moisés era incapaz de tolerar uma religião tão espiritualizada, de encontrar satisfação para suas necessidades naquilo que ela oferecia. Nos dois casos sucedeu o mesmo, os tutelados e diminuídos se sublevaram e se desfizeram do fardo da religião imposta. Mas, enquanto os dóceis egípcios esperaram até que o destino eliminasse a sagrada pessoa do faraó, os selvagens semitas tomaram seu destino nas mãos e se livraram do tirano.[48]

Tampouco se pode afirmar que o texto bíblico existente não nos prepara para esse fim de Moisés. O relato sobre as "andanças no deserto"* — que talvez represente a época do domínio de Moisés — descreve uma sucessão de sérias revoltas contra a sua autoridade, que também — por ordem de Jeová — são reprimidas com sangrenta punição. Pode-se facilmente imaginar que alguma vez uma rebelião dessas tenha tido um final diferente daquele que a Bíblia pretende. Também o renegamento da nova religião pelo povo é narrado no texto bíblico; como episódio, é verdade. Trata-se da história

---

[48] É realmente digno de nota que, em milênios de história egípcia, quase não se tenha notícia de eliminação violenta ou assassinato de um faraó. Uma comparação com a história dos assírios, por exemplo, só faz aumentar a admiração. Naturalmente, isso pode vir do fato de que entre os egípcios a historiografia servia apenas a propósitos oficiais.

* Números 14,33.

## II. SE MOISÉS ERA UM EGÍPCIO...

do bezerro de ouro, em que, de modo hábil, o despedaçamento das tábuas da Lei ("ele quebrou a lei"),* a ser entendido simbolicamente, é imputado ao próprio Moisés, sendo motivado por sua irada indignação.

Veio um tempo em que lamentaram o assassinato de Moisés e procuraram esquecê-lo. Certamente foi assim na época da união em Cades. Mas, quando o êxodo e a fundação da religião no oásis foram aproximados e se considerou que Moisés participara dela, no lugar do outro [o sacerdote midianita], não apenas era satisfeita a reivindicação da gente de Moisés como também se negava com êxito o penoso fato de sua eliminação. Na realidade, é bastante improvável que Moisés tenha tomado parte nos acontecimentos de Cades, ainda que sua vida não fosse abreviada.

Agora temos de procurar esclarecer a cronologia desses eventos. Situamos a saída do Egito no período após a extinção da XVIII dinastia (1350). Pode ter ocorrido então ou um pouco mais tarde, pois os cronistas egípcios incluíram os anos subsequentes de anarquia no tempo de Haremhab, que deu fim a ela e governou até 1315. A referência cronológica seguinte (também a única) nos é dada pela estela de Merneptah (1225--1215), que se gaba da vitória sobre "Isiraal" (Israel) e da devastação de suas "sementeiras" (?). Infelizmente há dúvidas quanto ao sentido dessa inscrição, julga-se que seja uma prova de que tribos israelitas já haviam

---

* Êxodo 32,19.

se estabelecido em Canaã naquele tempo.[49] Eduard Meyer conclui a partir dessa estela, com razão, que Merneptah não pode ter sido o faraó do êxodo, como antes se tendia a supor. O êxodo deve ter ocorrido numa época anterior. A questão de qual foi o faraó do êxodo nos parece ociosa. Não havia faraó durante o êxodo, pois este sucedeu num interregno. Mas a descoberta da estela de Merneptah também não ajuda a esclarecer a possível data da união e do estabelecimento da religião em Cades. Em algum momento entre 1350 e 1215, isso é tudo o que podemos afirmar com certeza. Nossa conjectura é de que o êxodo se aproxima bastante do ano inicial, dentro desses cem anos, e o evento em Cades não dista muito do ano final. A maior parte desse tempo reservamos para o intervalo entre os dois acontecimentos. Necessitamos de um período mais longo até que, após o assassinato de Moisés, as paixões se aquietassem entre os que haviam retornado e a influência da gente de Moisés, os levitas, se tornasse grande como pressupõe o compromisso de Cades. Duas gerações, sessenta anos, talvez bastassem, mas isso combina por pouco. O que se deduz da estela de Merneptah é muito cedo para nós, e, como percebemos que aqui uma suposição se baseia apenas em outra, admitimos que esta discussão deixa à mostra um aspecto fraco de nossa construção. Infelizmente, tudo o que diz respeito ao estabelecimento do povo judeu em Canaã é muito vago e confuso. Talvez nos reste a

---

49 Meyer, op. cit., p. 222.

## II. SE MOISÉS ERA UM EGÍPCIO...

saída de que o nome na estela de Israel pode não se referir às tribos cujas vicissitudes buscamos acompanhar, que se juntaram para depois formar o povo de Israel. Afinal, também o nome de *habiru* (hebreus), do período de Amarna, passou para esse povo.

Quando quer que tenha ocorrido a união das tribos numa nação, assumindo a mesma religião, isso poderia muito bem ter sido um ato irrelevante na história mundial. A nova religião teria sido removida pelo fluxo dos acontecimentos, Jeová teria podido tomar seu lugar na procissão dos deuses passados do romancista Flaubert* e todas as doze tribos de seu povo teriam se "perdido", não apenas as dez que os anglo-saxões procuraram por tanto tempo. O deus Jeová, ao qual o midianita Moisés conduziu um novo povo, provavelmente não era um ser notável em nenhum aspecto. Um rude e mesquinho deus local, violento e ávido de sangue, prometeu aos seguidores que lhes daria a terra "onde fluem o leite e o mel" e os incitou a eliminar "pelo fio da espada"** os habitantes locais. Surpreende que, apesar de todas as revisões, tenham ficado nos relatos bíblicos tantos elementos que deixam perceber sua índole original. Nem mesmo é certo que sua religião fosse um verdadeiro monoteísmo, que contestasse as divindades de outros povos. Provavelmente bastava que o deus fosse mais poderoso que os deuses estrangeiros. Se depois tudo transcorreu de maneira diferente do que esse co-

---

\* Na novela *A tentação de Santo Antão* (1874).
\*\* Êxodo 3,8 e Deuteronômio 13,15, respectivamente.

meço levava a esperar, a causa para isso podemos encontrar apenas num fato. O Moisés egípcio ofereceu a uma parte do povo outra concepção de divindade, mais alta e espiritualizada, a ideia de um deus único e que abrangia todo o mundo, que era todo-amoroso, além de todo-poderoso; que, avesso às cerimônias e à magia, propunha aos seres humanos uma vida na verdade e na justiça como objetivo supremo. Por mais incompletas que sejam nossas informações sobre a ética da religião da Aton, não pode ser desprovido de significado que Akhenaton geralmente se referisse a si mesmo como "vivendo em *Maat*" (verdade, justiça).[50] A longo prazo, não fez diferença que o povo, provavelmente pouco depois, rejeitasse a doutrina de Moisés e o eliminasse. Ficou a *tradição* dela, e sua influência alcançou — gradualmente, ao longo de séculos — o que foi negado ao próprio Moisés. O deus Jeová recebeu honra imerecida quando, a partir de Cades, atribuíram-lhe o ato libertador de Moisés, mas pagaria caro por essa usurpação. A sombra do deus cujo lugar ele havia tomado se tornou mais forte do que ele; no final do processo, aparecia por trás dele o esquecido deus mosaico. Ninguém questiona que apenas a ideia desse outro deus fez o povo de Israel sobreviver a todos os golpes do destino e o conservou vivo até os dias de hoje.

---

50 Seus hinos enfatizam não apenas a universalidade e unicidade de Deus, mas também a amorosa atenção deste com todas as criaturas, e exortam à alegria com a natureza e à fruição de sua beleza. Cf. Breasted, *The Dawn of Conscience*.

## II. SE MOISÉS ERA UM EGÍPCIO...

Já não é possível determinar que participação tiveram os levitas na vitória final do deus mosaico sobre Jeová. Eles haviam se posto ao lado de Moisés no passado, quando houve o compromisso de Cades, ainda com viva lembrança do senhor do qual eram seguidores e compatriotas. Nos séculos desde então, haviam se fundido com o povo ou os sacerdotes, e a principal função destes se tornara desenvolver e zelar pelo ritual, e também preservar os textos sagrados e revisá-los conforme seus propósitos. Mas todos os sacrifícios e cerimônias não eram, no fundo, apenas magia e feitiçaria, rejeitadas incondicionalmente pela antiga doutrina de Moisés? Então surgiu, do meio do povo, uma série infindável de homens que não se ligavam a Moisés pela origem, que foram cativados pela grande e poderosa tradição que havia gradualmente crescido na obscuridade — e foram esses homens, os profetas, que incansavelmente pregaram a velha doutrina mosaica, segundo a qual o deus desprezava sacrifícios e cerimônias, exigindo apenas fé e uma vida na verdade e na justiça ("Maat"). Os esforços dos profetas tiveram êxito duradouro; as doutrinas com que restauraram a antiga fé se tornaram conteúdo permanente da religião judaica. Honra o povo judeu que ele tenha conservado essa tradição e produzido homens que lhe deram voz, ainda que o estímulo para isso tenha vindo de fora, de um grande estrangeiro.

Não me sentiria seguro com essa exposição se não pudesse invocar o julgamento de outros pesquisadores, especialistas que veem o significado de Moisés para a história da religião judaica sob a mesma luz que eu, embora não admitam sua procedência egípcia. Sellin, por exemplo, diz:[51]

> "Assim, devemos imaginar a verdadeira religião de Moisés, a crença que ele proclama no deus moral único, como propriedade de um pequeno círculo do povo desde o início. Não devemos esperar encontrá-la desde o início no culto oficial, na religião dos sacerdotes, na fé do povo. Podemos contar, desde o início, apenas com o fato de que ora aqui, ora ali tenha aparecido novamente uma centelha do fogo espiritual que ele um dia acendeu, de que suas ideias não tenham morrido inteiramente, mas silenciosamente influído na fé e nos costumes, até que mais cedo ou mais tarde, sob a influência de vivências especiais ou de personalidades particularmente tocadas por seu espírito, tenham de novo irrompido com força e agido sobre camadas mais amplas do povo. Sob esse ângulo devemos considerar de antemão a história da antiga religião de Israel. Cometeria grave erro metodológico quem pretendesse construir a religião mosaica pela religião que, segundo os documentos históricos, encontramos na vida popular dos primeiros cinco séculos em Canaã."

Volz é ainda mais claro.[52] Ele acha que "a colossal obra de Moisés foi, inicialmente, compreendida e executada de maneira débil e incerta, até que, ao longo dos séculos, foi penetrando mais e mais e por fim encon-

---

51 Sellin, op. cit., p. 52.
52 Paul Volz, *Mose* [Moisés], Tübingen, 1907, p. 64.

## II. SE MOISÉS ERA UM EGÍPCIO...

trou, nos grandes profetas, espíritos afins que deram prosseguimento à obra do líder solitário".

Com isso terei chegado à conclusão de meu trabalho, que teve por único propósito incluir a figura de um Moisés egípcio na trama da história judaica. Exprimindo nosso resultado numa formulação bastante sucinta: às conhecidas dualidades dessa história — dois povos que se unem para formar a nação, dois reinos em que esta nação se divide, dois nomes de divindade nos textos-fonte da Bíblia — acrescentamos duas novas: *duas* fundações da religião, a primeira reprimida pela segunda e, contudo, ressurgindo depois vitoriosamente por trás dela; *dois* fundadores da religião, ambos denominados Moisés e cujas pessoas devemos distinguir uma da outra. E todas essas dualidades são consequências necessárias da primeira, do fato de que uma parte do povo sofreu uma vivência considerada traumática, que a outra parte não teve. Além disso, haveria ainda muita coisa a discutir, esclarecer e afirmar. Só então se justificaria de fato o interesse em nosso estudo puramente histórico. Em que consiste propriamente a natureza de uma tradição, como é impossível negar a influência pessoal de grandes indivíduos na história do mundo, que sacrilégio é cometido contra a imensa diversidade da vida humana quando se admitem apenas motivos de necessidades materiais, de quais fontes muitas ideias (sobretudo as religiosas) extraem a força com que submetem pessoas e povos — estudar tudo isso no caso específico da história judaica seria uma tarefa tentadora. Tal prosseguimento de meu trabalho se ligaria às considerações que registrei há 25 anos em *Totem e tabu* [1912-1913]. Mas já não me acredito com forças para realizá-lo.

## III. MOISÉS, SEU POVO E O MONOTEÍSMO

**PRIMEIRA PARTE**

NOTA PRELIMINAR I
([VIENA,] ANTES DE MARÇO DE 1938)

Com a ousadia de quem tem pouco ou nada a perder, vou desrespeitar pela segunda vez um propósito bem fundado e acrescentar aos meus dois ensaios sobre Moisés, publicados em *Imago* (v. XXIII, 1 e 3), a parte final que retive. Concluí afirmando saber que minhas forças não bastariam para escrevê-la; referia-me, naturalmente, à diminuição da capacidade criadora que a velhice traz consigo,[53] mas pensava também em outro empecilho.

Vivemos numa época singular. Percebemos, com espanto, que o progresso fez um pacto com a barbárie. Na Rússia soviética, procurou-se melhorar as condições de vida de 100 milhões de pessoas mantidas na opressão. O governo foi ousado ao lhes tirar o "ópio"

---

53 Não partilho a opinião do meu contemporâneo Bernard Shaw, de que as pessoas só chegariam a fazer algo bom se pudessem viver trezentos anos. Nada se obteria com o prolongamento da vida, seriam necessárias muitas outras mudanças fundamentais nas condições da existência.

## III. MOISÉS, SEU POVO E O MONOTEÍSMO

da religião, e teve a sabedoria de lhes dar uma medida razoável de liberdade sexual; mas, ao mesmo tempo, sujeitou-as à mais cruel coação e privou-as de toda possibilidade de pensar livremente. Com violência semelhante, o povo italiano é educado no culto à ordem e ao sentimento do dever. No caso do povo alemão, sentimos como que o alívio de uma atormentadora apreensão, ao ver que a recaída numa barbárie pré-histórica pode ocorrer sem se apoiar numa ideia progressista. Seja como for, a situação é tal que hoje em dia as democracias conservadoras se tornaram guardiãs do avanço cultural e, de modo curioso, justamente a instituição da Igreja católica se opõe energicamente à expansão desse perigo cultural — ela, que até agora foi inimiga implacável da liberdade de pensamento e do avanço no conhecimento da verdade!

Vivemos num país católico e sob a proteção dessa Igreja, incertos de quanto tempo ainda valerá essa proteção. Enquanto ela durar, é natural que hesitemos em fazer algo que desperte a hostilidade da Igreja. Não se trata de covardia, mas de prudência; o novo inimigo, ao qual nos guardaremos de servir, é mais perigoso do que antigo, com o qual já aprendemos a lidar. A investigação psicanalítica que praticamos é, de todo modo, vista com desconfiança pelo catolicismo. Não afirmaremos que não há razão para isso. Se o nosso trabalho nos leva a uma conclusão que reduz a religião a uma neurose da humanidade e explica seu formidável poder da mesma forma que a compulsão neurótica de nossos pacientes, estamos seguros de provocar enorme indignação nos poderes vigentes. Não que digamos algo que seja novo, que já não tenhamos dito claramente há 25 anos, mas desde então isso foi esquecido, e pode haver consequências se agora o repetimos e ilustramos com um exemplo válido para todas as religiões. Provavelmente faria com que nos interditassem o exercício da psicanálise. Afinal, tais métodos violentos de repressão não são nada alheios à Igreja; na verdade, ela vê como usurpação de suas prerrogativas que outros também se sirvam deles. Mas a psicanálise, que durante minha longa vida chegou a toda parte, ainda não tem um lar que lhe seja mais valioso do que a cidade onde nasceu e cresceu.

Eu não apenas acho, sei que esse outro obstáculo, o perigo externo, me impedirá de publicar a última parte do meu estudo sobre Moisés. Ainda fiz uma tentativa de me livrar da dificuldade, dizendo a mim mesmo que esse temor se baseava numa superestimação de minha importância pessoal. É provável que seja indiferente, para as autoridades, o que eu decido escrever sobre Moisés e a origem das religiões monoteístas. Mas não me sinto seguro nesse julgamento. Parece-me possível, isto sim, que a maldade e o sensacionalismo compensem o valor que não tenho para meus contemporâneos. Portanto, não tornarei público este trabalho, mas isso não me impede de escrevê-lo; sobretudo porque já o redigi (dois anos atrás), de modo que só preciso revisá-lo e acrescentá-lo aos dois ensaios anteriores. Ele pode permanecer guardado até chegar o tempo em que ouse sair sem perigo, ou até que se possa dizer, a um autor que professe as mesmas conclusões e opiniões, que "um dia, em tempos mais obscuros, houve alguém que pensou o mesmo que você".

## NOTA PRELIMINAR II
### [[LONDRES,] JUNHO DE 1938]

As dificuldades muito especiais que experimentei durante a redação deste estudo relacionado à pessoa de Moisés — tanto apreensões íntimas como empecilhos externos — fazem com que este terceiro e último ensaio venha com dois prefácios diversos, que se contradizem e até mesmo se anulam. No pequeno intervalo entre os dois, as circunstâncias de vida do autor mudaram bastante. Antes eu vivia sob a proteção da Igreja católica, e temia que minha publicação suscitasse uma proibição de trabalho para os adeptos e discípulos da psicanálise na Áustria. De repente aconteceu a invasão alemã;* e o catolicismo se revelou, para usar uma expressão bíblica, "um caniço ao vento".** Tendo a certeza de que então era perseguido não apenas por meu modo de pensar, mas também por minha "raça", abandonei, com muitos amigos, a cidade que havia sido minha pátria desde a infância, por 78 anos.

Tive a mais amistosa acolhida na bela, livre e generosa Inglaterra. Aqui vivo agora, sendo um hóspede bem-visto; respiro aliviado por não mais ter aquela opressão sobre mim e poder novamente falar e escrever — quase

---

* A "anexação" da Áustria pela Alemanha nazista, em março de 1938.
** Cf. Mateus 11,7 e Lucas 7,24.

diria "pensar" — como quero ou necessito. Ouso apresentar ao público a última parte de meu trabalho.

Não há mais obstáculos externos, ou, pelo menos, não daqueles que nos atemorizam e fazem recuar. Nas poucas semanas em que estou aqui, recebi numerosos cumprimentos de amigos que se alegraram com minha presença, de desconhecidos e de pessoas sem qualquer relação com a psicanálise, que apenas desejavam exprimir sua satisfação por eu ter encontrado liberdade e segurança aqui. Além disso houve, em número surpreendente para um estrangeiro, cartas de outra espécie, que se preocupavam com a salvação de minha alma, apontavam-me os caminhos de Cristo e procuravam me esclarecer sobre o futuro de Israel.

As boas pessoas que escreveram essas cartas não podiam saber muito sobre mim; mas, quando este trabalho sobre Moisés se tornar conhecido de meus novos compatriotas numa tradução, creio que vou perder muito da simpatia que bom número de outras pessoas também demonstra para comigo atualmente.

No tocante às dificuldades interiores, a revolução política e a mudança de domicílio nada puderam modificar. Tal como antes, sinto-me inseguro em relação a meu trabalho, lamento não ter a consciência da unidade e afinidade que deve existir entre um autor e sua obra. Não que me falte a convicção da justeza dos resultados. Eu já a tinha 25 anos atrás, quando escrevi o livro *Totem e tabu*, em 1912, e desde então ela apenas se fortaleceu. Não duvidei mais que os fenômenos religiosos podem

## III. MOISÉS, SEU POVO E O MONOTEÍSMO

ser entendidos apenas segundo o modelo dos sintomas neuróticos do indivíduo que nos são conhecidos, como retorno de eventos importantes e há muito esquecidos da pré-história da família humana, que devem seu caráter compulsivo justamente a essa origem, e, portanto, agem sobre os seres humanos graças ao seu conteúdo de verdade *histórica*. Minha insegurança começa quando me questiono se consegui provar essas teses no exemplo que escolhi do monoteísmo judeu. Ante a minha crítica, este trabalho que tem Moisés como ponto de partida parece uma dançarina que se equilibra na ponta de um pé. Se eu não pudesse me apoiar na interpretação analítica do mito do abandono e dela passar à conjectura de Sellin sobre o fim de Moisés, nada poderia ter sido escrito. Seja como for, arrisquemo-nos agora.

Começo por resumir as conclusões de meu segundo estudo sobre Moisés, aquele puramente histórico. Elas não serão submetidas a uma nova crítica, pois formam a premissa das discussões psicológicas que delas partem e sempre a elas retornam.

### A. A PREMISSA HISTÓRICA

Eis aqui, então, o pano de fundo histórico dos acontecimentos que atraíram o nosso interesse. Mediante as conquistas da XVIII dinastia, o Egito se tornou um império mundial. O novo imperialismo se reflete no desenvolvimento das concepções religiosas, se não de todo o povo, pelo menos da camada mais elevada, dominante e intelectualmente ativa. Sob a influência dos sacerdotes do deus-

-sol em On (Heliópolis), e talvez reforçada por estímulos vindos da Ásia, surge a ideia de um deus universal, Aton, que não conhece mais a restrição a um país e a um povo. Com o jovem Amenófis IV, chega ao poder um faraó que não tem interesse maior que o desenvolvimento dessa ideia de deus. Ele promove a religião de Aton a religião do Estado e torna o deus universal o deus único; tudo o que se fala sobre outros deuses é mentira e engano. Com inaudita inflexibilidade, ele resiste às tentações do pensamento mágico e rejeita a ilusão de uma vida após a morte, tão cara aos egípcios. Num espantoso pressentimento da percepção científica posterior, vê na energia solar a fonte de toda a vida na Terra e a venera como o símbolo do poder de seu deus. Ele se gaba de sua alegria com a Criação e de sua vida em Maat (verdade e justiça).

É o primeiro e talvez mais puro caso de religião monoteísta na história humana; uma compreensão mais profunda das condições históricas e psicológicas de sua gênese seria de valor inestimável. Mas cuidou-se para que não nos chegassem muitas informações sobre essa religião. Já sob os débeis sucessores de Akhenaton acabou-se tudo o que ele havia criado. A vingança da casta sacerdotal que ele reprimira se desencadeou contra sua memória, a religião de Aton foi abolida, a cidade daquele faraó estigmatizado foi destruída e saqueada. Por volta de 1350 a.C. extinguiu-se a XVIII dinastia. Após um período de anarquia, o general Haremhab restabeleceu a ordem, reinando até 1315. A reforma de Akhenaton parecia um episódio fadado ao esquecimento.

## III. MOISÉS, SEU POVO E O MONOTEÍSMO

Isso é o que se acha estabelecido historicamente; agora vem a nossa continuação hipotética. Entre as pessoas próximas a Akhenaton havia um homem que talvez se chamasse Tutmés, como muitos outros então;[54] o nome não importa muito, o seu segundo componente é que tinha de ser — *mose*. Ele ocupava uma alta posição, era adepto convicto da religião de Aton, mas, diferentemente do rei meditativo, era enérgico e passional. Para esse homem, a morte de Akhenaton e a extinção de sua religião significavam o fim de todas as esperanças. Ele só poderia continuar vivendo no Egito como um proscrito ou um renegado. Talvez como governador da província da fronteira, ele havia tomado contato com uma tribo semita que para lá imigrara algumas gerações antes. No transe da decepção e do isolamento ele se voltou para esses estrangeiros, buscou neles a compensação para suas perdas. Escolheu-os como seu povo, procurou realizar neles seus ideais. Depois que, acompanhado de sua gente, abandonou o Egito juntamente com eles, santificou-os com o sinal da circuncisão, deu-lhes leis, iniciou-os nos ensinamentos da religião de Aton, que os egípcios haviam rejeitado. Talvez os preceitos que esse Moisés deu aos seus judeus fossem ainda mais duros que os de seu senhor e mestre Akhenaton, talvez ele tenha renunciado à ligação com o deus solar de On, que aquele ainda mantivera.

O êxodo do Egito deve ser situado no período do interregno, após 1350 a.C. A época subsequente, até a

---

54 Assim também se chamava, por exemplo, o escultor cujo ateliê foi encontrado em Tell el-Amarna.

conclusão da tomada de Canaã, é particularmente nebulosa. A pesquisa histórica atual pôde extrair dois fatos da escuridão que o relato bíblico deixou — ou melhor, criou — nesse ponto. O primeiro, descoberto por Ernst Sellin, é que os judeus, que, segundo a própria Bíblia, eram teimosos e birrentos com seu líder e legislador, um dia se revoltaram contra ele, mataram-no e dispensaram a religião de Aton que lhes fora imposta, tal como os egípcios haviam feito antes. O segundo, demonstrado por Eduard Meyer, é que esses judeus regressos do Egito se uniram depois a outras tribos, a eles aparentadas, no território entre Palestina, península do Sinai e Arábia, e ali, num local abundante em água, Cades, adotaram uma nova religião sob a influência dos midianitas árabes, a adoração do deus vulcânico Jeová. Pouco depois estavam prontos para irromper em Canaã como conquistadores.

As relações cronológicas desses dois eventos entre si e com o êxodo do Egito são muito incertas. A mais próxima referência histórica nos é dada por uma estela do faraó Merneptah (o qual reinou até 1215), que, relatando excursões guerreiras na Síria e na Palestina, menciona "Israel" entre os vencidos. Tomando a data dessa estela como um *terminus ad quem* [limite], resta cerca de um século (de depois de 1350 até antes de 1215) para tudo o que sucedeu após o êxodo. Mas talvez o nome Israel ainda não se refira às tribos que consideramos, e que, na realidade, disponhamos de um intervalo de tempo maior. O estabelecimento em Canaã do que depois seria o povo judeu não foi certamente uma conquista rápida,

## III. MOISÉS, SEU POVO E O MONOTEÍSMO

mas um processo que ocorreu em etapas e se estendeu por um período relativamente longo. Se nos livrarmos da restrição que nos impõe a estela de Merneptah, poderemos mais facilmente considerar uma geração (trinta anos) como a época de Moisés,[55] deixando passar duas gerações, provavelmente mais, até a união em Cades.[56] O intervalo entre Cades e a partida para Canaã não precisa ser longo; como foi mostrado no ensaio anterior, a tradição judaica teve bons motivos para reduzir o intervalo entre o êxodo e a fundação da religião em Cades, enquanto à nossa exposição interessa o oposto.

Mas tudo isso ainda é história, tentativa de preencher as lacunas de nosso conhecimento histórico; repetição, em parte, do segundo ensaio de *Imago* [o ensaio anterior]. Interessa-nos acompanhar as vicissitudes de Moisés e suas doutrinas, que só aparentemente tiveram fim com a revolta dos judeus. Pelo relato do jeovista, que foi escrito por volta do ano 1000, mas certamente se baseou em registros mais antigos, descobrimos que a união [das tribos] e a fundação da religião em Cades envolveram um compromisso em que as duas partes ainda podem ser bem diferenciadas. A um lado importava apenas negar o caráter novo e estrangeiro do deus Jeová e fortalecer a reivindicação deste à devoção do povo; o outro não queria renunciar, em prol desse deus, às preciosas lem-

---

55 Isso corresponderia aos quarenta anos de andanças no deserto, segundo o texto bíblico [Números 14,33].
56 Ou seja, cerca de 1350 (40) a 1320 (10) para o período de Moisés; 1260, ou preferivelmente depois, para Cades; a estela de Merneptah, antes de 1215.

branças da libertação e saída do Egito e da formidável figura do líder Moisés, e conseguiu integrar tanto o fato como o indivíduo na nova narrativa da história anterior do povo judeu, conservar ao menos o sinal externo da religião mosaica, a circuncisão, e talvez impor certas restrições ao uso do novo nome do deus. Dissemos que os defensores dessas reivindicações eram os descendentes da gente de Moisés, os levitas, que estavam separados dos contemporâneos e compatriotas de Moisés por poucas gerações e ainda se ligavam à memória deste por vivas lembranças. As narrativas poeticamente ornamentadas que atribuímos ao jeovista e ao seu posterior concorrente, o eloísta, eram como mausoléus sob os quais, subtraída ao conhecimento das gerações posteriores, a informação verdadeira sobre essas coisas remotas, sobre a natureza da religião mosaica e a violenta eliminação do grande homem, deveria encontrar seu descanso eterno, por assim dizer. E, se percebemos de forma correta o que sucedeu, não há mais nada de misterioso nele; mas poderia muito bem ter significado o fim definitivo do episódio de Moisés na história do povo judeu.

O notável, porém, é que não tenha sido assim, que os efeitos mais poderosos daquela vivência do povo tenham aparecido apenas mais tarde, que viessem a penetrar na realidade gradualmente, ao longo de muitos séculos. É pouco provável que Jeová se diferenciasse muito, em sua natureza, dos deuses dos povos e tribos vizinhos; certamente brigava com eles, como os povos mesmos lutavam entre si, mas devemos supor que a um adorador de Jeová não passava pela cabeça negar a existência dos deuses de Canaã, Moab, Amalec etc., assim como não negava a existência dos povos que neles acreditavam.

A ideia monoteísta, que brilhara subitamente com Akhenaton, obscureceu-se de novo e ficaria ainda muito tempo na penumbra. Descobertas feitas na ilha de Elefantina, logo abaixo da primeira catarata do Nilo, resultaram na informação surpreendente de que ali existiu uma colônia militar judaica durante séculos, e que no seu templo eram adoradas, junto com o deus principal, Jaú, duas divindades femininas, uma das quais se chamava Anate-Jaú. Mas esses judeus eram desvinculados da pátria, não haviam participado do seu desenvolvimento religioso; o governo imperial persa (no século v a.C.) transmitiu-lhes o conhecimento dos novos preceitos do culto, vindos de Jerusalém.[57] Voltando à época mais antiga, podemos dizer que o deus Jeová certamente não tinha semelhança com o deus mosaico. Aton fora um pacifista como seu representante na Terra — seu modelo, na verdade —, o faraó Akhenaton, que assistiu inerte à desagregação do império mundial conquistado por seus ancestrais. Sem dúvida, Jeová era mais adequado para um povo que se dispunha à ocupação violenta de novas terras. Além disso, tudo o que no deus mosaico era digno de veneração escapava à compreensão da massa primitiva.

Já afirmei — e nisso invoquei de bom grado a concordância com outros autores — que o fato central

---

57 Auerbach, *Wüste und gelobtes Land* [Deserto e Terra Prometida], v. II, 1936.

do desenvolvimento da religião judaica foi que o deus Jeová perdeu suas características próprias ao longo do tempo e adquiriu semelhança cada vez maior com o antigo deus de Moisés, Aton. É verdade que permaneceram diferenças que à primeira vista nos inclinaríamos a considerar grandes, mas elas podem ser facilmente explicadas. No Egito, Aton havia começado a dominar numa época feliz, de posses garantidas, e mesmo quando o império começou a balançar, seus adoradores haviam podido se afastar da perturbação e continuaram a louvar e fruir suas criações.

O destino reservou ao povo judeu muitas provações difíceis e experiências dolorosas; seu deus se tornou duro e severo, como que ensombrecido. Manteve o caráter de deus universal que reina sobre todas as terras e povos, mas o fato de sua adoração ter passado dos egípcios para os judeus achou expressão na crença complementar de que os judeus eram seu povo eleito, cujas obrigações especiais teriam, no fim, compensação especial. Provavelmente não foi fácil, para o povo, conciliar a crença na predileção do seu deus onipotente com as tristes experiências do seu destino infeliz. Mas ele não se deixou confundir; intensificou o próprio sentimento de culpa,* para sufocar suas dúvidas em relação a Deus, e talvez tenha invocado, por fim, os "inescrutáveis de-

---

\* No original, *Schuldgefühl*, em que *Gefühl* significa "sentimento", mas *Schuld* pode significar tanto "culpa" como "dívida"; esse duplo sentido é o ponto de partida para a argumentação de Nietzsche no segundo ensaio da *Genealogia da moral*, intitulado "'Culpa', 'má consciência' e coisas afins" (1887).

## III. MOISÉS, SEU POVO E O MONOTEÍSMO

sígnios do Senhor", como fazem ainda hoje os devotos. Pode ter se admirado por esse deus permitir que um agressor após o outro — assírios, babilônios e persas — surgisse para subjugá-lo e maltratá-lo, mas reconheceu enfim seu poder no fato de que todos esses inimigos maus eram derrotados e seus impérios evanesciam.

Em três aspectos importantes o posterior deus judaico se tornou igual, enfim, ao antigo deus mosaico. O primeiro e decisivo é que ele foi mesmo reconhecido como o único deus, junto ao qual era inconcebível outro. O monoteísmo de Akhenaton foi levado a sério por um povo inteiro, e esse povo se apegou de tal forma a essa ideia que ela se tornou o principal conteúdo de sua vida espiritual e não lhe restou interesse para outras coisas. O povo e a classe sacerdotal que nele passou a dominar estavam de acordo nesse ponto, mas os sacerdotes, esgotando sua atividade no desenvolvimento do cerimonial para a adoração, entraram em conflito com fortes correntes no interior do povo, que buscavam reviver dois outros ensinamentos de Moisés sobre o seu deus. As vozes dos profetas não cansaram de proclamar que o deus desprezava cerimônias e sacrifícios e exigia apenas que acreditassem nele e levassem a vida na verdade e na justiça. E quando louvavam a singeleza e santidade da vida no deserto certamente se achavam sob a influência dos ideais mosaicos.

É chegado o momento de perguntar se é mesmo necessário invocar a influência de Moisés na forma final da concepção judaica de deus, se não bastaria a hipótese

de uma evolução espontânea para uma espiritualidade*
mais elevada, durante uma vida cultural que abrange séculos. Há duas coisas a dizer sobre essa possibilidade de
explicação que poria termo a todas as nossas conjecturas.
Primeiro, que ela nada explica. As mesmas circunstâncias não conduziram ao monoteísmo no caso do extremamente dotado povo grego, e sim ao afrouxamento da religião politeísta e ao início do pensamento filosófico. No
Egito, pelo que sabemos, o monoteísmo se desenvolveu
como efeito secundário do imperialismo; Deus foi um reflexo do faraó que dominava irrestritamente um império
mundial. No caso dos judeus, as condições políticas eram
muito desfavoráveis a que a ideia de um deus exclusivo
de um povo evoluísse para a de um soberano universal,
e onde aquela nação pequenina e impotente encontrou a
ousadia para se declarar o filho dileto e privilegiado do

---

* "Espiritualidade": *Geistigkeit*, termo de tradução problemática, pois *Geist* significa "espírito", mas também "intelecto"; por isso a edição *Standard* inglesa preferiu *intellectuality*, com uma nota remetendo à seção C da segunda parte deste terceiro ensaio — cujo título é traduzido, na *Standard*, como "*The Advance in Intellectuality*" —, onde Freud explicita o conceito expresso no título. Todas as demais versões deste trabalho que consultamos recorrem a "espiritualidade", sendo que a antiga tradução espanhola (da Biblioteca Nueva) alterna entre *espiritualidad* e *intelectualidad* (como fazemos aqui), e a francesa de Cornélius Heim (Paris: Gallimard, 1986) usa *spiritualité* e *vie de l'esprit* [vida do espírito], dedicando uma nota ao problema. As outras versões consultadas foram: a portuguesa-brasileira de Renato Zwick (Porto Alegre: L&PM, 2013), a espanhola-argentina de J.L. Etcheverry (Ed. Amorrortu), a italiana da Boringhieri e uma antiga tradução inglesa (de Katherine Jones, 1939). Com execeção das duas de língua inglesa — que preferiram o breve e eufônico *Moses and Monotheism*, como nós —, essas versões traduzem literalmente o título original: *O homem Moisés e a religião monoteísta*.

## III. MOISÉS, SEU POVO E O MONOTEÍSMO

grande Senhor? Assim, o problema da origem do monoteísmo entre os judeus permaneceria não resolvido, ou teríamos de nos satisfazer com a resposta habitual de que ele é expressão do peculiar gênio religioso desse povo. Sabe-se que o gênio é incompreensível e irresponsável; portanto, não devemos invocá-lo como explicação até que todas as outras soluções tenham falhado.[58]

Além disso, deparamos com o fato de que os próprios relatos e escritos históricos judaicos nos apontam o caminho, ao afirmar resolutamente — dessa vez sem se contradizer — que a ideia de um deus único foi dada ao povo por Moisés. Se há uma objeção à credibilidade dessa afirmação, é a de que evidentemente a revisão sacerdotal do texto que temos atribui coisas demais a Moisés. Instituições como os preceitos rituais, que indubitavelmente são de épocas posteriores, são apresentadas como mandamentos mosaicos, na clara intenção de lhes granjear autoridade. Para nós, isso é um bom motivo para a suspeita, mas não para a rejeição. Pois a razão mais profunda para esse exagero é transparente. A narrativa sacerdotal quer estabelecer um continuum entre o seu presente e a antiga era mosaica, quer negar precisamente aquilo que designamos como o fato mais saliente da história religiosa judaica: que entre a legislação de Moisés e a posterior religião judaica se abre uma lacuna que inicialmente foi preenchida pelo culto a Jeová e apenas depois foi gradualmente fecha-

---

58 A mesma consideração vale para o caso singular de William Shakespeare.

da. Essa narrativa contesta esse processo com todos os meios, apesar de sua correção histórica estar acima de qualquer dúvida, pois, dado o tratamento especial que teve o texto bíblico, permanecem muitos elementos que o comprovam. A revisão sacerdotal tentou, nisso, algo semelhante à tendência deformadora que fez do novo deus Jeová o deus dos patriarcas. Se levamos em conta esse motivo do Códice Sacerdotal, torna-se difícil para nós não dar crédito à afirmação de que foi realmente o próprio Moisés quem transmitiu a ideia monoteísta aos judeus. Nossa concordância seria tanto mais fácil por sabermos dizer de onde Moisés tirou essa ideia, o que os sacerdotes judeus certamente não mais sabiam.

Neste ponto, alguém poderia perguntar: "O que ganhamos, ao fazer o monoteísmo judaico derivar do egípcio? Com isso, o problema é apenas deslocado um pouco, sem que saibamos mais sobre a gênese da ideia monoteísta". A resposta é que não se trata de ganho, mas de investigação. Além disso, talvez aprendamos algo se conhecermos o curso real dos fatos.

## B. PERÍODO DE LATÊNCIA E TRADIÇÃO

Portanto, acreditamos que a ideia de um deus único, assim como a rejeição do cerimonial de efeito mágico e a ênfase nas exigências éticas feitas em nome desse deus, eram realmente doutrinas mosaicas, que no início não encontraram audiência, mas após um longo intervalo começaram a atuar e por fim se impuseram de forma duradoura. Como explicar esse efeito retardado, e onde encontramos fenômenos similares?

## III. MOISÉS, SEU POVO E O MONOTEÍSMO

Ocorre-nos, de imediato, que não é difícil encontrá-los em âmbitos bem diferentes, e que provavelmente surgem de maneiras diversas, que podem ser compreendidas com maior ou menor facilidade. Vamos tomar, por exemplo, o destino de um novo saber científico, como a teoria darwiniana da evolução. Inicialmente ela deparou com amarga rejeição, foi debatida com veemência por décadas, mas não foi preciso mais que uma geração para que fosse reconhecida como enorme avanço rumo à verdade. O próprio Darwin alcançou a honra de possuir um túmulo ou cenotáfio em Westminster. Um caso assim nos deixa pouco a desvendar. A verdade nova desperta resistências afetivas, estas são representadas por argumentos que devem contestar as provas em favor da teoria indesejável; o conflito de opiniões se prolonga por algum tempo, desde o princípio há seguidores e adversários; o número e a importância dos primeiros não cessam de aumentar, até que finalmente prevaleçam; durante todo o período da luta, não foi esquecido o que estava em questão. Não nos admiramos de que tudo tenha necessitado de algum tempo; talvez não levemos suficientemente em conta o fato de que lidamos com um processo da psicologia das massas.

Não há dificuldade em achar uma analogia que corresponda inteiramente a esse processo na vida psíquica de um indivíduo. Seria o caso quando uma pessoa toma conhecimento de algo novo que, com base em determinadas evidências, deve reconhecer como sendo verdade, mas que contraria vários de seus desejos e fere algumas convicções que lhe são caras. Ela então hesita, busca razões para pôr em dúvida essa coisa nova e luta consigo mesma por um tempo, até que finalmente admite: "É isso mesmo, embora eu não o aceite facilmente, embora seja penoso ter de acreditar nisso". Aprendemos com isso que é preciso tempo até que o trabalho de compreensão do Eu supere objeções sustentadas por fortes investimentos afetivos. A semelhança entre esse caso e o que procuramos entender não é muito grande.

O próximo exemplo que consideramos parece ter ainda menos afinidade com o nosso problema. Pode suceder que alguém deixe aparentemente incólume o local onde sofreu um terrível acidente — uma batida de trens, por exemplo. Mas no decorrer das semanas seguintes ele desenvolve uma série de graves sintomas psíquicos e motores, que só podem resultar do seu choque, do abalo ou o que mais tenha sido. Ele tem uma "neurose traumática". Esse é um fato inteiramente incompreensível, ou seja, novo. O tempo que passou entre o acidente e o primeiro aparecimento dos sintomas é chamado "tempo de incubação", numa clara alusão à patologia das doenças infecciosas. Apesar da diferença fundamental entre os dois casos, posteriormente deve nos chamar a atenção que em um ponto há coincidência entre o problema da neurose traumática e o do monoteísmo judaico: a saber, na característica que podemos chamar *latência*. Segundo nossa fundamentada hipótese, há um longo período na história da religião judaica, após o abandono da religião de Moisés, em que não se percebe traço da ideia monoteísta, do desprezo pelas cerimônias e da grande ênfase na ética. Assim, preparamo-nos para a possibilidade de

## III. MOISÉS, SEU POVO E O MONOTEÍSMO

que a solução do nosso problema deva ser buscada numa situação psicológica especial.

Mais de uma vez expusemos o que aconteceu em Cades, quando as duas partes do futuro povo judeu se uniram para adotar uma nova religião. Do lado daqueles que haviam estado no Egito, as lembranças do êxodo e da figura de Moisés eram ainda tão vivas e fortes que exigiam acolhimento numa narrativa sobre a história anterior. Talvez fossem netos das pessoas que haviam conhecido o próprio Moisés, e alguns deles ainda se sentissem egípcios e tivessem nomes egípcios. Mas tinham bons motivos para reprimir a lembrança do destino que fora dado ao seu líder e legislador. Para os outros, era decisivo o propósito de celebrar o novo deus e contestar que fosse estrangeiro. As duas partes tinham o mesmo interesse em negar que tivesse havido uma religião anterior e qual fora o seu conteúdo. Então houve aquele primeiro compromisso, que provavelmente teve logo um registro escrito. As pessoas oriundas do Egito haviam trazido a escrita e o gosto pela historiografia, mas ainda levaria muito tempo até que a historiografia reconhecesse a obrigação da veracidade inflexível. No começo ela não teve escrúpulos em moldar seus relatos conforme suas necessidades e tendências do momento, como se ainda não tivesse presente o conceito de falsificação. Em consequência disso, pôde se formar uma oposição entre o registro escrito e a transmissão oral do mesmo material, a *tradição*. O que fora omitido ou modificado na redação pôde muito bem ser conservado intacto na tradição. Esta era o complemento e, simultaneamente, a contradição da historiografia. Era menos submetida ao influxo das tendências deformadoras, talvez se subtraísse inteiramente a elas em várias partes e, portanto, podia ser mais veraz do que o relato fixado por escrito. Mas sua confiabilidade era prejudicada pelo fato de ser mais inconstante e indefinida do que o registro e ser exposta a muitas alterações e desfigurações quando passava de uma geração a outra por comunicação oral. Uma tradição assim podia ter diferentes destinos. Antes de tudo, seria de esperar que fosse liquidada pelo registro escrito, que não conseguisse se manter ao lado dele, tornando-se cada ver mais nebulosa e caindo enfim no esquecimento. Mas outros destinos também seriam possíveis; um deles seria que a própria tradição terminasse por ser fixada por escrito, e há outras possibilidades que haveremos de abordar adiante.

Quanto ao fenômeno da latência na história da religião judaica, que ora nos ocupa, oferece-se a explicação de que nunca se perderam, na realidade, os fatos e conteúdos intencionalmente negados pelo que podemos chamar de historiografia oficial. A informação sobre eles persistiu nas tradições que se conservaram no povo. Como assegura Sellin, mesmo sobre o fim de Moisés já havia uma tradição que contrariava abertamente o relato oficial e se aproximava bem mais da verdade. É lícito supor que o mesmo sucedeu a outras coisas que aparentemente deixaram de existir junto com Moisés, a vários elementos da religião mosaica que eram inaceitáveis para a maioria dos contemporâneos de Moisés.

## III. MOISÉS, SEU POVO E O MONOTEÍSMO

O fato notável que aqui deparamos, contudo, é que essas tradições, em vez de se enfraquecerem com o tempo, tornaram-se mais poderosas ao longo dos séculos, penetraram nas elaborações posteriores dos relatos oficiais e, por fim, mostraram-se fortes o bastante para influir de maneira decisiva no pensamento e nos atos do povo. Mas escapam ao nosso conhecimento, ao menos por enquanto, as condições que possibilitaram esse desfecho.

Esse fato é tão notável que achamos justo considerá-lo mais detidamente. Nele está contido nosso problema. O povo judeu havia abandonado a religião de Aton, que lhe fora dada por Moisés, e se voltado para a adoração de outro deus que pouco se diferenciava dos *baalim* [deuses locais] dos povos vizinhos. As tendências posteriores não conseguiram ocultar essa vergonhosa situação. Mas a religião mosaica não desaparecera sem traços, dela fora conservada uma espécie de lembrança, uma tradição talvez obscurecida e deformada. E foi essa tradição de um grande passado que prosseguiu atuando como que do segundo plano, aos poucos adquiriu cada vez mais poder sobre os espíritos e, por fim, alcançou transformar o deus Jeová no deus mosaico e novamente vivificar a religião de Moisés, introduzida séculos antes e depois abandonada. Uma tradição caída no esquecimento voltou a ter um efeito poderoso na vida psíquica de um povo — eis uma ideia que não nos é familiar. Encontramo-nos num âmbito da psicologia das massas em que não nos sentimos em casa. Olhamos em volta, em busca de analogias, de fatos de natureza pelo menos semelhante, ainda que em outros âmbitos. Acreditamos que podem ser achados.

No tempo em que o retorno da religião mosaica estava sendo gerado entre os judeus, os gregos se achavam em posse de um rico tesouro de lendas genealógicas e mitos de heróis. Acredita-se que no século IX ou VIII surgiram os dois épicos homéricos, que extraíam seu material desse ciclo de lendas. Com nossas atuais percepções psicológicas, seria possível, muito antes de Schliemann e Evans, levantar a seguinte questão: de onde os gregos tomaram todo o material das lendas que Homero e os grandes dramaturgos áticos elaboraram em suas obras-primas? A resposta teria de ser que esse povo, em sua pré-história, provavelmente viveu uma época de esplendor externo e de florescimento cultural que desapareceu numa catástrofe histórica e da qual se conservou, nessas lendas, uma obscura tradição. As pesquisas arqueológicas de nosso tempo confirmaram essa conjectura, que certamente teria sido vista como audaciosa demais então. Essas pesquisas descobriram evidências da formidável cultura minoico-micênica, que existiu na Grécia continental e provavelmente chegou ao fim antes de 1250 a.C. Os historiadores gregos da época posterior praticamente não fazem menção a ela. Há apenas a observação de que houve um tempo em que os cretenses dominavam os mares, o nome do rei Minos e seu palácio, o Labirinto. Isso é tudo; nada mais restou dela, fora as tradições a que os poetas recorreram.

Também se tornaram conhecidas as epopeias de outros povos, de alemães, hindus, finlandeses. Cabe aos historiadores da literatura investigar se sua gênese permite supor as mesmas condições que no caso dos gregos.

## III. MOISÉS, SEU POVO E O MONOTEÍSMO

Creio que a investigação dará um resultado positivo. A condição que percebemos é a seguinte: uma época anterior, que logo depois teria de parecer rica de conteúdo, significativa e grandiosa, sempre heroica, talvez; mas que se acha tão distante no passado, em tempos tão longínquos que apenas uma tradição incompleta e obscura dá notícia dela às gerações posteriores. Causou admiração o desaparecimento da epopeia como gênero literário nas épocas posteriores. A explicação talvez seja que a condição para tal não mais se produziu. O material antigo fora inteiramente usado e a história escrita tomou o lugar da tradição para os eventos ulteriores. Os maiores feitos heroicos de nossos dias não foram capazes de inspirar uma epopeia, e já Alexandre, o Grande, pôde se queixar de que não teria um Homero.

As épocas remotas exercem uma enorme atração, muitas vezes enigmática, sobre a fantasia dos seres humanos. Sempre que estão insatisfeitos com o presente — o que sucede frequentemente — eles se voltam para o passado e esperam ver ali realizado o sonho jamais extinto de uma era de ouro.[59] Provavelmente se acham ainda sob o encanto de sua infância, que uma memória nada imparcial lhes apresenta como uma época de inabalável felicidade. Quando subsistem do passado apenas as lembranças vagas e incompletas que chamamos

---

59 Macaulay baseou nessa situação o seu *Lays of Ancient Rome* [Baladas da Roma antiga, 1842]. Ele se põe no lugar de um bardo que, desolado com as feias lutas partidárias do seu tempo, lembra aos seus ouvintes o espírito de sacrifício, a união e o patriotismo dos ancestrais.

tradição, isso representa um estímulo especial para o artista, pois então ele se acha livre para preencher as lacunas da lembrança conforme os anseios de sua fantasia e para moldar conforme suas intenções o quadro da época que quer retratar. Talvez se possa dizer que quanto mais vaga se tornou a tradição, mais utilizável ela vem a ser para o poeta. Assim, não devemos nos admirar da importância da tradição para a literatura, e a analogia com o caráter condicionado da epopeia nos tornará mais inclinados a admitir a surpreendente hipótese de que foi a tradição mosaica que transformou o culto de Jeová no sentido da velha religião mosaica entre os judeus. Mas os dois casos ainda são muito diferentes. Num deles, o resultado é um poema; no outro, uma religião, e neste último supusemos que ela, sob o influxo da tradição, foi reproduzida com uma fidelidade para a qual a epopeia, naturalmente, não pode oferecer contrapartida. De maneira que ainda resta, de nosso problema, o suficiente para justificar a necessidade de analogias mais adequadas.

## C. A ANALOGIA

A única analogia satisfatória com o singular processo que enxergamos na história da religião judaica se acha num campo aparentemente distante; mas é bastante completa, aproxima-se da identidade. Lá encontramos novamente o fenômeno da latência, o surgimento de manifestações incompreensíveis que requerem explicação e a precondição da vivência precoce que depois é esquecida; e também a característica da compulsão, que se impõe à

## III. MOISÉS, SEU POVO E O MONOTEÍSMO

psique subjugando o pensamento lógico, um traço que não aparece na gênese da epopeia, por exemplo.

Essa analogia é encontrada na psicopatologia, na gênese das neuroses humanas; ou seja, num âmbito que pertence à psicologia individual, enquanto os fenômenos religiosos se incluem naturalmente na psicologia das massas. Veremos que essa analogia não é tão surpreendente como se poderia pensar à primeira vista, que, na verdade, constitui um postulado.

Denominamos *traumas* as impressões experimentadas cedo e depois esquecidas, às quais atribuímos grande importância na etiologia das neuroses. Não precisamos decidir se a etiologia das neuroses em geral deve ser vista como traumática. Uma objeção simples é que nem sempre podemos pinçar um trauma inequívoco na pré-história de um indivíduo neurótico. Muitas vezes devemos nos contentar em dizer que tudo o que há é uma reação extraordinária, anormal, a vivências e demandas que tocam a todos os indivíduos e são por eles trabalhadas e resolvidas de outra maneira, que pode ser chamada de normal. Quando não há outra coisa disponível, para a explicação, além de predisposições hereditárias e constitucionais, somos compreensivelmente tentados a dizer que a neurose não é adquirida, mas desenvolvida.

Com relação a isso, dois pontos devem ser destacados. O primeiro é que a gênese da neurose sempre remonta às impressões da primeira infância.[60] Em segun-

---

60 Não tem sentido, portanto, afirmar que se pratica a psicanálise

do lugar, é certo que há casos que designamos como "traumáticos" porque os efeitos remontam a uma ou várias impressões fortes dessa época que escaparam a uma resolução normal, de modo que se poderia achar que, não tivessem elas ocorrido, a neurose não teria se produzido. Para nossos propósitos, bastaria que limitássemos a esses casos traumáticos a analogia buscada. Mas a distância entre os dois grupos não parece intransponível. É perfeitamente possível juntar as duas precondições etiológicas numa só concepção; depende tão só do que definimos como traumático. Se é lícito supor que a vivência adquire o caráter traumático apenas devido a um fator quantitativo — ou seja, que em todos os casos a culpa está num excesso de demanda, quando a vivência provoca reações inabituais, patológicas —, podemos facilmente argumentar que numa constituição tem efeito de trauma aquilo que em outra não agiria assim. Disso resulta a concepção do que denominamos uma *série complementar* variável, em que dois fatores se juntam para produzir uma etiologia, a medida menor de um é compensada pela medida maior de outro, em geral há uma convergência dos dois e apenas nos dois extremos da série podemos falar de uma motivação simples. Após essa reflexão, podemos deixar de lado, como sendo irrelevante para a analogia que buscamos, a diferença entre etiologia traumática e não traumática.

Talvez seja pertinente, mesmo correndo o risco da

---

quando não se investiga e se leva em conta justamente esse tempo primitivo, como fazem alguns.

## III. MOISÉS, SEU POVO E O MONOTEÍSMO

repetição, recapitular os fatos que contêm a analogia que para nós é significativa. São os seguintes. Revelou-se, conforme nossa pesquisa, que aquilo que chamamos fenômenos (sintomas) de uma neurose são consequências de determinadas vivências e impressões que, justamente por isso, reconhecemos como traumas etiológicos. Temos agora duas tarefas: em primeiro lugar, buscar as características comuns dessas vivências e, em segundo, as dos sintomas neuróticos, e ao fazê-lo não podemos evitar certas esquematizações.

I. a) Todos esses traumas pertencem à primeira infância, até cerca de cinco anos. Impressões da época em que a criança começa a falar são particularmente interessantes; o período de dois a quatro anos aparece como o mais importante; não é possível determinar seguramente quando, após o nascimento, começa esse período de receptividade. b) As vivências em questão são, em regra, inteiramente esquecidas, inacessíveis à lembrança; situam-se na época da amnésia infantil, que muitas vezes é atravessada por resíduos mnêmicos isolados, as chamadas "lembranças encobridoras". c) Elas dizem respeito a impressões de natureza sexual e agressiva, e também, certamente, a remotos danos sofridos pelo Eu (ofensas narcísicas). Quanto a isso, devemos observar que crianças assim pequenas não distinguem claramente, como farão depois, entre ações sexuais e puramente agressivas (má compreensão sádica do ato sexual). A preponderância do fator sexual é marcante, naturalmente, e exige consideração teórica.

Esses três pontos — o fato de esses traumas surgirem cedo, nos primeiros cinco anos; seu esquecimento e o conteúdo sexual-agressivo — são estreitamente ligados. Os traumas são ou vivências sofridas no próprio corpo ou percepções sensoriais, geralmente de algo visto e ouvido; ou seja, vivências ou impressões. A relação entre os três pontos é estabelecida por uma teoria, um resultado do trabalho analítico, o único que pode proporcionar um conhecimento das vivências esquecidas ou, dito de forma mais viva, embora também mais incorreta, trazê-las de volta à lembrança. Essa teoria afirma que, contrariamente à opinião popular, a vida sexual humana — ou o que a ela corresponde numa época posterior — mostra um florescimento precoce, que termina aproximadamente aos cinco anos e é seguido pelo chamado período de latência — até a puberdade —, no qual não prossegue o desenvolvimento da sexualidade e o que se alcançou é inclusive anulado. Essa doutrina é confirmada pelo exame anatômico do crescimento dos genitais internos; ela conduz à suposição de que o ser humano descende de uma espécie animal que amadurecia sexualmente aos cinco anos de idade, e provoca a suspeita de que o adiamento e o início em dois tempos da vida sexual estão intimamente ligados à história da hominização. O ser humano parece ser o único animal com essa latência e retardamento sexual. Investigações sobre os primatas (que, até onde sei, não existem) seriam indispensáveis para a verificação dessa teoria. Não pode ser irrelevante, psicologicamente, que o período da amnésia infantil coincida com esse primeiro período da sexualidade. Talvez esse fato produza

## III. MOISÉS, SEU POVO E O MONOTEÍSMO

a efetiva condição para a possibilidade da neurose, que é, em determinado sentido, uma prerrogativa humana, e nesta consideração aparece como um vestígio (*survival* [remanescente]) da pré-história, tal como certos elementos da anatomia de nosso corpo.

II. Quanto às características ou peculiaridades comuns dos fenômenos neuróticos, há dois pontos a destacar. a) Os efeitos do trauma são de dois tipos, positivos e negativos. Os primeiros são tentativas de fazer novamente agir o trauma, ou seja, de lembrar a vivência esquecida ou, melhor ainda, de torná-la real, de vivenciar de novo uma repetição dela, ainda que tenha sido apenas uma relação afetiva anterior, de fazê-la reviver numa relação análoga com outra pessoa. Resumimos essas tentativas sob o nome de *fixações* no trauma e de *compulsão à repetição*. Elas podem ser acolhidas no assim chamado Eu normal e, sendo tendências constantes dele, dar-lhe traços de caráter imutáveis, apesar de — ou melhor, justamente por — seu verdadeiro fundamento, sua origem histórica, ter sido esquecido. Assim, um homem que passou a infância num vínculo exagerado com a mãe, agora esquecido, pode procurar a vida inteira por uma mulher da qual se torne dependente, pela qual seja alimentado e mantido. Uma garota que na primeira infância foi objeto de uma sedução sexual pode arranjar sua vida sexual posterior de modo a provocar sempre ataques assim. É fácil imaginar que a partir dessas percepções sobre o problema da neurose podemos avançar no entendimento da formação do caráter.

As reações negativas perseguem a meta contrária: que nada dos traumas esquecidos deve ser lembrado nem repetido. Podemos resumi-las sob o nome de *reações de defesa*. Sua expressão maior são as assim chamadas *evitações*, que podem se exacerbar, tornando-se *inibições* e *fobias*. Também essas reações negativas contribuem enormemente na criação do caráter; no fundo, são tanto fixações no trauma como o oposto, mas fixações com tendência contrária. Os sintomas da neurose em sentido estrito são formações de compromisso, em que convergem os dois tipos de tendência oriundos do trauma, de maneira que ora uma, ora outra direção neles se exprime predominantemente. Nessa contraposição de reações são produzidos conflitos que não podem se concluir de forma regular.

b) Todos esses fenômenos — os sintomas, as restrições do Eu e as mudanças de caráter estáveis — têm caráter *compulsivo*, isto é, com grande intensidade psíquica mostram ampla independência da organização dos outros processos psíquicos que são adaptados às exigências do mundo externo real, que obedecem às leis do pensamento lógico. Não são influenciados pela realidade externa, ou não o suficiente; não se preocupam com ela nem com seus representantes psíquicos, de modo que facilmente entram em antagonismo com os dois. São, por assim dizer, um Estado dentro do Estado, um partido inacessível, inapto para o trabalho conjunto, mas que pode ter êxito em subjugar o outro, o assim chamado normal, e pô-lo a seu serviço. Ocorrendo isso, chega-se ao domínio de uma realidade psíquica interna

## III. MOISÉS, SEU POVO E O MONOTEÍSMO

sobre a realidade do mundo exterior, abre-se o caminho para a psicose. Mesmo quando a coisa não vai tão longe, é difícil superestimar a importância prática dessa situação. A inibição e incapacidade diante da vida, numa pessoa dominada pela neurose, é um fator muito significativo na sociedade humana, e podemos reconhecer nisso a expressão direta da fixação desse indivíduo num fragmento antigo de seu passado.

Agora perguntamos: e quanto à latência, que deve nos interessar particularmente, considerando nossa analogia? A um trauma da infância pode se seguir imediatamente uma irrupção neurótica, uma neurose infantil plena de esforços de defesa, com formação de sintomas. Ela pode durar muito tempo e causar transtornos evidentes, mas também pode transcorrer de forma latente e não ser percebida. Nela predomina a defesa, por via de regra; em todo caso, ficam alterações do Eu, comparáveis a cicatrizes. Só raramente a neurose infantil prossegue, sem interrupção, na neurose do adulto. Com muito mais frequência, ela dá lugar a uma época de desenvolvimento aparentemente tranquilo, um processo que é sustentado ou possibilitado pela vinda do período fisiológico de latência. Apenas depois sucede a mudança com que a neurose definitiva se torna manifesta como efeito retardado do trauma. Isso acontece na irrupção da puberdade ou algum tempo depois. No primeiro caso, porque os instintos fortalecidos pela maturação física podem retomar a luta em que inicialmente sucumbiram ante a defesa; no outro caso, porque as reações e modificações do Eu produzidas na defesa se revelam impeditivas na resolução das novas tarefas da vida, de modo que há graves conflitos entre as exigências do mundo externo real e o Eu, que procura manter sua organização, penosamente conquistada na luta defensiva. Deve ser reconhecido como típico o fenômeno de uma latência da neurose entre as primeiras reações ao trauma e a posterior aparição da doença. Também é lícito ver essa doença como tentativa de cura, como esforço de reconciliar as partes do Eu dissociadas por influência do trauma com o restante [do Eu] e reuni-las num todo forte perante o mundo exterior. Mas uma tentativa dessas raramente encontra êxito se não é auxiliada pelo trabalho analítico, e mesmo assim nem sempre, com frequência terminando em completa devastação e despedaçamento do Eu ou em sua sujeição pela parte que foi antes dissociada, que é dominada pelo trauma.

Para chegar a convencer o leitor, seria necessário comunicar detalhadamente as histórias de vida de numerosos pacientes neuróticos. Mas, devido à amplitude e dificuldade do tema, isso mudaria totalmente o caráter deste trabalho. Ele se tornaria um tratado sobre a teoria das neuroses e, então, provavelmente interessaria apenas ao pequeno número de indivíduos que escolheu o estudo e a prática da psicanálise como tarefa de vida. Como aqui me dirijo a um círculo mais amplo, não posso fazer outra coisa senão rogar ao leitor que conceda alguma crença provisória às enunciações feitas resumidamente acima, com a admissão, de minha parte, de que ele só precisará aceitar as conclusões às quais o conduzo se se mostrarem corretas as teorias que são seus pressupostos.

No entanto, procurarei relatar um caso que exibe de modo bastante claro algumas das mencionadas peculiaridades da neurose. Naturalmente, não se pode esperar que um só caso mostre tudo, e não é preciso ficar desapontado se ele, em seu conteúdo, estiver distante daquilo para o qual buscamos uma analogia.

Um garotinho, como é frequente em famílias de baixa classe média, dividia o quarto com os pais nos primeiros anos de vida, e repetidamente — ou sempre — tinha oportunidade, numa época em que ainda mal falava, de observar o que ocorria sexualmente entre os pais, de ver algumas coisas e ouvir outras mais. Em sua neurose posterior, que irrompeu imediatamente após a primeira polução espontânea, o primeiro e mais importuno sintoma era o distúrbio do sono. Ele se tornou extraordinariamente sensível aos ruídos noturnos e, uma vez acordado, não conseguia voltar a dormir. Esse distúrbio do sono era um autêntico sintoma de compromisso: por um lado, expressão de sua defesa contra aquelas percepções noturnas; por outro, tentativa de restabelecer o estado de vigília em que podia ficar à espera daquelas impressões.

Tal observação logo despertou o menino para a masculinidade agressiva, e ele começou a excitar seu pequenino pênis com a mão e a empreender diversos ataques sexuais à mãe, identificando-se com o pai, em cujo lugar ele se punha. Isso continuou até que a mãe lhe proibiu tocar no membro e, além disso, ameaçou contar ao pai, que, como punição, tiraria dele o membro pecador. Essa ameaça de castração teve enorme efeito traumático no garoto. Este abandonou sua atividade sexual e mudou seu caráter. Em vez de se identificar com o pai, tinha medo dele, adotava uma atitude passiva perante ele e, comportando-se mal em certas ocasiões, fazia com que lhe aplicasse castigos físicos que para ele tinham significado sexual, de modo a assim poder se identificar com a mãe maltratada. Agarrava-se a essa mãe de forma cada vez mais angustiada, como se em nenhum instante pudesse dispensar seu amor, no qual via a proteção contra a ameaça de castração vinda do pai. Nessa modificação do complexo de Édipo ele passou o período de latência, que não teve transtornos evidentes. Tornou-se um menino exemplar e foi bem-sucedido na escola.

Até agora acompanhamos o efeito imediato do trauma e confirmamos o fato da latência.

A chegada da puberdade trouxe a neurose manifesta e revelou seu segundo sintoma maior, a impotência sexual. Ele perdeu a sensibilidade do membro, não procurava tocar nele, não ousava se aproximar de uma mulher para fins sexuais. Sua atividade sexual permaneceu limitada à masturbação psíquica com fantasias sadomasoquistas, nas quais não é difícil ver rebentos das antigas observações do coito dos pais. A onda de masculinidade reforçada que a puberdade traz consigo foi empregada em furioso ódio ao pai e insubordinação. Essa relação extrema e inconsiderada com o pai, beirando a autodestruição, foi responsável também por seu malogro na vida e seus conflitos com o mundo exterior. Ele nada alcançou na profissão, pois o pai o havia forçado a escolhê-la. Também não tinha amigos e não se dava bem com seus superiores.

Quando, acometido desses sintomas e incapacidades, ele finalmente encontrou uma mulher, após a morte do pai, nele surgiram, como se fossem o núcleo do seu ser, traços de caráter que tornaram o relacionamento com ele algo difícil para todos ao seu redor. Desenvolveu uma personalidade absolutamente egoísta, despótica e brutal, que evidentemente necessitava oprimir e magoar os outros. Era a cópia fiel do pai, como a imagem deste que se havia formado em sua lembrança — ou seja, uma revivescência da identificação com o pai a que o menino se entregara por motivos sexuais. Nessa parte [da história clínica] percebemos o *retorno* do reprimido, que expusemos como um dos traços essenciais de uma neurose, junto com os efeitos imediatos do trauma e o fenômeno da latência.

### D. APLICAÇÃO

Trauma antigo — defesa — latência — irrupção do adoecimento neurótico — retorno parcial do reprimido: eis a fórmula que apresentamos para o desenvolvimento de uma neurose. O leitor é agora convidado a dar este passo: supor que na vida da espécie humana ocorreu algo semelhante ao que sucede na dos indivíduos. Ou seja, que também nela houve acontecimentos de teor sexual-agressivo que deixaram sequelas permanentes, mas que geralmente foram rechaçados, esquecidos, e depois, após demorada latência, alcançaram efeito e produziram fenômenos similares aos sintomas na estrutura e na tendência.

Acreditamos poder desvelar esses acontecimentos, e queremos mostrar que suas consequências similares a sintomas são os fenômenos religiosos. Como, desde que surgiu a ideia da evolução, já não há dúvida de que o gênero humano tem uma pré-história, e como esta é desconhecida, ou seja, esquecida, uma conclusão assim tem quase o peso de um postulado. Quando sabemos que, num caso e no outro, os traumas atuantes e esquecidos se referem à vida na família humana, saudamos isso como um adendo muito bem-vindo e inesperado, que não foi exigido por nossa discussão até agora.

Fiz essas afirmações 25 anos atrás, no livro *Totem e tabu* (1912), e apenas as repetirei brevemente aqui. Essa construção parte de uma indicação de Charles Darwin e aproveita uma conjectura de J. J. Atkinson. Ela diz que nos tempos primordiais o homem primitivo vivia em pequenas hordas, cada uma sob o domínio de um macho forte. Não é possível determinar a época nem a relação com as eras geológicas conhecidas; provavelmente aquela criatura humana não avançara muito no desenvolvimento da linguagem. Uma parte essencial da construção é a hipótese de que os fatos que descrevemos atingiram todos os homens primitivos, ou seja, todos os nossos ancestrais.

Contamos essa história de maneira bastante condensada, como se tivesse ocorrido uma única vez o que na realidade se estendeu por milhares de anos e se repetiu incontavelmente. O macho forte era senhor e pai de toda a horda e tinha poder ilimitado, que exercia com violência. Todas as fêmeas eram propriedade sua, as mulheres e filhas da própria horda e talvez também as roubadas de outras hordas. O destino dos filhos era duro; quando despertavam o ciúme do pai, eram abatidos, castrados ou banidos. Tinham de viver em pequenas comunidades e obter fêmeas mediante o rapto, e um ou outro podia, então, alcançar uma posição semelhante à do pai na horda primitiva. Por razões naturais, uma posição excepcional era ocupada pelos filhos mais novos, que, sob a proteção do amor das mães, podiam tirar proveito do envelhecimento do pai e substituí-lo após sua morte. Nos mitos e fábulas acreditamos perceber ecos tanto da expulsão dos filhos maiores como do favorecimento dos menores.

O passo seguinte e decisivo para mudar esse primeiro tipo de organização "social" deve ter sido que os irmãos expulsos, que viviam em comunidade, se reuniram para subjugar o pai e devorá-lo cru, conforme o costume daqueles tempos. Esse canibalismo não deve nos chocar, ele prosseguiu longamente em épocas posteriores. O essencial é que atribuímos a esses homens primevos as mesmas atitudes emocionais que podemos verificar nos primitivos da atualidade — nossas crianças — mediante a pesquisa psicanalítica. Ou seja, que não apenas odiavam e temiam o pai, mas também o adoravam como modelo, e cada um deles queria, na realidade, tomar o seu lugar. O ato canibal se torna compreensível, então, como tentativa de assegurar a identificação com ele pela incorporação de um pedaço dele.

É de supor que após o assassinato do pai houve um longo período em que os irmãos disputaram a herança paterna, que cada um queria apenas para si. A compreensão dos perigos e da inutilidade dessas lutas, a lembrança do ato de libertação realizado conjuntamente e os laços afetivos que nasceram na época do banimento levaram enfim à união entre eles, a uma espécie de contrato social. A primeira forma de organização social surgiu com a *renúncia instintual*, o reconhecimento de *obrigações* mútuas, o estabelecimento de *instituições* ditas invioláveis (sagradas), ou seja, os primórdios da moral e do direito. Cada indivíduo renunciou ao ideal de conquistar a posição do pai, à posse da mãe e das irmãs. Com isso iniciou-se o *tabu do incesto* e o mandamento da *exogamia*. Boa parte do poder absoluto liberado com a eliminação do pai foi para as mulheres; chegou o tempo do *matriarcado*. A recordação do pai prosseguiu nessa época da "aliança dos irmãos". Para substituto do pai foi encontrado um animal forte, que talvez fosse também temido inicialmente. Tal escolha pode nos parecer estranha, mas não havia, para os primitivos, o hiato que depois o ser humano estabeleceu entre si e os animais, e tampouco existe para nossas crianças, cujas fobias de animais pudemos explicar como medo do pai. Na relação com o animal totêmico se mantinha plenamente a original dicotomia* (ambivalência) do laço afetivo com o pai. O totem era

---

* "Dicotomia": tradução que aqui damos a *Zwiespältigkeit*; nas traduções consultadas: "caráter contraditório", *antítesis*, *bi-escisión*, *dicotomia*, *dualité*, [omissão na antiga versão inglesa], *dichotomy*.

## III. MOISÉS, SEU POVO E O MONOTEÍSMO

visto, por um lado, como ancestral de sangue e espírito protetor do clã, tinha de ser venerado e poupado; por outro lado, instituiu-se um dia de festa em que lhe davam o mesmo destino que tivera o pai primordial. Era abatido e devorado conjuntamente por todos os camaradas (a refeição totêmica, conforme Robertson Smith). Esse grande dia festivo era, na realidade, uma comemoração do triunfo sobre o pai obtido pelos filhos aliados.

Onde fica a religião nesse contexto? Acho que temos todo o direito de ver no totemismo, com sua adoração de um substituto do pai, a ambivalência demonstrada pela refeição totêmica, a instituição de festas comemorativas e de proibições cuja transgressão é punida com a morte — podemos ver no totemismo, eu dizia, a primeira forma como aparece a religião na história humana, e comprovar seu vínculo (existente desde o início) com ordenações sociais e obrigações morais. Dos desenvolvimentos posteriores da religião podemos oferecer aqui apenas um breve resumo. Sem dúvida, ocorreram paralelamente aos avanços culturais da espécie humana e às mudanças na estrutura das comunidades humanas.

O avanço seguinte em relação ao totemismo foi a humanização do ser adorado. No lugar dos animais surgiram deuses humanos que derivavam abertamente do totem. Ou o deus era representado ainda em forma de animal, pelo menos com o rosto do animal, ou o totem se tornava o acompanhante preferido do deus, inseparável dele, ou o mito rezava que o deus havia abatido justamente aquele animal, que era seu estágio preliminar. Num ponto desse desenvolvimento que não é fácil precisar, apareceram grandes divindades maternas, provavelmente ainda antes dos deuses masculinos, e coexistiram por muito tempo com eles. Enquanto isso, uma grande reviravolta social aconteceu. Houve a restauração de uma ordem patriarcal, que substituiu o direito materno. É certo que os novos pais não alcançaram a onipotência do pai primordial; eram muitos, conviviam em associações maiores do que as antigas hordas, tinham de se entender bem, eram limitados por normas sociais. Provavelmente as divindades maternas se originaram na época da restrição do matriarcado, como compensação para as mães relegadas a segundo plano. As divindades masculinas apareceram inicialmente como filhos, ao lado das grandes mães; somente depois assumiram claramente os traços de figuras paternas. Esses deuses masculinos do politeísmo refletem as condições da era patriarcal. Eram numerosos, limitavam uns aos outros, ocasionalmente se subordinavam a um deus superior. O passo que se seguiu leva ao tema que nos ocupa, ao retorno do deus-pai único, que domina sem restrições.

Cabe admitir que essa síntese histórica é cheia de lacunas e insegura em vários pontos. Mas quem afirmar que a nossa construção da história primitiva é apenas fantasiosa estará subestimando gravemente a riqueza e a força comprobatória do material que ela contém. Acham-se historicamente atestadas parcelas grandes do passado que aqui foram reunidas num todo, como o totemismo e as coligações masculinas. Outras partes se conservaram em réplicas excelentes. Assim, chamou a atenção de mais de um autor o modo fiel como o rito da comunhão cristã, em que o crente incorpora simbolicamente o sangue e a carne do deus, reproduz o sentido e o teor da antiga refeição totêmica. Os mitos e fábulas dos povos conservam numerosos vestígios da pré-história esquecida, e o estudo psicanalítico da vida psíquica das crianças forneceu, em abundância inesperada, material para preencher as lacunas de nosso conhecimento dos tempos primitivos. Mencionarei apenas, como contribuições para o entendimento da tão significativa relação com o pai, as fobias de animais, o temor (que parece tão esquisito) de ser devorado pelo pai e a intensidade enorme do medo da castração. Em nossa construção não há nada que tenha sido inventado livremente, que não se apoie em bons fundamentos.

Se nossa exposição da história primeva for aceita como digna de crédito em seu conjunto, serão reconhecidos dois tipos de elementos nas doutrinas e ritos religiosos: por um lado, fixações na antiga história da família e vestígios dela; por outro, restaurações do passado, retornos do esquecido após longos intervalos. Esta última parte — até agora despercebida e, portanto, não compreendida — é a que vamos demonstrar aqui, com pelo menos um exemplo impressionante.

Vale destacar especialmente que cada porção que retorna do esquecimento se impõe com poder especial, exerce uma influência incomparavelmente forte sobre as massas humanas e reivindica a verdade de forma irresistível, algo diante do qual a objeção lógica é impotente.

À maneira do *credo quia absurdum*.* Essa característica notável pode ser compreendida apenas segundo o modelo do delírio psicótico. Há muito compreendemos que na ideia delirante há uma parcela de verdade esquecida que teve de admitir, em seu retorno, deformações e mal-entendidos, e que a convicção obsessiva que se produz em relação ao delírio parte desse núcleo de verdade e se estende aos erros que o envolvem. Semelhante conteúdo de verdade — verdade que podemos denominar *histórica* — devemos enxergar também nos artigos de fé das religiões, que têm o caráter de sintomas psicóticos, mas, enquanto fenômenos de massa, subtraem-se à maldição do isolamento.

Nenhuma outra parte da história da religião se tornou tão clara para nós como a introdução do monoteísmo no judaísmo e seu prosseguimento no cristianismo — se deixamos de lado a evolução, que também é possível compreender integralmente, do totem animal ao deus humano com seu companheiro regular. (Cada um dos quatro evangelistas cristãos tem ainda o seu animal predileto.) Aceitando provisoriamente que a hegemonia mundial dos faraós ocasionou o surgimento da ideia monoteísta, vemos que essa ideia, desprendida do seu solo e transferida para outro povo, conquista esse povo após um longo período de latência, é por ele guardada como seu bem mais precioso e, por sua vez, mantém

---

* "Creio porque é absurdo", frase atribuída a Tertuliano (*c.* 160-*c.* 220); cf. *O futuro de uma ilusão* (1927), final do cap. v, e *O mal-estar na civilização* (1930), também cap. v.

## III. MOISÉS, SEU POVO E O MONOTEÍSMO

vivo esse povo, ao dotá-lo do orgulho de ser o eleito. É a religião do pai primevo, à qual se liga a esperança de recompensa, de distinção e, enfim, de domínio mundial. Esta última fantasia, há muito abandonada pelo povo judeu, ainda hoje sobrevive entre os seus inimigos, na crença na conspiração dos "sábios de Sião". Em outra seção discutiremos como as peculiaridades da religião monoteísta tomada dos egípcios afetariam o povo judeu e moldariam a longo prazo o seu caráter, mediante a rejeição da magia e do misticismo, a incitação a progredir na espiritualidade, a exortação a sublimar; como esse povo, arrebatado pela posse da verdade, subjugado pela consciência de ser o eleito, veio a ter elevada estima pelo intelecto e pôr ênfase na ética, e como suas tristes vicissitudes, seus desapontamentos com a realidade puderam reforçar todas essas tendências. Por enquanto, vamos acompanhar seu desenvolvimento em outra direção.

A reintegração do pai primevo em seus direitos históricos foi um grande avanço, mas não podia ser o final. Também as outras partes da tragédia pré-histórica solicitavam reconhecimento. O que pôs em marcha esse processo não é fácil discernir. Parece que uma crescente consciência de culpa se apoderou do povo judeu, talvez de todo o mundo civilizado da época, como precursora do retorno do conteúdo reprimido. Até que um membro desse povo judeu, ao justificar um agitador político-religioso, encontrou o ensejo para que uma nova religião, a cristã, se separasse do judaísmo. Paulo, um judeu romano de Tarso, pegou esse sentimento de culpa e o relacionou corretamente à sua fonte histórica primitiva. Ele a denominou "pecado original"; era um crime contra Deus, que somente com a morte podia ser expiado. A morte viera ao mundo com o pecado original. Na realidade, esse crime merecedor da morte havia sido o assassinato do pai primevo, depois endeusado. Mas o assassinato não foi lembrado; em vez disso, foi fantasiada a sua expiação, e por isso tal fantasia pôde ser saudada como mensagem de redenção (*evangelium*). Um filho de Deus havia se deixado matar, inocente, e dessa maneira tomou para si a culpa de todos. Tinha de ser um filho, pois havia sido o assassinato do pai. É provável que tradições oriundas de mistérios gregos e orientais tenham influído no desenvolvimento da fantasia de redenção. O essencial, nela, parece ter sido a contribuição de Paulo. Ele era um homem de natureza religiosa no sentido mais próprio; obscuros traços do passado espreitavam em sua alma, prontos para irromper em regiões mais conscientes.

Que o redentor tivesse se sacrificado sem culpa era uma deformação claramente tendenciosa, que oferecia dificuldades para a compreensão lógica; pois como pode um inocente no assassinato tomar a culpa dos assassinos, deixando-se matar? Na realidade histórica não houve essa contradição. O "redentor" não podia ser outro senão o culpado principal, o líder do bando de irmãos que havia derrotado o pai. Se existiu ou não esse rebelde principal e líder, isso não há como decidir, no meu entender. É bem possível, mas temos de considerar que cada indivíduo do bando de irmãos tinha

## III. MOISÉS, SEU POVO E O MONOTEÍSMO

certamente o desejo de cometer o ato sozinho, gerando uma posição excepcional para si e um substituto para a identificação com o pai, que devia ser abandonada e estava desaparecendo na comunidade. Se não houve tal líder, então Cristo foi o herdeiro de uma fantasia que permaneceu não realizada; se houve, ele foi seu sucessor e sua reencarnação. Mas, não importando se temos aqui uma fantasia ou o retorno de uma realidade esquecida, de todo modo se acha nesse ponto a origem da concepção do herói, daquele que sempre se revolta contra o pai e o mata, na forma em que estiver.[61] Também se encontra aí o verdadeiro fundamento da "culpa trágica" do herói nos dramas, dificilmente explicável de outra forma. É quase certo que o herói e o coro, nas tragédias gregas, representam esse herói e o bando de irmãos, e não deixa de ser significativo que na Idade Média o teatro tenha começado de novo com a representação da história da Paixão.

Já dissemos que a cerimônia cristã da comunhão, em que o crente incorpora o sangue e a carne do Salvador, reproduz a antiga refeição totêmica — mas apenas em seu sentido afetuoso, que exprime adoração, não no sentido agressivo. Entretanto, a ambivalência que domina a relação com o pai se mostrou nitidamente no resultado final da inovação religiosa. Supostamente destinada

---

61 Ernest Jones chama a atenção para o fato de que o deus Mitra, que mata o touro, poderia representar esse líder que se gaba do seu ato. Sabe-se que durante muito tempo o culto de Mitra disputou com o cristianismo nascente, até a vitória final deste.

à conciliação do deus-pai, terminou por destroná-lo e eliminá-lo. O judaísmo era uma religião do pai, o cristianismo se tornou uma religião do filho. O velho deus-pai retrocedeu diante de Cristo; este, o filho, tomou seu lugar, exatamente como todo filho havia ansiado no tempo primitivo. Paulo, o prosseguidor do judaísmo, veio a ser também seu destruidor. Certamente seu êxito foi devido, em primeiro lugar, ao fato de ele esconjurar a consciência de culpa da humanidade mediante a ideia da redenção, mas também à circunstância de abandonar o caráter de "eleito" do seu povo e a marca visível disso, a circuncisão, de modo que a nova religião pôde se tornar universal, abrangendo todos os seres humanos. Talvez tenha colaborado para essa medida de Paulo a sua sede pessoal de vingança pelo antagonismo que sua inovação encontrou nos círculos judaicos, mas com isso, de toda forma, restaurava-se uma característica da antiga religião de Aton, removia-se uma limitação que ela havia adquirido ao passar para um novo portador, o povo judeu.

Em vários aspectos a nova religião significou uma regressão cultural no tocante à mais antiga, a judaica, como geralmente sucede na irrupção ou admissão de novas massas humanas de nível inferior. A religião cristã não manteve o grau de espiritualização a que havia chegado o judaísmo. Não era mais estritamente monoteísta, tomou dos povos vizinhos muitos ritos simbólicos, restabeleceu a grande divindade materna e encontrou espaço para acomodar numerosos deuses do politeísmo com ligeiro disfarce, ainda que em posições subordinadas. Sobretudo não foi refratária, como a re-

## III. MOISÉS, SEU POVO E O MONOTEÍSMO

ligião de Aton e a religião mosaica que a sucedeu, à intrusão de elementos supersticiosos, mágicos e místicos, que significariam uma grave inibição para o desenvolvimento espiritual dos dois milênios seguintes.

A vitória do cristianismo foi um novo triunfo dos sacerdotes de Amon sobre o deus de Akhenaton, após um intervalo de 1500 anos e num palco mais amplo. Mas do ponto de vista da história da religião, ou seja, no tocante ao retorno do reprimido, o cristianismo foi um avanço, e a religião judaica, a partir de então, foi, de certa maneira, um fóssil.

Valeria a pena compreender como a ideia monoteísta pôde causar tão profunda impressão justamente no povo judeu e ser por ele conservada de maneira tão firme. Creio que é possível responder a essa pergunta. O destino havia tornado a grande façanha e atrocidade do tempo primitivo, o assassinato do pai, mais próximas do povo judeu, ao fazer com que este as repetisse na pessoa de Moisés, uma extraordinária figura paterna. Foi um caso em que o "atuar" [*Agieren*] tomou o lugar do recordar, como frequentemente ocorre no trabalho analítico com um neurótico. Mas à incitação para que lembrassem, que a doutrina de Moisés lhes trazia, eles reagiram repudiando sua ação, ficaram retidos no reconhecimento do grande pai e assim bloquearam o próprio acesso ao ponto em que mais tarde Paulo retomaria a continuação da história primitiva. Não pode ser irrelevante ou casual que o assassinato violento de outro grande homem também fosse o ponto de partida para a nova criação religiosa de Paulo — de um homem que um pequeno número de seguidores na Judeia tinha como o filho de Deus e o Messias anunciado, ao qual depois foi transferida uma parte da infância inventada para Moisés, mas sobre o qual, na realidade, pouco mais sabemos de certo do que sobre Moisés; não sabemos se foi realmente o grande mestre que os evangelhos apresentam ou se o fato e as circunstâncias de sua morte é que foram decisivos para a importância que sua pessoa adquiriu. Paulo, que se tornou seu apóstolo, não o conheceu pessoalmente.

O assassinato de Moisés por seu povo judeu, notado por Sellin em pistas deixadas na tradição — e, curiosamente, também aceito pelo jovem Goethe sem nenhuma prova[62] —, torna-se, assim, parte indispensável da nossa construção, um importante elo entre o evento esquecido do tempo primitivo e sua posterior emergência na forma das religiões monoteístas.[63] Uma conjectura atraente é a de que o arrependimento pelo assassinato de Moisés forneceu o estímulo para a fantasia do Messias que iria retornar e trazer a seu povo a redenção e o prometido império sobre o mundo. Se Moisés foi esse primeiro Messias, então Cristo se tornou seu substituto e sucessor, e Paulo pôde bradar aos povos, com certo fundamento histórico: "Vede, o Messias veio de fato, ele foi assassinado perante os vossos olhos". Então há também um quê de verdade histórica na ressurreição de

---

62 Em "Israel in der Wüste" [Israel no deserto], v. 7 da edição de Weimar, p. 170.
63 Cf. sobre esse tema, a conhecida discussão de Frazer, *The Golden Bough* [O ramo dourado], v. III, *The Dying God* [O deus moribundo].

## III. MOISÉS, SEU POVO E O MONOTEÍSMO

Cristo, pois ele era [o Moisés ressuscitado e, por trás dele,]* o pai primevo da horda primitiva retornado, transfigurado e, como filho, posto no lugar do pai.

O pobre povo judeu, que com a costumeira obstinação prosseguiu negando o assassínio do pai, pagou caro por isso ao longo dos tempos. Sempre voltou a escutar esta repreensão: "Vocês mataram o nosso Deus!". E a recriminação procede, se a traduzirmos corretamente. Ela significa, relacionada com a história das religiões: "Vocês não querem admitir que assassinaram Deus" (o modelo primordial de Deus, o pai primordial, e suas reencarnações posteriores). Caberia acrescentar: "Nós fizemos a mesma coisa, é verdade, mas *admitimos* isso, e desde então fomos absolvidos". Nem todas as recriminações com que o antissemitismo persegue os descendentes do povo judeu podem invocar uma justificativa semelhante. Naturalmente, um fenômeno com a intensidade e a persistência do ódio aos judeus deve ter mais que um só motivo. É possível encontrar toda uma série de motivos, alguns claramente derivados da realidade, que não pedem interpretação; outros, mais profundos, vindos de fontes ocultas, que nos inclinaríamos a reconhecer como os motivos específicos. Entre os primeiros, a objeção de serem forasteiros é provavelmente a mais frágil, pois em muitos lugares hoje

---

* Segundo nota de James Strachey, as palavras entre colchetes foram omitidas na edição dos *Gesammelte Werke*, que utilizamos. Supõe-se que ele tenha consultado a primeira edição alemã e percebido esta omissão.

dominados pelo antissemitismo os judeus se incluem entre os mais antigos componentes da população, ou estavam ali presentes antes até dos atuais habitantes. É o caso da cidade de Colônia, por exemplo, aonde eles chegaram junto com os romanos, antes que fosse ocupada pelos germanos. Outras motivações para o ódio aos judeus são mais fortes, como a circunstância de eles geralmente viverem como uma minoria entre os outros povos, pois o sentimento de comunidade das massas requer, para ser completo, hostilidade a uma minoria de fora, e a fraqueza numérica desses excluídos convida à sua opressão. Mas há duas outras peculiaridades dos judeus que são totalmente imperdoáveis. Primeiro, em vários aspectos eles são diferentes dos "povos anfitriões". Não muito diferentes, pois não são asiáticos de raça estrangeira, como afirmam seus inimigos, e sim compostos, em sua maioria, de remanescentes dos povos mediterrâneos, sendo herdeiros da cultura mediterrânea. Mas são mesmo diferentes, muitas vezes de maneira indefinível, sobretudo dos povos nórdicos, e a intolerância das massas, curiosamente, se manifesta de modo mais intenso em relação às pequenas do que às grandes diferenças.* Efeito ainda maior tem o segundo ponto, o fato de eles defrontarem todas as opressões, de as mais cruéis perseguições não terem conseguido eliminá-los, de eles, muito pelo contrário, exibirem a capacidade de se afirmar na vida econômica e, onde lhes

---

* Cf. o cap. v de *O mal-estar na civilização* (1930), em que isso é denominado "narcisismo das pequenas diferenças".

## III. MOISÉS, SEU POVO E O MONOTEÍSMO

permitem fazê-lo, darem contribuições valiosas a todas as atividades culturais.

Os motivos mais profundos do ódio aos judeus estão enraizados em épocas longínquas, agem a partir do inconsciente dos povos, e não me admirarei se eles não parecerem verossímeis inicialmente. Arriscarei a afirmação de que a inveja do povo que se declarou filho primogênito e favorito de Deus-Pai ainda não foi superada pelos outros povos, como se tivessem acreditado nessa reivindicação. Além disso, entre os costumes pelos quais os judeus se apartaram, o da circuncisão causou uma impressão desagradável, inquietante, que provavelmente se explica por lembrar a temida castração e, assim, tocar numa porção do passado primitivo que de bom grado é esquecida. Finalmente, o último motivo desta série: não devemos esquecer de que todos os povos que hoje sobressaem no ódio aos judeus se tornaram cristãos apenas em épocas mais recentes, e muitas vezes foram a isso compelidos de forma sangrenta. Poderíamos dizer que são todos "mal batizados", que sob um tênue verniz de cristianismo continuaram a ser o que eram seus ancestrais, que cultivavam um politeísmo bárbaro. Não superaram seu rancor à religião nova que lhes foi imposta, mas o deslocaram para a fonte de onde lhes chegou o cristianismo. O fato de os evangelhos contarem uma história que se passa entre judeus e que, na verdade, trata apenas de judeus, facilitou-lhes esse deslocamento. Seu ódio aos judeus é, no fundo, ódio aos cristãos, e não surpreende que na revolução nacional-socialista alemã essa estreita relação entre as duas religiões monoteístas ache expressão nítida no tratamento hostil que é dispensado a ambas.

## E. DIFICULDADES

Talvez as considerações precedentes tenham logrado estabelecer a analogia entre processos neuróticos e acontecimentos religiosos, indicando assim a insuspeitada origem destes. Nessa transferência da psicologia individual à psicologia das massas aparecem duas dificuldades de natureza e importância diversas, que agora devemos abordar. A primeira é que tratamos de apenas um caso da rica fenomenologia das religiões, não buscamos esclarecer os demais. Este autor admite, com pesar, que é capaz de dar apenas essa única amostra, que seu conhecimento do assunto não basta para complementar a investigação. Ele pode apenas acrescentar, a partir do seu restrito saber, que o caso da fundação da religião muçulmana lhe parece como que uma repetição abreviada da judaica, da qual ela surgiu como imitação. Parece mesmo que originalmente o Profeta pretendia adotar o judaísmo de forma plena, para si e para seu povo. O fato de readquirirem o grande e único pai primevo produziu nos árabes uma excepcional elevação do amor-próprio, que levou a grandes êxitos seculares, mas também se exauriu neles. Alá se mostrou bem mais agradecido ao seu povo eleito do que Jeová se havia mostrado ao seu. Mas o desenvolvimento interno da nova religião logo cessou, porque talvez faltasse o aprofundamento que o assassinato do fundador da religião havia gerado no caso judeu. As religiões aparentemente racionalistas do

## III. MOISÉS, SEU POVO E O MONOTEÍSMO

Oriente são, no seu âmago, culto dos ancestrais, também se detendo, assim, num estágio precoce de reconstrução do passado. Se for correto que o reconhecimento de um ser supremo é o único teor da religião nos povos primitivos de hoje, só podemos ver isso como atrofia do desenvolvimento da religião e relacioná-lo aos inúmeros casos de neuroses rudimentares que são constatados nesse outro âmbito. Por que não houve avanço nem aqui nem lá é algo que não compreendemos nos dois casos. Só nos resta pensar que o talento de cada um desses povos, a direção de sua atividade e sua condição social geral são responsáveis por isso. Aliás, uma boa regra do trabalho analítico é se contentar com a explicação do existente e não procurar explicar o que não aconteceu.

A segunda dificuldade nessa transferência para a psicologia das massas é bem mais significativa, pois levanta um problema novo e de natureza fundamental. A questão que se coloca é sob que forma a tradição atuante está presente na vida dos povos, uma questão que não há no caso do indivíduo, pois neste é resolvida pela existência de traços mnêmicos do passado no inconsciente. Retornemos ao nosso exemplo histórico. Fundamentamos o compromisso em Cades na sobrevivência de uma forte tradição entre os que haviam retornado do Egito. Esse caso não envolve problema. Segundo a nossa hipótese, tal tradição se apoiava na lembrança consciente de comunicações orais que as pessoas tinham recebido de seus ancestrais, apenas duas ou três gerações antes, e estes haviam sido participantes e testemunhas dos eventos em questão. Mas podemos acreditar na mesma coisa quanto aos séculos posteriores, que a tradição sempre teve por base um saber comunicado normalmente, transmitido do avô para o neto? Já não é possível apontar, como no caso anterior, que indivíduos conservaram esse saber e o difundiram oralmente. De acordo com Sellin, a tradição do assassinato de Moisés sempre existiu nos meios sacerdotais, até que finalmente achou expressão escrita, o que tornou possível sua descoberta por Sellin. Mas ela devia ser conhecida de poucos, não era patrimônio do povo. Isso basta para explicar o efeito que teve? Podemos atribuir a essa informação de poucos a capacidade de comover as massas de forma tão duradoura, quando chega ao conhecimento delas? Parece, isto sim, que deve haver, na massa desinformada, algo aparentado de alguma forma ao saber dos poucos e que vai ao seu encontro, quando este é expresso.

Torna-se ainda mais difícil julgar, quando nos voltamos para o caso semelhante da época primitiva. Ao longo dos milênios, certamente foi esquecida a existência de um pai primevo com aquelas características e o destino que teve, e tampouco podemos imaginar que houve uma tradição oral a respeito dele, como no caso de Moisés. Em que sentido, então, é possível falar de uma tradição? De que forma ela pode ter existido?

A fim de ajudar os leitores que não se acham dispostos ou preparados para se deter em complicadas questões psicológicas, anteciparei o resultado da investigação que virá em seguida. Penso que a concordância entre o indivíduo e a massa é quase completa nesse

## III. MOISÉS, SEU POVO E O MONOTEÍSMO

ponto, também nas massas a impressão do passado permanece conservada em traços mnêmicos inconscientes.

No caso do indivíduo, acreditamos ver claramente. O traço mnêmico do que foi vivido bastante cedo fica nele conservado, mas num estado psicológico especial. Pode-se dizer que o indivíduo sempre soube disso, tal como sabemos acerca do reprimido. Formamos determinadas ideias, corroboradas facilmente pela análise, sobre como algo pode ser esquecido e novamente aparecer após algum tempo. O esquecido não foi apagado, apenas "reprimido"; seus traços mnêmicos estão presentes com todo o seu vigor, mas isolados mediante "contrainvestimentos". Não podem entrar em relação com os outros processos intelectuais, são inconscientes, inacessíveis à consciência. Pode ser também que certas partes do material reprimido tenham escapado ao processo, que permaneçam acessíveis à lembrança e eventualmente surjam na consciência, mas também então se acham isoladas, como corpos estranhos sem ligação com o resto. Pode ser assim, mas não precisa ser assim; a repressão também pode ser completa, e essa possibilidade levaremos em conta no que se segue.

O reprimido mantém seu ímpeto, seu esforço de penetrar na consciência. Ele alcança sua meta sob três condições: 1) quando a força do contrainvestimento é diminuída por processos patológicos que atingem o outro, o assim chamado Eu, ou por outra distribuição das energias de investimento nesse Eu, como acontece regularmente no estado do sono; 2) quando os elementos instintuais ligados ao reprimido têm um reforço especial, do qual o melhor exemplo são os processos que ocorrem na puberdade; 3) quando na experiência de vida recente, a qualquer instante, surgem impressões e vivências tão semelhantes ao reprimido que conseguem despertá-lo. Então a experiência recente é reforçada pela energia latente do reprimido e este passa a agir atrás da experiência recente, com a ajuda desta. Em nenhum desses três casos o até então reprimido entra na consciência de forma suave e sem alterações, mas sempre tem de admitir deformações, que atestam a influência da resistência não inteiramente superada que parte do contrainvestimento ou a influência modificadora da vivência recente, ou ambas.

A distinção entre processo psíquico consciente e inconsciente foi o que nos serviu de critério e apoio para nossa orientação. O reprimido é inconsciente. Seria uma bem-vinda simplificação se esta frase permitisse uma inversão, se a diferença entre as qualidades "consciente" (*cs*) e "inconsciente" (*ics*) coincidisse com a separação entre "pertencente ao Eu" e "reprimido". O fato de haver coisas assim isoladas e inconscientes em nossa vida psíquica já seria novo e relevante. Mas isso é mais complicado, na realidade. É correto dizer que tudo reprimido é inconsciente, mas já não é correto que tudo o que pertence ao Eu é consciente. Notamos que a consciência é uma qualidade fugaz, que se liga a um processo psíquico apenas de forma passageira. Por isso, para nossos propósitos devemos substituir "consciente" por "capaz de consciência", e chamamos a essa qualidade "pré-consciente" (*pcs*). Dizemos então, de

modo mais correto, que o Eu é essencialmente pré-
-consciente (virtualmente consciente), mas que partes
do Eu são inconscientes.

Esta última constatação nos mostra que as qualidades a que até agora nos ativemos não bastam para nos orientar na escuridão da vida psíquica. Temos de introduzir uma outra distinção, que já não é qualitativa, mas *topológica* e, o que lhe dá um valor especial, *genética* ao mesmo tempo. Agora distinguimos em nossa psique — que vemos como um aparelho composto de várias instâncias, províncias, distritos — uma região a que denominamos o Eu propriamente e outra que chamamos de Id. Este é o mais velho, o Eu se desenvolveu a partir dele como uma camada cortical, por influência do mundo externo. No Id agem nossos instintos originais, todos os processos do Id transcorrem de maneira inconsciente. O Eu, já mencionamos, coincide com o âmbito do pré-consciente, contém partes que normalmente permanecem inconscientes. No curso dos eventos psíquicos do Id e em sua influência mútua vigoram leis muito diferentes das que predominam no Eu. Na realidade, foi a descoberta dessas diferenças que nos levou à nossa nova concepção e que a justifica.

O *reprimido* deve ser visto como pertencente ao Id e está sujeito aos mesmos mecanismos, distinguindo-se dele apenas quanto à gênese. A diferenciação se realiza cedo, enquanto o Eu se desenvolve a partir do Id. Então uma parte do conteúdo do Id é acolhida pelo Eu e elevada ao estado pré-consciente, outra parte não é afetada por essa transposição e permanece no Id como o propriamente inconsciente. No curso posterior da formação do Eu, no entanto, determinadas impressões e processos psíquicos que se dão no Eu são excluídos mediante um processo de defesa; deles é retirada a característica de ser pré-consciente, de modo que são novamente reduzidos a componentes do Id. Isso é, portanto, o "reprimido" no Id. Quanto às trocas entre as duas províncias psíquicas, supomos que, por um lado, um processo inconsciente do Id é elevado ao nível do pré-consciente e incorporado ao Eu e, por outro lado, material pré-consciente do Eu pode fazer o caminho inverso e ser posto de volta no Id. Acha-se fora de nosso interesse presente o fato de posteriormente se delimitar no Eu uma região especial, o "Super-eu".

Talvez isso pareça estar longe de ser simples, mas não oferece dificuldades especiais para a imaginação, quando a pessoa se habitua a essa inaudita concepção espacial do aparelho psíquico. Acrescento a observação de que a topologia psíquica aqui elaborada não tem relação nenhuma com a anatomia cerebral, que a toca somente num ponto, na verdade. O que há de insatisfatório nessa concepção, que eu percebo tão claramente quanto o leitor, vem de nossa completa ignorância da natureza *dinâmica* dos processos psíquicos. Dizemos a nós mesmos que o que diferencia uma ideia consciente de uma pré-consciente, e esta de uma inconsciente, não pode ser senão uma modificação, talvez uma outra distribuição da energia psíquica. Falamos de investimentos e superinvestimentos, mas, afora isso, não dispomos de nenhum conhecimento ou sequer de um ponto de parti-

## III. MOISÉS, SEU POVO E O MONOTEÍSMO

da para uma hipótese de trabalho viável. Do fenômeno da consciência podemos afirmar, pelo menos, que originalmente se ligava à percepção. Todas as sensações que surgem através da percepção de estímulos dolorosos, táteis, auditivos ou visuais são mais prontamente conscientes. Os processos de pensamento, e o que houver de semelhante a eles no Id, são inconscientes em si mesmos e adquirem acesso à consciência vinculando-se a resíduos mnêmicos de percepções visuais e auditivas, pela via da função da fala. Nos animais, que não têm linguagem, isso deve ser mais simples.

As impressões dos primeiros traumas, das quais partimos, ou não são transpostas para o pré-consciente ou logo são colocadas de volta no estado de Id pela repressão. Seus resíduos mnêmicos são então inconscientes e agem a partir do Id. Acreditamos que podemos acompanhar bem seu destino subsequente, na medida em que se trate de algo vivenciado pela própria pessoa. Surge uma nova complicação, porém, ao nos darmos conta da probabilidade de que na vida psíquica do indivíduo podem estar ativos não apenas conteúdos vivenciados por ele próprio, mas também inatos, elementos de origem filogenética, *herança arcaica*. Então se apresentam as seguintes questões: em que consiste esta, o que contém, quais são suas evidências?

A resposta imediata e mais segura é que ela consiste em certas predisposições características de todo ser vivo. A saber, na capacidade e tendência de encetar determinadas direções de desenvolvimento e reagir de maneira específica a determinadas excitações, impressões e estímulos. Como a experiência mostra que nos indivíduos da espécie humana ocorrem diferenças nesse aspecto, a herança arcaica inclui tais diferenças, elas representam o que é reconhecido como fator *constitucional* no indivíduo. Como todos os seres humanos, pelo menos na sua infância, vivenciam aproximadamente as mesmas coisas, eles reagem a elas também de forma similar, e poderia surgir a dúvida de que talvez se devesse atribuir tais reações, junto com suas diferenças individuais, à herança arcaica. Essa dúvida deve ser repelida; nosso conhecimento da herança arcaica não é enriquecido pelo fato dessa similaridade.

Entretanto, a pesquisa psicanalítica trouxe alguns resultados que nos levam a pensar. Há, primeiramente, o caráter universal do simbolismo da linguagem. A representação simbólica de um objeto por outro — o mesmo se aplica a ações — é algo familiar e como que óbvio para todas as crianças. Não podemos demonstrar como aprenderam isso, e temos de confessar que em muitos casos um aprendizado é impossível. Trata-se de um saber original, que o adulto esquece depois. É verdade que ele usa os mesmos símbolos nos sonhos, mas não os compreende se o analista não os interpreta para ele, e mesmo então hesita em acreditar na tradução. Quando utiliza uma das frequentes expressões em que se acha fixado esse simbolismo, tem de confessar que lhe escapa inteiramente o sentido próprio daquela expressão. O simbolismo também ignora as diferenças entre as línguas; pesquisas provavelmente mostrariam

## III. MOISÉS, SEU POVO E O MONOTEÍSMO

que ele é ubíquo, é o mesmo em todos os povos. Este parece ser, então, um exemplo seguro de herança arcaica oriunda da época do desenvolvimento da linguagem, mas outra explicação ainda poderia ser buscada. Seria possível dizer que se trata de conexões de pensamento entre ideias, conexões que se estabeleceram durante o desenvolvimento histórico da linguagem e que têm de ser repetidas a cada vez que um indivíduo desenvolve a linguagem. Então seria um caso de herança de uma predisposição de pensamento, assim como há predisposição instintual, e novamente não representaria uma nova contribuição para o nosso problema.

Mas o trabalho analítico também revelou outras coisas, que ultrapassam em importância o que vimos até aqui. Quando estudamos as reações aos traumas da primeira infância, muitas vezes nos surpreendemos ao notar que elas não se atêm estritamente ao que o indivíduo vivenciou, mas que disso se afastam de uma maneira que se adéqua bem mais ao modelo de um acontecimento filogenético e, de forma geral, pode ser explicada somente pela influência deste. O comportamento da criança neurótica em relação aos pais nos complexos de Édipo e da castração é pródigo em tais reações, que parecem injustificadas no indivíduo e apenas se tornam compreensíveis filogeneticamente, pelo nexo com as vivências das gerações antigas. Certamente valeria a pena coletar e apresentar ao público esse material a que me refiro. Sua força comprobatória me parece grande o suficiente para que eu me arrisque a dar o passo seguinte, sustentando que a herança arcaica do ser humano compreende não só predisposições, mas também conteúdos, traços mnêmicos de vivências das gerações antigas. Desse modo, tanto a abrangência como o significado da herança arcaica aumentariam significativamente.

Refletindo mais um pouco, devemos confessar a nós mesmos que há muito agimos como se não houvesse dúvida quanto à hereditariedade dos traços mnêmicos das vivências dos ancestrais, independentemente da comunicação direta e da influência da educação pelo exemplo. Quando falamos da sobrevivência de uma tradição antiga num povo, da formação do caráter de um povo, tínhamos em mente, na maioria das vezes, essa tradição herdada, não uma transmitida por comunicação. Ou pelo menos não distinguimos entre as duas e não ficou claro para nós mesmos que tal negligência era uma ousadia. Nossa situação é dificultada ainda pela posição atual da biologia, que rejeita a transmissão hereditária de caracteres adquiridos. Mas devemos confessar, com toda a modéstia, que mesmo assim não podemos prescindir desse fator no desenvolvimento biológico. É certo que não se trata da mesma coisa nos dois casos: num deles, são características adquiridas, difíceis de se apreender; no outro, traços mnêmicos de impressões externas, algo quase tangível. Mas pode ser que, no fundo, não consigamos imaginar uma coisa sem a outra. Ao supor a sobrevivência desses traços mnêmicos na herança arcaica, acabamos com o abismo entre psicologia individual e psicologia das massas, e podemos tratar os povos como tratamos um indivíduo neurótico. Admitindo que no momento não possuímos, para a existência de traços

## III. MOISÉS, SEU POVO E O MONOTEÍSMO

mnêmicos na herança arcaica, evidência mais forte do que os fenômenos residuais do trabalho analítico que requerem sua derivação da filogênese, essa prova nos parece, contudo, forte o bastante para que postulemos esse fato. De outra forma, não avançaremos um passo no caminho tomado, seja na análise ou na psicologia das massas. É uma ousadia inevitável.

Com esta suposição também fazemos outra coisa. Diminuímos o extenso abismo que a arrogância humana de épocas passadas criou entre o ser humano e os animais. Se os chamados instintos\* dos animais, que desde o início lhes permitem se comportar numa nova situação de vida como se ela fosse velha, há muito familiar — se essa vida instintiva dos animais admite uma explicação, só pode ser a de que trazem consigo as experiências da sua espécie para a nova existência própria, ou seja, que conservaram dentro de si as lembranças do que seus antepassados viveram. No animal humano isso não seria diferente, no fundo. Aos instintos dos animais corresponde a herança arcaica humana, ainda que seja de amplitude e conteúdo diferentes.

Após essa discussão, não tenho receio de afirmar que os seres humanos sempre souberam — daquele modo especial — que um dia tiveram um pai primevo e o mataram.

Há duas outras questões a serem respondidas aqui. Primeiro, em que condições uma lembrança desse tipo entra na herança arcaica? E em que circunstâncias ela

---

\* *Instinkte* no original, aqui e no restante desse parágrafo.

pode se tornar ativa, ou seja, avançar do estado inconsciente no Id à consciência, ainda que alterada e deformada? A resposta à primeira pergunta é fácil: quando o acontecimento foi importante o suficiente ou se repetiu com frequência bastante, ou as duas coisas. No caso do parricídio, as duas condições são preenchidas. Sobre a segunda questão, cabe observar o seguinte: um bom número de influências pode entrar em consideração, das quais nem todas têm de ser conhecidas, e uma evolução espontânea também é concebível, em analogia com o que sucede em várias neuroses. Mas não há dúvida de que tem importância decisiva o despertar, mediante uma repetição real recente do acontecimento, do traço mnêmico esquecido. Uma repetição assim foi o assassinato de Moisés; mais tarde, o suposto assassinato legal de Jesus Cristo, de modo que esses eventos passam a primeiro plano como causas. É como se a gênese do monoteísmo não pudesse prescindir dessas ocorrências. Lembramo-nos das palavras do poeta:

*O que para sempre no canto viverá*
*deve na vida morrer.*[64]

Para concluir, uma observação que envolve um argumento psicológico. Uma tradição que se baseasse apenas na comunicação não poderia criar o caráter compulsivo

---

64 Schiller, *Die Götter Griechenlands* [Os deuses da Grécia]. [No original: "*Was unsterblich im Gesang soll leben, / muß im Leben untergehen*".]

que é próprio dos fenômenos religiosos. Ela seria ouvida, julgada e eventualmente rejeitada como qualquer outra notícia de fora, jamais alcançaria o privilégio de se libertar da coação do pensamento lógico. Precisa antes haver experimentado o destino da repressão, o estado de permanência no inconsciente, até que, em seu retorno, possa produzir efeitos tão poderosos e arrebatar as massas, como vimos no caso da tradição religiosa, com assombro e até o momento sem compreensão. E essa reflexão tem grande peso em nos fazer acreditar que as coisas realmente ocorreram assim como nos empenhamos em descrever, ou pelo menos de forma semelhante.

## SEGUNDA PARTE

RESUMO E RECAPITULAÇÃO

A parte seguinte deste estudo não pode ser tornada pública sem extensas explicações e desculpas. Ela é uma repetição fiel, às vezes literal da primeira parte [do terceiro ensaio], abreviada em algumas indagações críticas e acrescida de complementos que dizem respeito ao problema de como surgiu o caráter especial do povo judeu. Bem sei que tal forma de exposição é inadequada e não muito artística. Eu mesmo a desaprovo incondicionalmente.

Por que não evitei escrevê-la, então? Não me é difícil encontrar a resposta, mas também não é fácil confessá-la. Não fui capaz de desfazer os sinais da gênese incomum deste trabalho.

Na realidade, ele foi escrito duas vezes. Primeiro alguns anos atrás, em Viena, onde eu não acreditava que seria possível publicá-lo. Resolvi deixá-lo de lado, mas ele me atormentou como um espírito sem paz, e encontrei a saída de tornar independentes duas porções dele e publicá-las em nossa revista *Imago*: a abertura psicanalítica do conjunto ("Moisés, um egípcio") e a construção histórica nela baseada ("Se Moisés era um egípcio..."). O resto, que continha o que seria propriamente escandaloso e perigoso, a aplicação daqueles achados à gênese do monoteísmo e a maneira de compreender a religião, eu guardei — para sempre, acreditava. Então sobreveio, em março de 1938, a inesperada invasão alemã, que me obrigou a deixar meu país, mas também me livrou da preocupação de suscitar, com a publicação da obra, uma interdição da psicanálise num lugar onde ainda era tolerada. Recém-chegado à Inglaterra, pareceu-me irresistível a tentação de tornar acessível a todos o conhecimento que eu havia retido, e comecei a reformular a terceira seção do estudo, alinhando-a com as duas já publicadas. Isso implicava, naturalmente, uma reordenação parcial da matéria. Mas não logrei acomodar todo o material nessa segunda versão. Por outro lado, não pude me decidir a abandonar inteiramente as primeiras; surgiu, assim, o expediente de agregar uma parte inteira da primeira exposição, inalterada, à segunda, o que implicou o inconveniente da uma extensa repetição.

Eu poderia me consolar com a reflexão de que as coisas de que trato são, de toda maneira, tão novas e importantes — sem considerar até que ponto é correta a exposição que faço delas — que não pode ser uma desgraça que o público tenha de ler duas vezes o mesmo conteúdo. Há coisas que devem ser ditas mais de uma vez e que podem não ser ditas com suficiente frequência. Mas o próprio leitor tem de ser livre para decidir se quer se deter num assunto ou a ele retornar depois. Não é lícito, mediante um artifício, apresentar-lhe duas vezes a mesma coisa num livro. Trata-se de uma inépcia pela qual se deve aceitar a culpa. Infelizmente, a força criativa de um autor nem sempre acompanha a sua vontade; o trabalho evolui como pode, e muitas vezes se coloca perante o autor como algo independente e até mesmo alheio.

A. O POVO DE ISRAEL

Quando se torna claro que um procedimento como o nosso, de tomar do material que nos foi transmitido aquilo que nos parece útil, rejeitar o que não nos serve e combinar as diferentes partes segundo a verossimilhança psicológica — quando se torna claro que uma técnica como essa não nos dá segurança para encontrar a verdade, é justo perguntar por que empreendemos um trabalho assim, afinal. A resposta invoca o seu resultado. Se atenuarmos bastante o rigor das exigências feitas a uma investigação histórico-psicológica, talvez seja possível elucidar problemas que sempre pareceram dignos de atenção e que, devido aos acontecimentos recentes, novamente se impõem ao observador. Sabemos que, de todos os povos que na Antiguidade viviam ao redor da bacia do Mediterrâneo, o povo judeu é praticamente o único que ainda existe hoje, no nome e também na substância. Com inaudita capacidade de resistência ele enfrentou desventuras e maus-tratos, desenvolveu traços de caráter especiais e, ao mesmo tempo, ganhou a íntima aversão de todos os outros povos. Seria bom compreendermos melhor de onde vem essa capacidade de viver dos judeus e como suas características estão ligadas à sua história.

Podemos partir de um traço de caráter dos judeus que domina a sua relação com os outros. Não há dúvida de que eles têm uma opinião especialmente boa de si mesmos, consideram-se mais nobres, mais elevados, superiores aos outros, dos quais também diferem em muitos de seus costumes.[65] Simultaneamente, são animados por uma especial confiança na vida, como a que é dada pela posse secreta de um bem valioso, uma espécie de otimismo; as pessoas devotas chamariam isso de confiança em Deus.

Conhecemos a causa dessa atitude e sabemos que tesouro secreto é esse. Eles realmente se consideram o povo escolhido por Deus, acreditam estar especialmente próximos dele, e isso os torna confiantes e orgulhosos. Segundo boas fontes, já na época helenística eles procediam como hoje, isto é, o judeu já estava formado naquele tempo, e os gregos, entre os quais eles viviam, reagiam à peculiaridade judaica do mesmo modo que

---

65 A injúria, frequente em épocas antigas, segundo a qual os judeus seriam "leprosos" (cf. Maneto [historiador egípcio, *c.* 300 a.C.]), tem certamente o sentido de uma projeção: "Eles se mantêm afastados de nós, como se fôssemos leprosos".

## III. MOISÉS, SEU POVO E O MONOTEÍSMO

os "povos anfitriões" de hoje. Reagiam, pode-se pensar, como se também acreditassem na preferência que o povo de Israel reivindicava para si. Quando alguém é o favorito declarado do pai temido, não chega a se admirar com o ciúme dos irmãos e irmãs, e a lenda judaica de José e seus irmãos mostra muito bem aonde pode levar tal ciúme. O curso da história do mundo parecia justificar a presunção judaica, pois mais tarde, quando aprouve a Deus enviar à humanidade um Messias e Salvador, Ele novamente o escolheu do povo dos judeus. Os outros povos teriam motivo para dizer então: "Realmente, eles tinham razão, eles são o povo escolhido por Deus". Em vez disso, porém, aconteceu que a redenção por Jesus Cristo apenas lhes intensificou o ódio aos judeus, enquanto os próprios judeus não tiraram vantagem alguma deste segundo favorecimento, pois não reconheceram o Salvador.

Com base em nossas discussões anteriores, podemos afirmar agora que foi o homem Moisés que imprimiu ao povo judeu esse traço, significativo para todo o seu futuro. Ele ergueu sua autoestima, garantindo-lhes que eram o povo escolhido de Deus; ele lhes inculcou a santidade e os obrigou a se separar dos outros. Não que faltasse autoestima aos outros povos. Assim como hoje, cada nação se julgava melhor que as outras. Mas a autoestima dos judeus teve, graças a Moisés, uma ancoragem religiosa, tornou-se parte de sua fé religiosa. Devido à relação particularmente estreita com seu deus, ganharam participação na grandeza dele. E, como sabemos que por trás do deus que os escolheu e libertou dos egípcios está a pessoa de Moisés, que fez justamente isso, supostamente em nome dele, ousamos dizer: foi o homem Moisés quem criou os judeus; é a ele que esse povo deve sua resiliência, mas também muito da hostilidade que experimentou e ainda experimenta.

## B. O GRANDE HOMEM

Como é possível que um único homem tenha uma eficácia tão extraordinária, que forme um povo a partir de indivíduos e famílias quaisquer, cunhando-lhe um caráter definitivo e determinando seu destino por milênios? Essa hipótese não seria uma regressão à maneira de pensar que fez surgirem os mitos do criador e a adoração do herói, a épocas em que escrever a história se reduzia a narrar os feitos e vicissitudes de certos indivíduos, de governantes ou conquistadores? A tendência da época moderna é de relacionar os acontecimentos da história humana a fatores mais ocultos, gerais e impessoais, à influência decisiva das condições econômicas, à mudança na alimentação, aos avanços no uso de materiais e utensílios, às migrações ocasionadas pelo aumento da população e por alterações do clima. Nisso o único papel dos indivíduos é o de expoentes ou representantes das inclinações das massas, que inevitavelmente se expressariam e, de modo antes fortuito, se expressam naquelas pessoas.

São pontos de vista inteiramente legítimos, mas nos dão ensejo de lembrar uma importante divergência entre a orientação de nosso órgão do pensamento e a organização do mundo, que deve ser apreendida por meio de nosso pensamento. Para a nossa necessidade causal (que

## III. MOISÉS, SEU POVO E O MONOTEÍSMO

é imperiosa, sem dúvida) basta que cada acontecimento tenha uma só causa verificável. Mas na realidade que está fora de nós isso dificilmente ocorre; cada acontecimento parece ser sobredeterminado, mostra-se como efeito de várias causas convergentes. Intimidada pela imensa complexidade dos fatos, nossa pesquisa toma o partido de uma relação em detrimento de outra, estabelece oposições que não existem, que surgiram apenas mediante a ruptura de conexões mais amplas.[66] Portanto, se a investigação de certo caso nos demonstra a influência conspícua de uma personalidade, nossa consciência não precisa nos acusar de haver, com essa hipótese, afrontado a doutrina da importância daqueles fatores gerais e impessoais. Há lugar para as duas, em princípio. No tocante à gênese do monoteísmo, porém, não somos capazes de apontar outro fator externo senão aquele mencionado: que essa evolução está ligada ao estabelecimento de relações mais próximas entre diferentes nações e à construção de um grande império.

Assim, salvaguardamos para o "grande homem" o seu lugar na cadeia — ou melhor, na trama — das causas. Mas talvez não seja inteiramente inútil perguntar sob que condições conferimos esse honroso título. Sur-

---

66 Mas me insurjo contra o mal-entendido de que eu estaria dizendo que o mundo é tão complexo que toda afirmação que se faça deve necessariamente tocar num ponto qualquer da verdade. Não, nosso pensamento se reservou a liberdade de enxergar dependências e relações a que nada corresponde na realidade, e evidentemente estima bastante esse dom, pois tanto na ciência como fora dela recorre bastante a ele.

preendemo-nos ao ver que não é tão fácil responder a essa pergunta. Uma primeira formulação: "Quando alguém possui em alto grau as características que muito estimamos", é inexata em todo sentido. A beleza e a força muscular, por exemplo, podem ser invejadas, mas não implicam nenhum direito à "grandeza". Têm de ser, portanto, qualidades espirituais, preeminências psíquicas e intelectuais. No caso dessas últimas, ocorre-nos a objeção de que não consideraríamos alguém um grande homem por possuir extraordinário conhecimento em determinada área. Também não, com certeza, se fosse um mestre do xadrez ou um virtuose musical, e mesmo um eminente artista ou cientista. Nesses casos nos contentamos em dizer que é um grande escritor, pintor, matemático ou físico, ou um inovador no âmbito dessa ou daquela atividade, e não chegamos a reconhecer nele um grande homem. Se não hesitamos em afirmar que Goethe, Leonardo da Vinci e Beethoven, por exemplo, são grandes homens, é porque deve nos mover algo mais que a admiração por suas magníficas criações. Se não tivéssemos esses exemplos, provavelmente surgiria a ideia de que a expressão "grande homem" é reservada sobretudo para homens de ação, ou seja, conquistadores, generais, soberanos, em reconhecimento da grandeza dos seus feitos, da força de sua influência. Mas também isso não satisfaz, e é inteiramente refutado por nossa condenação de tantas figuras desprezíveis de quem não podemos negar a influência sobre os contemporâneos e os pósteros. Tampouco será possível tomar o sucesso como indicador de grandeza, se nos lembrar-

## III. MOISÉS, SEU POVO E O MONOTEÍSMO

mos do imenso número de grandes homens que, em vez de atingir o sucesso, pereceu no infortúnio.

Assim, provisoriamente tendemos à conclusão de que não vale a pena buscar um significado realmente inequívoco para o conceito de "grande homem". Ele seria apenas um reconhecimento, de uso um tanto vago e concessão mais ou menos arbitrária, do desenvolvimento enorme de certas características humanas, numa aproximação ao sentido literal original de "grandeza". E não esqueçamos de que não nos interessa muito a natureza do grande homem, e sim a questão de como ele influi sobre os seus próximos. Mas vamos abreviar ao máximo esta indagação, pois ela ameaça nos desviar bastante de nossa meta.

Admitamos, assim, que o grande homem influencie seus contemporâneos de duas formas: por sua personalidade e pela ideia que defende. Tal ideia pode enfatizar um velho desejo* das massas ou mostrar-lhes uma nova meta de desejo, ou cativá-las de outra maneira. Às vezes — e isso é, sem dúvida, o que ocorre primordialmente — a personalidade produz efeito sozinha, a ideia tem pa-

---

* "Desejo": tradução que aqui damos ao termo *Wunschgebilde*, composto de *Gebilde*, que significa "criação, formação, estrutura, configuração", e *Wunsch*, "desejo". Entendemos que esse é um caso em que a palavra composta pode ser vertida por um termo simples, como argumentamos num apêndice do livro *As palavras de Freud: O vocabulário freudiano e suas versões* (São Paulo: Companhia das Letras, ed. rev., 2010, pp. 285-9). As traduções consultadas recorreram a: "formação de desejo", *deseo, figura de deseo, configurazione di desiderio, image de désir, group of wishes, wishful image*.

pel irrelevante. Em nenhum momento chega a ser obscuro, para nós, o motivo por que o grande homem adquire importância. Sabemos que existe, na massa humana, a forte necessidade de uma autoridade que se possa admirar, à qual as pessoas se dobrem, pela qual sejam dominadas e até maltratadas eventualmente. Na psicologia do indivíduo descobrimos de onde vem essa necessidade da massa. É o anseio pelo pai, inerente a cada um desde a infância, pelo mesmo pai que o herói do mito se gaba de ter vencido. Agora começamos a perceber que todos os traços de que dotamos o grande homem são traços paternos, que nesta concordância se acha a natureza do grande homem, que até agora buscamos em vão. A firmeza dos pensamentos, a força da vontade, a energia da ação fazem parte da imagem paterna, mas sobretudo a liberdade e independência do grande homem, sua divina indiferença, que pode chegar à ausência de escrúpulos. É preciso admirá-lo, é possível confiar nele, mas não há como não temê-lo também. Deveríamos ter nos deixado guiar pelo sentido literal; quem, senão o pai, teria sido o "grande homem" da infância?*

Sem dúvida, foi um poderoso modelo paterno que, na pessoa de Moisés, inclinou-se até os pobres servos judeus para lhes garantir que eram seus filhos amados. E um efeito não menos avassalador deve ter tido sobre eles a ideia de um deus único, eterno e todo-poderoso, para o qual não eram pequenos demais para que fizesse

---

* Em alemão, "*der grosse Mann*" pode significar tanto "o grande homem" como "o homem grande".

## III. MOISÉS, SEU POVO E O MONOTEÍSMO

com eles uma aliança, e que prometia deles cuidar se lhe permanecessem fiéis. Provavelmente não foi fácil, para eles, separar a imagem do homem Moisés da de seu deus, e nisso estava certa a sua intuição, pois Moisés pode ter inscrito no caráter do seu deus traços de sua própria pessoa, como a irascibilidade e a intransigência. E, se um dia mataram este seu grande homem, apenas repetiram um crime que em tempos primevos se dirigira, em forma de lei, contra o rei divino, e que, como sabemos, remontava a um modelo ainda mais antigo.[67]

Se assim, por um lado, a figura do grande homem cresceu e assumiu estatura divina, devemos lembrar, por outro lado, que também o pai foi filho um dia. A grande ideia religiosa que o homem Moisés defendeu não era, conforme nossa exposição, propriedade sua; ele a havia tomado de seu rei Akhenaton. E este, cuja grandeza como fundador de uma religião está provada inequivocamente, talvez seguisse indicações que lhe chegaram — do Oriente próximo ou mais distante — através de sua mãe ou por outras vias.

Não temos como seguir mais a cadeia de eventos, mas, se estes primeiros passos estão corretos, então a ideia monoteísta voltou para a sua terra de origem como um bumerangue. Parece algo infrutífero, portanto, querer determinar o mérito de um só indivíduo no tocante a uma nova ideia. É evidente que muitos participaram do seu desenvolvimento e para ela contribuíram. Por outro lado, seria notória injustiça interromper em

---

67 Cf. Frazer, op. cit.

Moisés a cadeia de causas e negligenciar o que fizeram seus sucessores e continuadores, os profetas judeus. A semente do monoteísmo não germinara no Egito. O mesmo poderia ter acontecido em Israel, depois que o povo se desembaraçou daquela religião incômoda e exigente. Mas do seio do povo judeu surgiram, repetidamente, homens que reavivaram a tradição que esmaecia, que renovaram as advertências e exigências de Moisés e não descansaram até que fosse restaurado o que se perdera. Num empenho que durou séculos e, por fim, mediante duas grandes reformas — uma anterior, a outra posterior ao exílio babilônico —, realizou-se a transformação do deus do povo, Jeová, no deus cuja adoração Moisés havia imposto aos judeus. E foi prova de uma especial aptidão psíquica da massa que se tornara o povo judeu o fato de ela produzir tantos indivíduos dispostos a tomar sobre si as penas da religião de Moisés, pela recompensa de serem os escolhidos e talvez outros prêmios de ordem semelhante.

## C. O AVANÇO NA ESPIRITUALIDADE

Para alcançar efeitos psíquicos duradouros num povo, obviamente não basta lhe assegurar que foi eleito pela divindade. Isso tem de lhe ser provado de algum modo, se ele deve crer e tirar consequências da fé. Na religião mosaica, o êxodo do Egito serviu como prova; Deus, ou Moisés em seu nome, não se cansou de invocar essa demonstração de favorecimento. Foi instituída a festa da Páscoa, para conservar a lembrança desse evento; ou melhor, uma festa que havia muito existia foi dota-

## III. MOISÉS, SEU POVO E O MONOTEÍSMO

da dessa lembrança. Mas era apenas uma recordação, o êxodo pertencia a um passado nebuloso. No presente, os sinais do favor divino eram escassos, as vicissitudes do povo indicavam antes desfavor por parte do deus. Os povos primitivos costumavam depor ou até mesmo castigar seus deuses, quando estes não cumpriam a obrigação de lhes conceder vitória, felicidade e bem-estar. Quanto aos reis, em todas as épocas foram tratados como os deuses; nisso se comprova uma velha identidade, uma origem comum. Também os povos modernos costumam expulsar os reis, quando a glória do seu reinado é estragada por derrotas e as correspondentes perdas de terras e dinheiro. Mas por que o povo de Israel se apegou a seu deus, de forma tanto mais submissa quanto mais era por ele maltratado — esse é um problema que deixaremos de lado por enquanto.

Ele pode nos dar o estímulo para investigar se a religião de Moisés não conferiu ao povo algo mais além da intensificação da autoestima, mediante a consciência de ser o escolhido. E outro fator é realmente fácil de encontrar. A religião também proporcionou aos judeus uma concepção bem mais grandiosa de deus, ou, dito de maneira mais sóbria, a concepção de um deus mais grandioso. Quem acreditava nesse deus tinha alguma participação na sua grandeza, podia se sentir elevado. Isso pode não ser óbvio para um descrente, mas talvez seja compreendido mais facilmente se apontarmos para o sentimento superior de um britânico num país estrangeiro que se tornou inseguro devido a uma rebelião, sentimento que não se acha no cidadão de um pequeno

Estado qualquer do Continente. Pois o britânico estima que seu *government* [governo] enviará um navio de guerra se lhe tocarem num fio de cabelo e que os rebeldes sabem muito bem disso, enquanto o pequeno Estado não possui navio de guerra nenhum. Assim, o orgulho pela grandeza do *British empire* [império britânico] também tem raiz na consciência da maior segurança, da proteção de que goza um britânico. Pode ocorrer algo semelhante na concepção do deus grandioso, e, como dificilmente alguém vai pretender auxiliar Deus na administração do mundo, o orgulho pela grandeza divina se confunde com o de ser escolhido.

Entre os preceitos da religião mosaica se acha um que é mais importante do que inicialmente se nota. É a proibição de fazer uma imagem de Deus, ou seja, a coação de adorar um deus que não se pode ver. Suspeitamos que nisso Moisés excedeu o rigor da religião de Aton. Talvez ele apenas quisesse ser coerente: seu deus, então, não teria nome nem rosto; talvez fosse uma nova medida contra as más práticas da magia. Aceitar essa proibição tinha um efeito profundo, porém. Significava preterir a percepção sensorial em favor do que deve ser designado como uma ideia abstrata — um triunfo da espiritualidade sobre a "sensorialidade";* a rigor,

---

* No original, *Sinnlichkeit*. Empregamos o neologismo "sensorialidade", entre aspas, para evitar o termo "sensualidade", que encontramos relacionado antes ao prazer sexual do que aos sentidos em geral. As versões consultadas apresentam: "sensualidade", *sensualidad*, idem, *sensibilità*, *vie sensorielle* [vida sensorial], *the senses* [os sentidos], *sensuality*.

## III. MOISÉS, SEU POVO E O MONOTEÍSMO

uma renúncia instintual, com as necessárias consequências psicológicas.

Para achar verossímil o que à primeira vista não parece convincente, devemos nos recordar de outros processos semelhantes no desenvolvimento da cultura humana. O mais antigo deles, talvez o mais relevante, se perde na escuridão dos tempos primitivos. Seus efeitos assombrosos é que nos levam a afirmar sua existência. Tanto em nossas crianças e nos adultos neuróticos como nos povos primitivos encontramos o fenômeno psíquico que denominamos crença na "onipotência dos pensamentos". A nosso ver, é uma superestimação da influência que nossos atos psíquicos (intelectuais, no caso) podem ter na modificação do mundo exterior. No fundo, toda a magia, a precursora de nossa técnica, se baseia nesse pressuposto. Nisso também se inclui todo o sortilégio das palavras, assim como a convicção do poder que se liga ao conhecimento e à enunciação de um nome. Supomos que a "onipotência dos pensamentos" era expressão do orgulho da humanidade com o desenvolvimento da linguagem, que teve por consequência um extraordinário aumento das atividades intelectuais. Começou o novo reino da espiritualidade, em que ideias, lembranças e inferências se tornaram determinantes, em contraste com a atividade psíquica inferior, que abrangia as percepções imediatas dos órgãos sensoriais. Certamente foi uma das etapas mais importantes no caminho da hominização.

Há outro processo, de época posterior, que nos aparece de maneira bem mais palpável. Sob a influência de fatores externos que não precisamos examinar aqui, e que, em parte, também não são conhecidos suficientemente, ocorreu que a ordem social matriarcal foi substituída pela patriarcal — ao que se ligou, naturalmente, uma grande reviravolta nas condições jurídicas existentes até então. Acredita-se perceber ainda o eco dessa revolução na *Oresteia* de Ésquilo. Mas essa mudança da mãe para o pai caracteriza, além disso, uma vitória da espiritualidade sobre a "sensorialidade", ou seja, um avanço cultural, pois a maternidade é demonstrada pelo testemunho dos sentidos, enquanto a paternidade é uma suposição baseada numa inferência e numa premissa. Tomar partido dessa forma, pondo o processo de pensamento acima da percepção dos sentidos, mostrou-se um passo prenhe de consequências.

Em algum momento entre os dois eventos mencionados\* ocorreu outro, que mostra a maior afinidade com aquele que investigamos na história da religião. O ser humano foi levado a reconhecer poderes "espirituais", isto é, que não podem ser apreendidos pelos sentidos, especialmente pela visão, mas que geram efeitos inquestionáveis e até mesmo poderosos. Se confiarmos na evidência da linguagem, foi o ar em movimento que proporcionou o modelo para a espiritualidade, pois o espírito toma seu nome do sopro de vento (*animus*, *spiritus*; em hebraico, *ruach*, "sopro"). Isso significou igualmente a descoberta da alma como princípio espiritual do indivíduo humano. A observação também enxergou

---

\* Entre o desenvolvimento da linguagem e o fim do matriarcado, como esclarece James Strachey numa nota.

## III. MOISÉS, SEU POVO E O MONOTEÍSMO

o ar em movimento na respiração do ser humano, que cessa com a morte; ainda hoje se diz que o moribundo "expira". Com isso estava aberto para o ser humano o reino dos espíritos; ele se dispunha a atribuir a alma que descobrira dentro de si a tudo o mais na natureza. O mundo inteiro se tornou "animado", e a ciência, que veio muito depois, teve bastante trabalho para novamente tirar a *anima* [alma] de uma parte do mundo; ainda hoje não terminou essa tarefa.

Com a proibição mosaica, Deus foi elevado a um nível mais alto de intelectualidade; abriu-se o caminho para outras mudanças na concepção de Deus, que ainda abordaremos. Mas primeiro devemos nos ocupar de outro efeito dessa interdição. Todos esses avanços na intelectualidade têm a consequência de aumentar o amor-próprio do indivíduo, de torná-lo orgulhoso, de modo que se sente superior aos demais, que permaneceram presos à "sensorialidade". Sabemos que Moisés transmitiu aos judeus o exaltado sentimento de ser um povo eleito; com a desmaterialização do deus, foi acrescentado algo novo e precioso ao patrimônio oculto do povo. Os judeus conservaram o pendor por interesses intelectuais, a desgraça política da nação lhes ensinou a apreciar o valor do único bem que lhes restara, sua literatura. Logo após a destruição do templo de Jerusalém por Tito, o rabino Jochanan ben Sakkai solicitou permissão para abrir a primeira escola da Torá em Jabne. Dali em diante, foram as Sagradas Escrituras e o empenho intelectual a elas dedicado que mantiveram unido o povo disperso.

Tudo isso é geralmente conhecido e aceito. Eu quis apenas acrescentar que esse desenvolvimento característico da natureza judaica foi iniciado pela proibição mosaica de adorar Deus sob forma visível.

A preeminência que os esforços intelectuais tiveram na vida do povo judeu por cerca de 2 mil anos produziu efeito, naturalmente. Ajudou a conter a brutalidade e a inclinação à violência que costumam surgir quando o desenvolvimento da força muscular é o ideal do povo. O cultivo harmonioso tanto das atividades espirituais como físicas, tal como os gregos o alcançaram, foi negado ao povo judeu. Ante o dilema, ao menos se decidiram pelo que tinha maior valor.

## D. RENÚNCIA INSTINTUAL

Não é evidente, nem facilmente compreensível, por que um avanço na espiritualidade, a subordinação da "sensorialidade", elevaria a consciência de si de uma pessoa ou de um povo. Isso parece pressupor um determinado critério de valores e outra pessoa ou instância que o aplique. Para uma explicação, voltemo-nos para um caso análogo da psicologia do indivíduo, caso que chegamos a entender.

Se, numa criatura humana, o Id faz uma exigência instintual de natureza erótica ou agressiva, a coisa mais simples e mais natural é que o Eu, que tem à disposição os aparelhos intelectual e muscular, satisfaça essa demanda por meio de uma ação. Tal satisfação do instinto é sentida como prazer pelo Eu, assim como a não satisfação seria, indubitavelmente, fonte de desprazer. Ora, pode suceder que o Eu se abstenha da satisfação instintual em consideração a obstáculos externos, a saber, quando vê que a ação em causa produziria um sério perigo para si mesmo. Uma desistência assim da satisfação, uma renúncia instintual por causa de impedimento externo, ou, como dizemos, em obediência ao princípio da realidade, não é jamais prazerosa. A renúncia instintual teria por consequência uma duradoura tensão desprazerosa, se não fosse possível diminuir a própria intensidade do instinto mediante deslocamentos de energia. Mas a renúncia instintual também pode ser obtida por outras razões, que justificadamente chamamos *internas*. No curso do desenvolvimento individual, uma parte dos poderes inibidores do mundo externo é interiorizada, forma-se no Eu uma instância que, observando, criticando e proibindo, se contrapõe ao resto. A essa nova instância denominamos *Super-eu*. A partir de então, o Eu, antes de dar início às satisfações instintuais requeridas pelo Id, precisa considerar não só os perigos do mundo externo, mas também as objeções do Super-eu, e terá tanto mais motivos para se abster da satisfação instintual. Porém, enquanto a renúncia instintual por razões externas é apenas desprazerosa, aquela por razões internas, por obediência ao Super-eu, tem efeito econômico diverso. Além da inevitável sequela de desprazer, ela proporciona ao Eu também um ganho de prazer, uma satisfação substitutiva, digamos. O Eu se sente elevado, fica orgulhoso da renúncia instintual, como de um ato valioso. Acreditamos compreender o mecanismo desse ganho de prazer. O Super-eu é o sucessor e representante dos pais (e educadores), que vigiaram as ações do indivíduo em seus primeiros anos de vida. Ele continua as funções deles quase sem alteração; mantém o Eu em contínua dependência, exerce pressão ininterrupta sobre ele. Assim como na infância, o Eu teme arriscar o amor do seu senhor, sente o reconhecimento deste como libertação e satisfação, e suas recriminações como remorsos. Quando o Eu faz ao Super-eu o sacrifício de uma renúncia instintual, espera, como recompensa, ser mais amado por ele. A consciência de merecer esse amor é sentida como orgulho. Na época em que a autoridade ainda não estava interiorizada como Super-eu, a relação entre a ameaça da perda do amor e a exigência instintual podia ser a mesma: havia um sentimento de segurança e satisfação quando, por amor aos pais, fazia-se uma renúncia instintual. Mas esse sentimento bom só podia assumir o caráter peculiarmente narcísico do orgulho depois que a própria autoridade se tornou parte do Eu.

O que nos traz esse esclarecimento da satisfação pela renúncia instintual para a compreensão dos processos que queremos estudar, a elevação da consciência de si quando há avanços na intelectualidade? Muito pouco, aparentemente. As circunstâncias são muito diferentes. Não se trata de uma renúncia instintual e não há uma segunda pessoa ou instância pela qual se faz o sacrifício. Quanto à segunda afirmação, logo hesitaremos. Pode--se dizer que o grande homem é justamente a autoridade pela qual se realiza o feito, e, dado que o próprio grande homem produz efeito graças à semelhança com o pai, não é de admirar que lhe caiba o papel de Super-

## III. MOISÉS, SEU POVO E O MONOTEÍSMO

-eu na psicologia das massas. Isso valeria também para o homem Moisés na relação com o povo judeu. Mas no outro ponto não há verdadeira analogia. O avanço na espiritualidade equivale a se decidir contra a percepção sensorial direta, em favor dos assim chamados processos intelectuais superiores, ou seja, lembranças, reflexões, inferências; a determinar, por exemplo, que a paternidade é mais importante que a maternidade, embora não seja, como esta, verificável pelo testemunho dos sentidos, e por isso o filho deve ter o nome do pai e receber sua herança. Ou a afirmar que: "Nosso deus é o maior e o mais poderoso, embora seja invisível como o vento e a alma". A rejeição de uma exigência instintual sexual ou agressiva parece ser algo muito diferente. Além disso, em vários avanços da intelectualidade — na vitória do patriarcado, por exemplo — não é possível apontar a autoridade que fornece a medida para o que deve ser considerado superior. Não pode ser o pai nesse caso, pois somente o avanço o eleva à condição de autoridade. Assim, vemo-nos ante o fenômeno de que, no desenvolvimento da humanidade, a "sensorialidade" foi gradualmente sobrepujada pela intelectualidade e os seres humanos se sentiram orgulhosos e elevados por cada um desses avanços. Mas não sabemos dizer por que devia ser assim. Depois ocorreu ainda que a própria intelectualidade foi sobrepujada pelo misterioso fenômeno emocional da crença. É o famoso *credo quia absurdum*,\* e, mais uma vez, quem alcançou fazê-lo também o vê como

---

\* "Creio porque é absurdo"; ver nota à p. 120.

uma realização superior. Talvez o elemento comum a essas duas situações psicológicas seja outra coisa. Talvez o ser humano simplesmente declare como superior o que é mais difícil, e seu orgulho seja apenas o narcisismo exacerbado pela consciência de uma dificuldade superada.

Certamente estas são considerações pouco fecundas, e pode-se pensar que não têm relação alguma com nossa investigação do que determinou o caráter do povo judeu. Isso seria apenas algo vantajoso para nós, mas uma certa afinidade com o nosso problema já se revela por um fato que nos ocupará depois. A religião que teve início com a proibição de fazer uma imagem de Deus evolui cada vez mais, ao longo dos séculos, para uma religião das renúncias instintuais. Não que ela exija abstinência sexual; contenta-se com uma notável restrição da liberdade sexual. Mas Deus é inteiramente removido da sexualidade e elevado a ideal da perfeição ética. Ética, porém, é restrição dos instintos. Os profetas não se cansam de advertir que Deus não requer do seu povo senão uma vida justa e virtuosa, ou seja, abstenção de todas as satisfações instintuais, que ainda são condenadas como viciosas por nossa moral de hoje. Até mesmo a exigência de acreditar nele parece ficar em segundo plano diante da seriedade dessas exigências éticas. Assim, a renúncia instintual parece ter um papel eminente na religião, embora não sobressaia nela desde o início.

Aqui é oportuna uma observação, para prevenir um mal-entendido. Pode parecer que a renúncia instintual e a ética nela fundamentada não são parte do conteúdo essencial da religião, mas no tocante à gênese estão intimamente ligadas a ela. O totemismo, a primeira forma de religião que conhecemos, inclui, como elementos indispensáveis do sistema, certo número de mandamentos e proibições que naturalmente não têm outro significado senão o de renúncias instintuais: a adoração do totem, que contém a proibição de feri-lo ou matá-lo; a exogamia, ou seja, a renúncia às mães e irmãs da horda, apaixonadamente cobiçadas; a concessão de direitos iguais a todos os membros da aliança de irmãos, ou seja, a restrição da tendência à rivalidade violenta entre eles. Nessas determinações é preciso enxergar os primórdios de uma ordenação moral e social. Não nos escapa que nelas se acham duas motivações diferentes. As duas primeiras proibições se alinham com o pai que foi eliminado, como que dão prosseguimento à sua vontade; o terceiro mandamento, sobre a igualdade de direitos dos irmãos, não considera a vontade do pai, justifica-se invocando a necessidade de conservar de forma duradoura a nova ordem surgida após a eliminação do pai. De outro modo, seria inevitável a recaída no estado anterior. Nesse ponto os mandamentos sociais divergem dos outros, que, podemos dizer, nascem diretamente de relações religiosas.

No desenvolvimento abreviado do indivíduo humano se repete a parte essencial desse processo. Também nisso é a autoridade dos pais — essencialmente a do pai sem limites, que ameaça com o poder de punir — que exorta a criança a fazer renúncias instintuais, que estabelece o que lhe é permitido ou proibido. Mais tarde, quando a sociedade e o Super-eu tomam o lugar dos pais, passa a ser chamado "bom" e "mau", "virtuoso" ou "vicioso" o que na criança era "bem-comportado" e "malcriado", mas é sempre a mesma coisa, a renúncia instintual sob a pressão da autoridade que substitui e dá prosseguimento ao pai.

Essas percepções se veem aprofundadas quando examinamos o singular conceito de sacralidade. O que nos parece propriamente "sagrado", distinguindo-se de outras coisas que estimamos e reconhecemos como importantes e significativas? Por um lado, é inequívoca a relação entre sagrado e religioso, é até enfatizada com insistência; tudo que é religioso é sagrado, constitui o âmago da sacralidade. Por outro lado, nosso julgamento é perturbado pelas inúmeras tentativas de reivindicar sacralidade para muitas outras coisas — pessoas, instituições, funções — que pouco têm a ver com a religião. Tais esforços servem a tendências óbvias. Vejamos, em primeiro lugar, o caráter proibitivo que se liga tão firmemente ao sagrado. Este é, claramente, algo em que não se pode tocar. Uma interdição sagrada possui um tom afetivo muito forte, mas é desprovida de fundamentação racional, na verdade. Por que, por exemplo, cometer incesto com a filha ou a irmã deve ser um crime especialmente grave, muito pior que qualquer outra relação sexual? Se perguntarmos pelo motivo, certamente nos responderão que todos os nossos sentimentos se opõem a tal coisa. Mas isso quer dizer apenas que a proibição é considerada óbvia, que não sabemos fundamentá-la.

É fácil demonstrar a invalidez dessa explicação. O que supostamente magoa nossos mais sagrados sentimentos era costume geral — quase diríamos um uso sagrado

## III. MOISÉS, SEU POVO E O MONOTEÍSMO

— nas famílias reinantes dos antigos egípcios e outros povos. Era tido como evidente que a irmã fosse, para o faraó, a primeira e mais nobre mulher, e os sucessores tardios dos faraós, os ptolomeus gregos, não hesitaram em seguir esse modelo. Assim, impõe-se-nos a percepção de que o incesto — entre irmão e irmã, no caso — era uma prerrogativa interdita aos mortais comuns, guardada para os reis, que representavam os deuses, da mesma forma que no mundo dos mitos gregos e germânicos não causavam espécie tais relações incestuosas. É lícito supor que a angustiada insistência na igualdade de nascimento, em nossa alta aristocracia, constitui ainda um resíduo desse antigo privilégio, e é possível constatar que, graças às uniões consanguíneas feitas ao longo de gerações, nas mais altas camadas sociais, a Europa atual é regida por membros de apenas duas famílias.

A referência ao incesto entre deuses, reis e heróis também ajuda a lidar com outra tentativa de explicar biologicamente o horror ao incesto, que o relaciona a um obscuro saber sobre os danos da união consanguínea. Mas não é certo que exista o perigo desses danos, e menos ainda que os primitivos o tenham conhecido e a ele reagido. A incerteza em determinar os graus de parentesco permitidos e proibidos tampouco depõe em favor da hipótese de um "sentimento natural" como primeiro fundamento para o horror ao incesto.

Nossa construção da pré-história implica outra explicação. O mandamento da exogamia, cuja expressão negativa é o horror ao incesto, era conforme à vontade do pai e dava prosseguimento a essa vontade após a eliminação dele. Daí a força de sua ênfase afetiva e a impossibilidade de uma fundamentação racional, ou seja, sua sacralidade. Esperamos, de modo confiante, que a investigação de outros casos de proibição sagrada leve ao mesmo resultado do horror ao incesto, que o sagrado, originalmente, não seja senão a vontade perpetuada do pai primevo. Isso também contribuiria para esclarecer a ambivalência, até agora incompreensível, das palavras que exprimem o conceito de sacralidade. É a ambivalência que domina a relação com o pai. *Sacer* significa não apenas "sagrado", "consagrado", mas também algo que só podemos traduzir por "infame", "execrável" (*"auri sacra fames"*).* No entanto, a vontade do pai era não apenas algo em que não se podia tocar, que se tinha de honrar bastante, mas também algo diante do qual se tremia, pois requeria uma dolorosa renúncia instintual. Quando lemos que Moisés "santificou" seu povo ao introduzir o costume da circuncisão, passamos a compreender o sentido profundo dessa afirmação. A circuncisão é o substituto simbólico da castração, que o pai primevo infligira aos filhos outrora, na plenitude do seu poder, e quem aceitava esse símbolo indicava a disposição de se submeter à vontade do pai, ainda que este lhe impusesse o mais doloroso sacrifício.

Retornando à ética, podemos dizer, em conclusão, que uma parte dos seus preceitos se justifica racional-

---

* Citação de Virgílio, *Eneida*, III, 56-7: *"Quid non mortalia pectoris cogis, / Auri sacra fames?"* (A que não impeles os corações dos mortais, / maldita fome de ouro?).

## III. MOISÉS, SEU POVO E O MONOTEÍSMO

mente pela necessidade de delimitar os direitos da comunidade ante o indivíduo, os direitos do indivíduo ante a sociedade e os dos indivíduos reciprocamente. Mas aquilo que na ética nos parece grandioso, misterioso, evidente de maneira mística, deve tais características ao vínculo com a religião, com a origem que tem na vontade do pai.

### E. O CONTEÚDO DE VERDADE DA RELIGIÃO

Como nos parecem invejáveis, a nós, homens de pouca fé, os pesquisadores que estão convencidos da existência de um ser supremo! Para esse grande espírito o mundo não apresenta problemas, pois ele mesmo criou seus mecanismos. Como são abrangentes, exaustivas e definitivas as teorias dos crentes, comparadas às laboriosas, pobres e fragmentárias tentativas de explicação que são o máximo que conseguimos realizar! O espírito divino, ele próprio o ideal da perfeição ética, implantou nos seres humanos o conhecimento desse ideal e, ao mesmo tempo, o impulso de igualar sua natureza ao ideal. Eles sentem de imediato o que é mais elevado e mais nobre, e o que é mais baixo e mais vulgar. Sua vida emocional se regula por sua distância do ideal a cada momento. Têm enorme satisfação quando dele se aproximam — no periélio, por assim dizer — e quando dele estão afastados, no afélio, têm a punição de um sério desprazer. Tudo se acha estabelecido de modo tão simples e tão inabalável! Só podemos lamentar que certas experiências de vida e observações do mundo nos tornem impossível aceitar a premissa de tal ser supremo. Como se o mundo não tivesse enigmas suficientes, nos é dada a nova tarefa de compreender como essas pessoas puderam adquirir a crença no ser divino e de onde essa crença extrai seu enorme poder, que sobrepuja "razão e ciência".*

Retornemos ao problema mais modesto que nos ocupou até aqui. Queríamos esclarecer de onde vem o caráter peculiar do povo judeu, que provavelmente tornou possível que ele se conservasse até o dia de hoje. Descobrimos que o homem Moisés forjou esse caráter, ao dotar os judeus de uma religião que elevou de tal maneira o seu amor-próprio que eles se acreditaram superiores aos outros povos. Eles se conservaram mantendo-se apartados dos outros. As miscigenações não chegaram a atrapalhar isso, pois o que os mantinha juntos era um fator ideal, a posse comum de certos bens intelectuais e afetivos. A religião de Moisés produziu esse efeito porque 1) fez o povo participar da grandiosidade de uma nova concepção de Deus; 2) afirmava que esse povo fora escolhido por esse grande deus e teria provas de seu favor especial; 3) impunha ao povo um avanço na espiritualidade, algo que, já importante em si mesmo, também abria o caminho para a elevada estima do trabalho intelectual e para novas renúncias instintuais.

Essa é a nossa conclusão, e, embora não desejemos recuar em nada, não podemos ocultar que ela é um tanto insatisfatória. As causas não combinam, digamos assim, com o resultado; o fato que queremos esclarecer

---

* Alusão a uma fala irônica de Mefistófeles (*Fausto*, parte 1, cena 4, verso 1851).

## III. MOISÉS, SEU POVO E O MONOTEÍSMO

parece de uma ordem de grandeza diferente de tudo aquilo com que o esclarecemos. Será possível que todas as nossas investigações até agora não tenham desvendado a motivação inteira, mas apenas uma camada meio superficial, e que por trás dela outro fator importante aguarde ser descoberto? Levando em conta a extraordinária complexidade das causas na vida e na história, deveríamos estar preparados para algo assim.

O acesso a essa motivação mais profunda viria de um trecho determinado da discussão precedente. A religião de Moisés não produziu seus efeitos imediatamente, mas de uma forma curiosamente indireta. Isso não significa dizer simplesmente que ela não teve efeito direto, que necessitou de muito tempo, de séculos, para mostrar seu efeito pleno, pois isso é evidente quando se trata da formação do caráter de um povo. A restrição diz respeito, isto sim, a um fato que tomamos da história da religião judaica, ou, se preferirem, que introduzimos nessa história. Dissemos que o povo judeu, após certo tempo, rejeitou novamente a religião de Moisés — impossível saber se inteiramente ou se em parte, mantendo alguns dos seus preceitos. Com a hipótese de que, no longo período da ocupação de Canaã e da luta com os povos que ali habitavam, a religião de Jeová não se distinguia essencialmente da adoração de outros *baalim* [divindades locais], encontramo-nos em terreno histórico, apesar de posteriores empenhos tendenciosos de lançar um véu sobre esse fato vergonhoso. Mas a religião mosaica não desaparecera sem deixar vestígios, uma espécie de lembrança dela se conservara, obscurecida e deformada, e talvez, no caso de alguns membros da casta sacerdotal, amparada em antigos registros. E foi essa tradição de um grande passado que prosseguiu atuando como que a partir do segundo plano, gradualmente adquiriu poder cada vez maior sobre os espíritos e afinal conseguiu transformar o deus Jeová no deus de Moisés e novamente despertar para a vida a religião mosaica, que muitos séculos antes fora introduzida e depois abandonada.

Numa parte anterior deste ensaio [Parte I, seções C, D e E] discutimos que suposição parece inevitável para acharmos compreensível tal realização da tradição.

## F. O RETORNO DO REPRIMIDO

Há um bom número de processos semelhantes entre aqueles que a exploração psicanalítica da vida psíquica nos revelou. Uma parte deles é denominada patológica, e outros se incluem na diversidade dos fatos normais. Mas isso não importa muito, pois as fronteiras entre os dois não são nítidas, os mecanismos são os mesmos em larga medida; é bem mais importante saber se as mudanças em questão ocorrem no próprio Eu ou se se contrapõem a ele como algo alheio — quando são chamadas de sintomas. Destaco inicialmente, num amplo material, casos que dizem respeito ao desenvolvimento do caráter. Tomemos uma jovem que se colocou em decidida oposição à mãe, que cultivou todas as características de que sente falta nela e evitou tudo o que lhe recorda ela. Podemos acrescentar que antes, como toda menina, identificara-se com a mãe, e agora se rebela fortemente contra ela. Mas quando essa jovem se casa, tornando-se ela própria

## III. MOISÉS, SEU POVO E O MONOTEÍSMO

esposa e mãe, não devemos nos admirar de ver que ela começa a parecer cada vez mais com a mãe hostilizada, até que finalmente a superada identificação com a mãe se restabelece de forma inequívoca. O mesmo acontece com o menino, e até o grande Goethe, que em seu período "genial" certamente desprezou o pai rígido e pedante, desenvolveu, na velhice, traços que pertenciam ao caráter paterno. O resultado pode ser ainda mais evidente quando a oposição entre os dois indivíduos é mais aguda. Um jovem, que teve o destino de crescer junto a um pai desprezível, tornou-se primeiramente, apesar desse pai, um homem capaz, confiável e honrado. No apogeu da vida, seu caráter mudou e ele passou a agir como se tivesse tomado esse mesmo pai por modelo. A fim de não perder o nexo com o nosso tema, é preciso ter presente que no começo desse transcurso há sempre uma identificação infantil com o pai. Depois ela é repudiada, até mesmo sobrecompensada, mas termina por novamente se impor.

Há muito se tornou conhecimento comum que as vivências dos primeiros cinco anos têm influência determinante na vida, a que nada, depois, conseguirá se opor. Haveria muitas coisas de interesse a dizer sobre como essas impressões iniciais se mantêm contra todos os influxos de épocas mais maduras, mas elas não cabem aqui. Deve ser menos conhecido, porém, que a mais forte influência compulsiva vem daquelas impressões que atingem a criança numa época em que seu aparelho psíquico ainda não pode ser considerado plenamente receptivo. Do fato em si não há como duvidar, mas ele é tão estranho que podemos facilitar para nós mesmos sua compreensão ao compará-lo a um registro fotográfico que, após um tempo qualquer, pode ser revelado e transformado em imagem. De todo modo, com prazer assinalo que um escritor de grande imaginação antecipou, com a audácia permitida aos poetas, esta nossa incômoda descoberta. E. T. A. Hoffmann costumava relacionar a riqueza de figuras de que dispunha para suas criações às numerosas imagens e impressões de uma viagem de várias semanas que fizera numa carruagem, quando ainda era uma criança de peito. O que as crianças vivenciaram aos dois anos e não compreenderam não precisam jamais recordar, exceto em sonhos. Apenas mediante um tratamento analítico podem chegar a conhecê-lo, mas em algum momento posterior vai irromper em sua vida com impulsos obsessivos, dirigir seus atos, impor-lhe simpatias e antipatias, e com frequência decidir sobre sua escolha amorosa, que muitas vezes não se explica racionalmente. Não é possível desconhecer os dois pontos em que esses fatos tocam o nosso problema. Primeiro, a distância no tempo,[68] aqui vista como o fator propriamente determinante, por exemplo no estado particular da lembrança, que nessas vivências infantis classificamos de "inconsciente". Nisso esperamos encontrar uma analogia com o estado que desejamos atribuir à tradição

---

68 Também nessa questão um poeta pode ter a palavra. Para explicar sua ligação, ele imagina: "Em tempos idos foste minha irmã ou esposa" (Goethe, v. IV da edição de Weimar, p. 97 [citado também em "O prêmio Goethe", 1930]).

## III. MOISÉS, SEU POVO E O MONOTEÍSMO

na vida psíquica do povo. Certamente não foi fácil introduzir a noção de inconsciente na psicologia das massas.

Os mecanismos que levam à formação de neuroses contribuem regularmente para os fenômenos que buscamos. Também nesse caso os eventos decisivos ocorrem no primeiro período da infância, mas a ênfase não recai no tempo, e sim no processo que lida com o evento, na reação a este. Numa exposição esquemática, pode-se dizer o seguinte. Como consequência da vivência, há uma reivindicação instintual que pede satisfação. O Eu recusa essa satisfação, ou porque é paralisado pela magnitude da reivindicação ou porque vê nela um perigo. A primeira dessas razões é a mais primordial, ambas tendem a evitar uma situação de perigo. O Eu se defende do perigo mediante o processo da repressão. O impulso instintual é inibido de alguma forma, e o ensejo, com as percepções e ideias a ele pertencentes, é esquecido. Mas com isso o processo não está concluído, o instinto ou manteve sua força ou é novamente despertado por um novo ensejo. Então ele renova sua reivindicação, e, como a via para a satisfação normal lhe permanece fechada por aquilo que podemos denominar cicatriz da repressão, em algum lugar ele abre para si, num ponto fraco, outra via para uma assim chamada satisfação substituta, que então aparece como sintoma, sem a anuência, mas também sem a compreensão do Eu. Todos os fenômenos da formação de sintomas podem ser justificadamente descritos como "retorno do reprimido". Mas o seu caráter distintivo é a ampla deformação que sofreu aquilo que retorna, quando comparado ao original. Talvez se ache que com esse último grupo de fatos nos afastamos demais da semelhança com a tradição. Mas não devemos lamentar isso, se desse modo nos aproximamos dos problemas da renúncia instintual.

## G. A VERDADE HISTÓRICA

Fizemos todas essas digressões psicológicas para tornar mais plausível que a religião de Moisés tenha produzido efeito no povo judeu apenas ao se tornar tradição. Provavelmente não logramos mais do que certa verossimilhança. Mas vamos supor que tenhamos conseguido prová-lo inteiramente. Ainda permaneceria a impressão de que satisfizemos somente o fator qualitativo, e não o quantitativo também. Tudo relacionado à gênese de uma religião, certamente também da judaica, tem algo de grandioso, com que não combinam as explicações que demos até aqui. Algum outro fator deve estar envolvido, para o qual há pouco que seja análogo e nada que seja igual, algo único e algo da mesma ordem de grandeza do que resultou disso, do que a própria religião.

Procuremos abordar o assunto a partir do lado oposto. Compreendemos que o homem primitivo necessita de um deus como criador do mundo, chefe do clã, protetor pessoal. Esse deus toma seu lugar atrás dos pais falecidos, dos quais a tradição ainda pode dizer algo. O homem de época posterior, de nosso tempo, age da mesma forma. Também ele permanece infantil e necessitado de proteção, mesmo como adulto. Acha que não pode prescindir do amparo de seu deus. Isso é ponto pacífico; mas não é tão fácil compreender por que só pode exis-

## III. MOISÉS, SEU POVO E O MONOTEÍSMO

tir um único deus, por que o avanço do henoteísmo* ao monoteísmo adquire tamanha importância. Sem dúvida, como explicamos, o crente participa da grandeza do seu deus, e quanto maior o deus, mais confiável é a proteção que ele pode dar. Mas o poder de um deus não tem a pressuposição necessária de que ele seja único. Muitos povos viam como elemento de glória do seu deus principal que ele dominasse outros deuses a ele subordinados, e não consideravam um apequenamento de sua grandeza que existissem outros além dele. Também significava um sacrifício da intimidade que esse deus se tornasse universal e se preocupasse com todos os povos e países. O deus era como que dividido com os estrangeiros, e compensava-se isso com a ressalva de ser preferido por ele. Também se pode afirmar ainda que a ideia do deus único significa um avanço na espiritualidade, mas não é possível valorizar tanto esse aspecto.

Ora, os crentes devotos sabem preencher de forma adequada essa evidente lacuna na motivação. Eles dizem que a ideia de um só deus teve tamanho efeito sobre os homens porque é uma parte da verdade *eterna* que, por muito tempo oculta, finalmente veio à luz e fascinou a todos. Temos de admitir que um fator desse tipo corresponde, enfim, tanto à grandeza do tema como à do resultado.

Também nós gostaríamos de acolher esta solução. Mas deparamos com uma dúvida. O argumento devoto se baseia num pressuposto otimista-idealista. Não foi

---

* Em que se adora um deus, mas não se nega a existência de outros.

possível constatar, em outros casos, que o intelecto humano tem uma percepção particularmente boa da verdade e que a psique humana mostra inclinação especial para reconhecer a verdade. Aprendemos, muito pelo contrário, que o nosso intelecto se engana facilmente sem algum aviso, e que em nada acreditamos mais facilmente do que naquilo que, sem consideração pela verdade, vai ao encontro de nossas ilusões que envolvem desejos. Por isso temos de juntar uma restrição à nossa concordância. Também acreditamos que a solução dos devotos contenha a verdade, mas não a verdade *material*, e sim a *histórica*. E nos arrogamos o direito de corrigir certa deformação que essa verdade experimentou em seu retorno: não acreditamos que exista hoje um único deus grande, e sim que em tempos primitivos houve uma única pessoa que então devia parecer imensa e que depois retornou, elevada à condição de divindade, na memória dos homens.

Supusemos que a religião de Moisés foi inicialmente rejeitada e semiesquecida e depois veio a irromper como tradição. Agora supomos que esse processo se repetiu então pela segunda vez. Quando Moisés levou ao povo a ideia do deus único, ela não era algo novo; significava, isto sim, a reanimação de uma vivência dos primórdios da família humana, que havia muito desaparecera da lembrança consciente dos homens. Mas ela fora tão importante, havia produzido ou preparado mudanças tão graves nas vidas dos homens que não há como não crer que tenha deixado marcas duradouras, comparáveis a uma tradição, na alma humana.

## III. MOISÉS, SEU POVO E O MONOTEÍSMO

A psicanálise de indivíduos nos ensinou que as suas primeiras impressões, recebidas num tempo em que a criança mal sabia falar, em algum momento manifestam efeitos de caráter obsessivo, sem que elas próprias sejam lembradas conscientemente. Acreditamo-nos autorizados a supor a mesma coisa das primeiras vivências de toda a humanidade. Um desses efeitos seria a emergência da ideia de um único deus grande, que devemos reconhecer como uma lembrança deformada, é certo, mas inteiramente justificada. Tal ideia tem caráter obsessivo, ela necessita que creiam nela. Na medida em que é deformada, pode ser caracterizada como *delírio*; desde que traz o retorno do passado, temos de denominá-la *verdade*. Também o delírio psiquiátrico contém um quê de verdade, e a convicção do paciente se estende dessa verdade ao invólucro delirante.

O que agora se segue, até o final, é uma repetição um pouco alterada da discussão contida na primeira parte [deste terceiro ensaio].

Em 1912 procurei, no livro *Totem e tabu*, reconstruir [*rekonstruiren*] a antiga situação de que resultaram tais efeitos. Nisso aproveitei certos pensamentos teóricos de Charles Darwin, de J. J. Atkinson e, sobretudo, de W. Robertson Smith, combinando-os com achados e indicações da psicanálise. De Darwin tirei a hipótese de que os seres humanos viviam originalmente em pequenas hordas, cada uma sob o jugo despótico de um macho mais velho que se apossava de todas as fêmeas e castigava ou eliminava os homens jovens, incluindo seus filhos. De Atkinson, prosseguindo essa descrição, que esse sistema patriarcal teve fim numa rebelião dos filhos, que se uniram contra o pai, o subjugaram e o devoraram conjuntamente. Recorrendo à teoria do totem, de Robertson Smith, supus que depois a horda paterna deu lugar ao clã totêmico dos irmãos. A fim de viver em paz entre si, os irmãos vitoriosos renunciaram às mulheres, pelas quais haviam assassinado o pai, e impuseram a si mesmos a exogamia. O poder paterno foi destruído e as famílias se organizaram conforme o direito materno. A postura afetiva ambivalente dos filhos ante o pai permaneceu em vigor por todo o desenvolvimento seguinte. No lugar do pai foi colocado um certo animal como totem; era tido como ancestral e espírito protetor, não podia ser morto ou machucado, mas uma vez por ano a comunidade masculina inteira se reunia para um banquete em que o animal totêmico, normalmente adorado, era despedaçado e devorado conjuntamente. Ninguém podia estar ausente dessa refeição, ela era a repetição solene do assassinato do pai, com que haviam começado a ordem social, as leis morais e a religião. A correspondência entre a refeição totêmica de Robertson Smith e a ceia cristã foi assinalada por alguns autores antes de mim.

Ainda hoje me atenho a esta síntese. Várias vezes me chegaram objeções veementes por não haver modificado minhas opiniões em edições posteriores do livro, depois que etnólogos mais novos rejeitaram unanimemente as colocações de Robertson Smith, sendo que alguns apresentaram outras teorias, totalmente divergentes. O que tenho a dizer, em resposta, é que conheço esses supostos progressos. Mas não estou convencido de que tais inovações são corretas, nem de que Robertson Smith está errado. Contradizer não é refutar, e inovar não significa necessariamente avançar. Sobretudo, porém, não sou etnólogo, e sim psicanalista. Eu tinha o direito de extrair da literatura etnológica o que podia utilizar no trabalho analítico. Os trabalhos do genial Robertson Smith me forneceram valiosos pontos de contato com o material psicológico da análise e indicações para o seu aproveitamento. Nunca me harmonizei com seus adversários.

### H. A EVOLUÇÃO HISTÓRICA

Não posso, aqui, repetir mais detalhadamente o teor de *Totem e tabu*, mas devo me ocupar do que sucedeu no longo intervalo entre esse hipotético período primitivo e a vitória do monoteísmo na época histórica. Depois que se achava instituído o conjunto de clã fraterno, direito materno, exogamia e totemismo, iniciou-se uma evolução que devemos caracterizar como lento "retorno do reprimido". Não usamos aqui o termo "reprimido" em seu sentido próprio. Trata-se de algo passado, desaparecido, superado na vida dos povos, que ousamos comparar ao que é reprimido na psique de uma pessoa. Não podemos dizer, de início, sob que forma psicológica essa coisa passada existiu durante a época em que foi se obscurecendo. Não é fácil, para nós, transpor os conceitos da psicologia do indivíduo para a psicologia das massas, e não creio que consigamos algo se introduzirmos o conceito de inconsciente "coletivo". O teor do inconsciente é sempre coletivo, é patrimônio universal dos seres humanos. Assim, recorremos provisoriamente a analogias. Os processos que aqui estudamos na vida dos povos são muito similares aos que nos são conhecidos da psicopatologia, mas não exatamente os mesmos. Enfim nos decidimos pela suposição de que os precipitados psíquicos daqueles tempos primevos haviam se tornado herança, necessitando apenas ser despertados, não adquiridos a cada nova geração. Nisso nos lembramos do exemplo do simbolismo certamente "inato", que vem da época do desenvolvimento da linguagem, é familiar a todas as crianças, sem que o tenham aprendido, e é o mesmo em todos os povos, não obstante suas diferentes línguas. O que talvez ainda nos falte em matéria de certeza nós obtemos a partir de outros resultados da pesquisa psicanalítica. Verificamos que nossas crianças, em certo número de relações importantes, não reagem de uma forma que corresponde a suas vivências, mas instintivamente [*instinktmässig*], de modo comparável aos animais, algo que se pode explicar apenas por aquisição filogenética.

O retorno do reprimido se efetua lentamente; não de maneira espontânea, sem dúvida, mas sob a influência de todas as mudanças nas condições de vida, que constituem a história da civilização. Não tenho como fornecer aqui um panorama dessas interdependências, nem posso fazer mais que uma enumeração incompleta das etapas desse retorno. O pai voltou a ser o chefe da

## III. MOISÉS, SEU POVO E O MONOTEÍSMO

família, mas não tão irrestrito como fora o pai da horda primordial. O animal totêmico cedeu lugar ao deus numa série de transições ainda bastante claras. Inicialmente, o deus de forma humana tinha ainda a cabeça do animal, depois se transformou preferencialmente naquele animal, e mais tarde este se tornou sagrado para ele e seu acompanhante favorito, ou ele matou o animal e levava o nome deste como alcunha. Entre o animal totêmico e o deus surgiu o herói, muitas vezes como estágio prévio da divinização. A ideia de uma divindade suprema parece ter se introduzido cedo, inicialmente de maneira vaga, sem interferir nos interesses cotidianos do ser humano. Quando as tribos e povos se juntaram em unidades maiores, também os deuses se organizaram em famílias, em hierarquias. Com frequência, um deles se arvorou em soberano de deuses e homens. De forma hesitante ocorreu o passo seguinte, venerar um só deus, e, por fim, houve a decisão de ceder a um único deus todo o poder e não tolerar outros deuses ao seu lado. Apenas assim foi restaurada a magnificência do pai da horda primordial e os afetos a ele relacionados puderam se repetir.

O primeiro efeito do encontro com aquele por tanto tempo ausente e ansiado foi avassalador, tal como o descreve a tradição da entrega das leis no monte Sinai. Admiração, reverência e gratidão por haver encontrado graça diante de seus olhos — a religião de Moisés conhece apenas esses sentimentos positivos para com o deus-pai. A convicção de seu poder irresistível, a sujeição à sua vontade não pode ter sido mais absoluta no filho desamparado e intimidado do pai da horda, torna-se inteiramente compreensível, na verdade, apenas quando transposta para o ambiente primitivo e infantil. Os impulsos afetivos de uma criança são, em grau bastante diferente daqueles de um adulto, intensos e muito profundos; apenas o êxtase religioso é capaz de suscitá-los também. Assim, a embriaguez do abandono a Deus foi a primeira reação ao retorno do grande pai.

A orientação dessa religião do pai foi assim fixada para sempre, mas sua evolução não estava concluída. A ambivalência está na essência da relação com o pai; era inevitável que ao longo do tempo também surgisse a hostilidade que outrora levara os filhos a matar o pai admirado e temido. No quadro da religião mosaica não havia lugar para a expressão direta do ódio assassino ao pai; podia aparecer somente uma forte reação a ele, a consciência de culpa por essa hostilidade, a má consciência de haver pecado contra Deus e não cessar de fazê-lo. Tal consciência de culpa, que os profetas conservaram ativa sem interrupção, que logo passou a integrar o sistema religioso, possuía também uma outra motivação, superficial, que habilmente mascarava sua verdadeira procedência. O povo ia mal, as esperanças colocadas no favor divino não se realizavam, era difícil se ater à ilusão de ser o povo escolhido, que era estimada acima de tudo. Se não queriam renunciar a essa felicidade, o sentimento de culpa pela própria pecaminosidade oferecia uma bem-vinda exculpação de Deus. Não mereciam coisa melhor do que serem punidos por ele, pois não observavam seus mandamentos, e, na necessidade de satisfazer esse sentimento de culpa, que era insaciável e vinha de fonte bastante profunda, era preciso tornar esses mandamentos cada vez mais severos, penosos e também mesquinhos. Em novo arrebatamento de ascese moral, impuseram-se renúncias instintuais sempre novas, e assim alcançaram, ao menos na doutrina e nos preceitos, alturas éticas que haviam ficado inacessíveis aos outros povos da Antiguidade. Muitos judeus consideram esse desenvolvimento a segunda característica principal e segunda grande proeza de sua religião. Em nossa discussão pode-se depreender como ela se relaciona com a primeira, a ideia do deus único. Mas essa ética não pode contestar sua origem na consciência de culpa pela hostilidade reprimida a Deus. Ela tem a natureza inacabada e inacabável das formações reativas neurótico-obsessivas; nota-se também que ela serve às intenções secretas da punição.

A evolução subsequente ultrapassa o judaísmo. O que mais retornou da tragédia do pai primordial já não era absolutamente compatível com a religião de Moisés. Havia muito que a consciência de culpa daquela época já não se limitava ao povo judeu; tinha se apoderado de todos os povos mediterrâneos como um obscuro mal-estar, como um pressentimento de infortúnio cujo motivo ninguém sabia apontar. A historiografia atual fala de um envelhecimento da civilização antiga; creio que ela apreendeu apenas causas eventuais e acessórias daquela má disposição dos povos. O aclaramento da situação opressiva partiu do judaísmo. Apesar de todas as aproximações e antecipações que havia ao redor, foi no espírito de um judeu, Saulo de Tarso, que como cidadão romano se chamava Paulo, que primeiramente surgiu esta percepção: "Nós somos tão infelizes porque matamos Deus-pai". E é compreensível que ele não pudesse apreender esse quê de verdade senão na roupagem delirante da boa-nova: "Fomos redimidos de toda culpa, desde que um de nós sacrificou a vida para nos absolver". Naturalmente, nessa formulação não é mencionado o assassínio de Deus, mas um crime que tinha de ser expiado por uma morte só podia ser um assassinato. E o elo entre o delírio e a verdade histórica foi dado pela garantia de que a vítima fora o filho de Deus. Com a força que lhe advinha da fonte da verdade histórica, essa nova fé derrubou todos os obstáculos; a feliz condição de ser o eleito deu lugar à redenção libertadora. Mas o fato do parricídio tinha maiores resistências a superar em seu retorno à lembrança da humanidade do que o outro, que constituíra o teor do monoteísmo;* assim, teve de se submeter a uma maior deformação. O crime inominável foi substituído pela suposição de um pecado original que é propriamente nebuloso.

Pecado original e redenção pelo sacrifício de uma vítima tornaram-se os pilares da nova religião fundada por Paulo. A questão de se houve realmente um chefe e instigador do assassinato no bando de irmãos que se revoltou contra o pai primevo, ou se tal figura foi criada mais tarde pela fantasia dos escritores e inserida na

---

* Segundo nota de James Strachey, esse outro fato era a existência do pai primordial.

## III. MOISÉS, SEU POVO E O MONOTEÍSMO

tradição para heroicizar a própria pessoa,* essa questão deve permanecer sem resposta. Depois de romper os limites do judaísmo, a doutrina cristã acolheu elementos de muitas outras fontes, abandonou vários traços do monoteísmo puro e se adaptou ao ritual dos demais povos mediterrâneos em muitos pormenores. Foi como se o Egito novamente se vingasse dos herdeiros de Akhenaton. É digna de nota a maneira como a nova religião lidou com a antiga ambivalência na relação com o pai. Seu conteúdo principal era, sem dúvida, a reconciliação com Deus-pai, a expiação do crime cometido contra ele, mas o outro lado da relação afetiva se mostrou no fato de o filho, que tomou sobre si a expiação, se tornar ele próprio deus ao lado do Pai e, verdadeiramente, no lugar do Pai. Tendo se originado de uma religião do pai, o cristianismo se tornou uma religião do filho. Não escapou à fatalidade de ter que eliminar o pai.

Somente uma parte do povo judeu aceitou a nova doutrina. Aqueles que a recusaram se denominam judeus ainda hoje. Com essa diferenciação, afastaram-se dos outros ainda mais nitidamente do que antes. Tiveram de ouvir da nova comunidade religiosa — que, além de judeus, acolheu egípcios, gregos, sírios, romanos e, por fim, também germanos — a recriminação de que haviam assassinado Deus. Na íntegra, essa recriminação seria: "Eles não querem reconhecer que mataram Deus, enquanto nós admitimos isso e fomos purificados dessa culpa". Não é difícil, então, ver o quanto há de

---

* Cf. as observações da p. 122.

verdade por trás dessa acusação. Foi impossível, para os judeus, dar o passo à frente implicado na confissão de haver matado Deus, apesar de toda a deformação; a razão para isso seria o tema de uma investigação específica. Com isso, de certo modo eles tomaram sobre si uma culpa trágica; tiveram de pagar caro por isso.

Nossa investigação talvez tenha lançado alguma luz sobre a questão de como o povo judeu adquiriu os traços que o caracterizam. Não foi elucidado o problema de como ele conservou sua individualidade até os dias de hoje. Mas respostas exaustivas para esses enigmas não se pode razoavelmente exigir nem esperar. Tudo o que posso oferecer é uma contribuição que deve ser julgada levando em conta as limitações mencionadas no início.*

---

* No início desta segunda parte do terceiro ensaio; cf. p. 145.

# COMPÊNDIO DE PSICANÁLISE (1940 [1938])

TÍTULO ORIGINAL: "ABRISS DER PSYCHOANALYSE". MANUSCRITO INACABADO, PUBLICADO POSTUMAMENTE EM *INTERNATIONALE ZEITSCHRIFT FÜR PSYCHOANALYSE UND IMAGO*, 25, N. 1, PP. 7-67. TRADUZIDO DE *GESAMMELTE WERKE* XVII, PP. 63-138. O CAPÍTULO 6, "A TÉCNICA PSICANALÍTICA", TAMBÉM SE ACHA EM *STUDIENAUSGABE, ERGÄNZUNGSBAND* [VOLUME COMPLEMENTAR], PP. 407-21.

## [PREFÁCIO]

O objetivo deste pequeno trabalho é reunir os princípios da psicanálise, expondo-os, por assim dizer, dogmaticamente — da forma mais concisa e nos termos mais inequívocos. Sua intenção, naturalmente, não é impor a crença ou despertar convicção.

Os ensinamentos da psicanálise se baseiam em grande número de observações e experiências, e apenas quem tiver repetido essas observações em si mesmo e em outros poderá chegar a um juízo próprio sobre ela.

## PARTE I
## [A NATUREZA DO PSÍQUICO]*

### 1. O APARELHO PSÍQUICO

A psicanálise estabelece uma premissa básica, cuja discussão fica reservada para o pensamento filosófico e cuja justificação está em seus resultados. Daquilo que

---

* Esse título está entre colchetes porque não foi dado pelo autor, mas pelos editores alemães. Eles esclarecem, numa nota preliminar a todo o trabalho, que este permaneceu incompleto, sendo interrompido bruscamente na terceira parte. Afirmam também que o capítulo 3, diferentemente do resto do manuscrito, foi redigido com muitas abreviações de palavras, o que os fez completar essas palavras, restaurando as frases. Mas as pesquisas posteriores de Ilse Grubrich-Simitis, sintetizadas no livro *Zurück zu Freuds Tex-*

# 1. O APARELHO PSÍQUICO

chamamos nossa psique (vida anímica) conhecemos dois tipos de coisas: primeiro, seu órgão físico e cenário, o cérebro (sistema nervoso); por outro lado, nossos atos da consciência, que são dados sem intermediação e que nenhuma descrição pode nos tornar mais próximos. Tudo o que há no meio nos é desconhecido, não é dada uma relação direta entre os dois pontos-finais do nosso saber. Se ela existisse, forneceria no máximo uma localização exata dos processos da consciência e em nada ajudaria para a sua compreensão.

Nossas duas suposições se ligam a esses finais ou começos de nosso saber. A primeira diz respeito à localização. Supomos que a vida psíquica é função de um aparelho ao qual atribuímos [as características de] ser estendido no espaço e ser composto de várias partes, que imaginamos, assim, como um telescópio, um microscópio ou algo desse tipo. A elaboração coerente de uma concepção como essa representa uma novidade científica, não obstante algumas tentativas já feitas nessa direção.

Chegamos a tomar conhecimento desse aparelho psíquico mediante o estudo do desenvolvimento individual do ser humano. A mais antiga dessas províncias ou ins-

---

*ten* ("De volta aos textos de Freud", Frankfurt: Fischer, 1993), demonstraram que o texto se achava num estágio mais rudimentar do que os editores deram a entender, e que eles fizeram mais intervenções do que as admitidas (cf. op. cit., pp. 276-86). Como a edição incluída no v. XVII dos *Gesammelte Werke* é a única existente em alemão, tivemos que utilizá-la para esta tradução, à espera — e na esperança — de que venha a ser feita uma edição crítica do texto original.

tâncias psíquicas denominamos *Id*;* seu conteúdo é tudo o que é herdado, trazido com o nascimento, constitucionalmente determinado; sobretudo, portanto, os instintos oriundos da organização do corpo, que aí encontram uma primeira expressão psíquica, para nós desconhecida em suas formas.[1]

Sob a influência do mundo externo real que nos rodeia, uma parte do Id teve um desenvolvimento especial. Originalmente uma camada cortical, dotada de órgãos para a recepção de estímulos e de mecanismos para a proteção contra estímulos, a partir dela se produziu uma organização especial que passou a mediar entre o Id e o mundo exterior. A essa região de nossa psique demos o nome de *Eu*.

*As principais características do Eu.* Devido à relação preestabelecida entre percepção sensorial e ação muscular, o Eu tem à disposição os movimentos voluntários. Sua tarefa é a autopreservação, e a cumpre tomando conhecimento dos estímulos externos, armazenando (na memória) experiências relativas a eles, evitando (através da fuga) estímulos fortes demais, indo ao encontro (através da adaptação) dos estímulos moderados e, por fim, aprendendo a modificar o mundo externo para sua vantagem (a atividade); na direção

---

* Em alemão, *Es*; sobre a tradução de *Ich*, *Es* e *Überich* por *Eu*, *Id* e *Super-eu*, ver as notas do tradutor nas pp. 29 e 34 do v. 16 destas *Obras completas*, e também na p. 213 do v. 18.

[1] Essa parte mais antiga do aparelho psíquico continua sendo a mais importante por toda a vida. Com ela também se iniciou o trabalho de pesquisa da psicanálise.

## 1. O APARELHO PSÍQUICO

interna, perante o Id, adquirindo controle sobre as reivindicações dos instintos, decidindo se devem chegar a ter satisfação, adiando essa satisfação para momentos e circunstâncias favoráveis no mundo externo ou suprimindo simplesmente as excitações deles. Em sua atividade, o Eu é guiado pela consideração das tensões produzidas pelos estímulos, tensões nele existentes ou nele introduzidas. A elevação dessas tensões é sentida em geral como *desprazer*, e sua diminuição, como *prazer*. Mas provavelmente não são as alturas absolutas dessa tensão dos estímulos, e sim algo no ritmo de sua alteração, que é sentido como prazer ou desprazer. O Eu busca o prazer e foge ao desprazer. Um aumento esperado e previsto do desprazer é respondido com o *sinal de angústia*; a ocasião para esse aumento, venha ela de fora ou de dentro, denomina-se *perigo*. De quando em quando o Eu desfaz sua conexão com o mundo externo e se recolhe ao estado de sono, modificando amplamente sua organização. Deve-se inferir, a partir do estado de sono, que essa organização consiste numa distribuição especial da energia psíquica.

Como resultado do longo período de infância, em que o ser humano em crescimento vive na dependência dos pais, forma-se no Eu uma instância específica, na qual prossegue essa influência parental. Ela recebeu o nome de *Super-eu*. Na medida em que o Super-eu se distingue do Eu ou se contrapõe a ele, constitui um terceiro poder, que tem de ser levado em conta pelo Eu.

Portanto, uma ação do Eu é correta se satisfaz ao mesmo tempo as exigências do Id, do Super-eu e da realidade, ou seja, quando concilia essas reivindicações entre si. Os detalhes da ligação entre Eu e Super-eu se tornam inteiramente compreensíveis quando referidos à relação da criança com os pais. Naturalmente, a influência parental inclui não apenas a natureza pessoal dos pais, mas também a influência das tradições familiar, racial e nacional por eles transmitidas, assim como as exigências do meio social, por eles representadas. Da mesma forma, no curso do desenvolvimento individual o Super-eu recebe contribuições de prosseguidores e substitutos dos pais, como educadores, pessoas públicas exemplares, ideais venerados na sociedade. Vê-se que, não obstante toda a diferença fundamental entre eles, Id e Super-eu mostram uma coisa em comum, que é o fato de representarem as influências do passado — o Id, a influência herdada, e o Super-eu, essencialmente a recebida dos outros —, enquanto o Eu é determinado principalmente pelas vivências do indivíduo, ou seja, pelo que é acidental e atual.

Esse esquema geral de um aparelho psíquico deve se aplicar também aos animais superiores, psiquicamente similares ao ser humano. Devemos supor que existe um Super-eu sempre que, como no caso do ser humano, há um longo período de dependência infantil. É inevitável supor uma separação entre Eu e Id.

A psicologia dos animais ainda não abordou o problema que isso coloca.

## 2. TEORIA DOS INSTINTOS

O poder do Id expressa o verdadeiro propósito da vida do ser individual. Ele consiste em satisfazer suas necessidades congênitas. Não podemos atribuir ao Id o propósito de manter-se vivo e proteger-se de perigos mediante a angústia. Isso é tarefa do Eu, que também precisa achar o modo mais favorável e menos perigoso de obter satisfação, considerando o mundo exterior. O Super-eu pode colocar novas necessidades, mas sua função principal continua a ser a restrição das satisfações.

As forças que supomos haver por trás das tensões geradas pelas necessidades denominamos *Triebe* [instintos, impulsos, "pulsões" etc.]. Representam as exigências somáticas à vida psíquica. Embora sejam a causa última de toda atividade, são de natureza conservadora; de todo estado alcançado por um ser nasce o empenho de restaurar esse estado assim que é abandonado. Pode-se, então, diferenciar um número indeterminado de instintos, e assim se costuma fazer. Para nós é importante a possibilidade de referir todos esses múltiplos instintos a alguns poucos instintos básicos. Descobrimos que os instintos podem mudar sua meta (mediante o deslocamento), e também que podem substituir uns aos outros, quando a energia de um passa para o outro. Esse último processo ainda não é bem compreendido. Após muito hesitar e oscilar, decidimos supor a existência de apenas dois instintos fundamentais, *Eros* e *instinto de destruição*. (Ainda se inclui dentro de Eros a oposição instinto de autoconservação-instinto de conservação da espécie, assim como a de amor do Eu-amor objetal.) A meta daquele é estabelecer unidades cada vez maiores e assim mantê-las, isto é, a ligação; a do segundo, ao contrário, é dissolver nexos e, assim, destruir as coisas. No caso do instinto de destruição, podemos imaginar que sua meta derradeira seria fazer o que é vivo passar ao estado inorgânico. Por isso também o chamamos *instinto de morte*. Se admitimos que o que é vivo apareceu depois do que é inanimado e dele se originou, então o instinto de morte se adéqua à fórmula mencionada de que um instinto busca o retorno a um estado anterior. No caso de Eros (ou instinto de amor) não podemos aplicar essa fórmula. Pressuporia que a substância viva foi uma vez uma unidade, que então foi despedaçada e que agora procura a reunificação.[2]

Nas funções biológicas os dois instintos fundamentais se combinam ou agem um contra o outro. Assim, o ato de comer é uma destruição do objeto com a meta final de incorporá-lo, e o ato sexual, uma agressão com o propósito da mais íntima união. Dessa ação conjunta ou contraditória dos dois instintos fundamentais resulta toda a variedade dos fenômenos vitais. Indo além do âmbito do que vive, a analogia de nossos dois instintos básicos leva ao par de opostos atração-repulsão, vigente no que é inorgânico.[3]

Mudanças na proporção da mistura dos instintos têm

---

[2] Houve poetas que fantasiaram algo semelhante; não sabemos de nada que corresponda a isso na história da substância viva.

[3] Esse quadro das forças fundamentais ou instintos, ao qual muitos analistas ainda se opõem, já era conhecido do filósofo Empédocles de Agrigento.

## 2. TEORIA DOS INSTINTOS

consequências bastante tangíveis. Um forte incremento na agressividade sexual transforma o amante em assassino sexual, uma grande diminuição do fator agressivo o torna acanhado ou impotente.

Não se pode absolutamente restringir um ou outro dos instintos básicos a uma das províncias da psique. Eles têm de ser encontrados em toda parte. Imaginamos um estado inicial em que toda a energia disponível de Eros, que passamos a chamar *libido*, está presente no Eu-Id ainda não diferenciado e serve para neutralizar as tendências destrutivas também presentes. (Falta-nos, para a energia do instinto de destruição, um termo análogo ao de libido.) Depois se torna relativamente fácil acompanharmos as vicissitudes da libido, mas no caso do instinto de destruição é mais difícil.

Enquanto esse instinto age internamente como instinto de morte, ele permanece silencioso; apresenta-se para nós apenas quando é voltado para fora, como instinto de destruição. Parece ser uma necessidade para a conservação do indivíduo que isso ocorra. O sistema muscular serve para isso. Quando o Super-eu é instituído, consideráveis montantes do instinto de agressão são fixados no interior do Eu e lá atuam de forma autodestrutiva. É um dos perigos higiênicos que o ser humano encontra na via da evolução cultural. Reter a agressividade é malsão, leva à doença (agravo [*Kränkung*]). Com frequência, um indivíduo num ataque de raiva demonstra a passagem da agressividade impedida à autodestruição, ao virar a agressividade contra si mesmo, quando arranca os cabelos e bate no rosto com os punhos, sendo claro que teria preferido dar esse tratamento a outra pessoa. Parte da autodestruição permanece no interior em qualquer circunstância, até que finalmente consegue matar o indivíduo, talvez somente depois que sua libido foi inteiramente usada ou fixada de maneira desvantajosa. Assim, pode-se geralmente conjecturar que o indivíduo morre de seus conflitos internos, e a espécie, de sua luta malsucedida contra o mundo exterior, quando este modificou-se de uma maneira para a qual não bastam as adaptações adquiridas pela espécie.

É difícil afirmar algo sobre o comportamento da libido no Id e no Super-eu. Tudo o que sabemos sobre isso diz respeito ao Eu, no qual inicialmente se acha armazenado todo o montante disponível de libido. A esse estado chamamos *narcisismo* absoluto, primário. Ele dura até que o Eu começa a investir de libido as ideias de objetos, a transformar libido narcísica em *libido objetal*. Por toda a vida o Eu continua a ser o grande reservatório do qual investimentos libidinais são enviados para objetos e ao qual são novamente recolhidos, tal como um ser protoplasmático faz com seus pseudópodes. Apenas no estado de completo enamoramento o montante principal da libido é transferido para o objeto, de certo modo o objeto se põe no lugar do Eu. Uma circunstância importante na vida é a *mobilidade* da libido, a facilidade com que ela passa de um objeto para outro. Contrastando com isso há a *fixação* da libido em certos objetos, que muitas vezes persiste por toda a vida.

É inegável que a libido tem fontes somáticas, que aflui para o Eu a partir de diferentes órgãos e locais do corpo. Vemos isso muito nitidamente naquela porção da libido que é denominada excitação sexual, com base em sua meta instintual. Os locais do corpo mais proeminentes, dos quais parte essa libido, distinguimos com o nome de *zonas erógenas*, mas na verdade o corpo inteiro é uma zona erógena. A maior parte do que sabemos de Eros, ou seja, de seu expoente, a libido, foi adquirida pelo estudo da função sexual, que equivale a Eros na concepção corrente, mas não em nossa teoria. Pudemos formar um quadro de como o ímpeto sexual [*Sexualstreben*], destinado a influir decisivamente em nossa vida, se desenvolve gradualmente a partir das contribuições sucessivas de vários instintos parciais que representam certas zonas erógenas.

## 3. O DESENVOLVIMENTO DA FUNÇÃO SEXUAL

Segundo a concepção corrente, a vida sexual humana consiste essencialmente no empenho de pôr os genitais em contato com aqueles de alguém do outro sexo. Beijar, olhar e tocar esse outro corpo aparecem como manifestações secundárias e atos introdutórios. Esse empenho surgiria com a puberdade, ou seja, na idade da maturação sexual, e serviria para a procriação. No entanto, sempre foram conhecidos alguns fatos que não cabem nos limites estreitos dessa concepção. 1) É notável que existam pessoas sobre as quais apenas indivíduos do mesmo sexo e os seus genitais exercem atração. 2) Também é notável que existam pessoas cujos desejos atuam exatamente como os sexuais, mas que desconsideram inteiramente os órgãos sexuais ou seu uso normal; tais indivíduos são denominados "pervertidos". 3) Por fim, chama a atenção o fato de que, muito cedo, várias crianças (por causa disso vistas como degeneradas) mostram interesse por seus genitais e por sinais de excitação deles.

É compreensível que a psicanálise tenha provocado espanto e oposição quando, retomando em parte esses três fatos menosprezados, contradisse as opiniões populares sobre a sexualidade. Seus resultados principais são os seguintes:

a) A vida sexual não começa apenas com a puberdade, mas se instaura logo após o nascimento, com nítidas manifestações.

b) É preciso distinguir claramente entre os conceitos de "sexual" e "genital". O primeiro é o conceito mais amplo, abrangendo muitas atividades que nada têm a ver com os genitais.

c) A vida sexual inclui a função de obtenção de prazer a partir de zonas do corpo, função que posteriormente é colocada a serviço da procriação. Com frequência, as duas funções não coincidem.

Naturalmente o interesse principal se volta para a primeira afirmação, que é a mais inesperada. Verificou-se que na primeira infância há indícios de atividade no corpo a que somente um velho preconceito pôde negar a denominação "sexual", e que estão ligados a fenômenos psíquicos que depois encontramos na vida amorosa dos adultos, como a fixação em determinados objetos, o ciúme etc. Mas também se verifica que esses fenôme-

## 3. O DESENVOLVIMENTO DA FUNÇÃO SEXUAL

nos que surgem na primeira infância são parte de um desenvolvimento que obedece a leis, perfazem um processo de aumento regular e alcançam o apogeu ali pelo final dos cinco anos de idade, seguindo-se um intervalo de sossego. Durante esse o avanço para, muita coisa é esquecida e retrocede. Decorrido esse período de latência, como é chamado, a vida sexual prossegue com a puberdade, pode-se dizer que floresce novamente. Deparamos aí com o fato de um *início em dois tempos* da vida sexual, que é conhecido apenas no ser humano e evidentemente é muito importante para a hominização.[4] Não é irrelevante o fato de os acontecimentos dessa primeira época da sexualidade sucumbirem, com a exceção de resíduos, à *amnésia infantil*. Nossos pontos de vista sobre a etiologia das neuroses e nossa técnica de terapia analítica estão ligados a essas concepções. A observação dos processos de desenvolvimento dessa época primitiva também forneceu provas para outras afirmações.

O primeiro órgão que aparece como zona erógena e coloca uma exigência libidinal à psique é, desde o nascimento, a boca. No início, toda a atividade psíquica se concentra em satisfazer a necessidade dessa zona. Naturalmente, em primeiro lugar ela serve à autoconser-

---

4 Cf. a conjectura de que o homem descende de um mamífero que atingia a maturidade sexual aos cinco anos, mas alguma grande influência externa sobre a espécie perturbou o desenvolvimento linear da sexualidade. A isso poderiam estar ligadas outras mudanças da vida sexual humana em relação à dos animais, como o fim da periodicidade da libido e o aproveitamento do papel da menstruação na relação entre os sexos.

vação pela via da nutrição, mas não se deve confundir fisiologia com psicologia. A persistente ação de chupar mostra bem cedo, na criança, uma necessidade de satisfação que — embora se originando na ingestão de alimentos e sendo por ela instigada — busca a obtenção de prazer de modo independente da nutrição, e por isso pode e deve ser denominada *sexual*.

Já durante essa fase oral ocorrem impulsos sádicos de forma isolada, com o aparecimento dos dentes. Surgem em medida bem maior na segunda fase, que chamamos sádico-anal porque nela se busca satisfação na agressividade e na função excretória. Nossa justificativa para incluir os impulsos agressivos na libido se baseia na concepção de que o sadismo é uma mescla instintual de impulsos puramente libidinais e puramente destrutivos, uma mistura que a partir de então não cessa de ocorrer.[5]

A terceira fase é aquela denominada fálica, que — como uma precursora, por assim dizer — já é muito semelhante à configuração final da vida sexual. É digno de nota que não são os genitais dos dois sexos que aí atuam, mas apenas o masculino (o falo). O genital feminino permanece desconhecido por muito tempo; a criança, na tentativa de compreender os processos se-

---

[5] Surge a questão de se a satisfação de impulsos instintuais puramente destrutivos pode ser sentida como prazer, se ocorre a pura destrutividade sem elemento libidinal. A satisfação do instinto de morte que ficou no Eu parece não resultar em sensações de prazer, embora o masoquismo constitua uma mescla inteiramente análoga ao sadismo.

## 3. O DESENVOLVIMENTO DA FUNÇÃO SEXUAL

xuais, cultiva a venerável teoria da cloaca, que tem sua justificativa em termos de gênese.[6]

Com a terceira fase, no decorrer dela, a sexualidade da primeira infância atinge seu apogeu e se aproxima da dissolução. A partir de então, o menino e a menina têm histórias diferentes. Os dois começam a pôr sua atividade intelectual a serviço da investigação sexual, ambos partem do pressuposto de que o pênis se acha presente em todo mundo. Mas agora se dividem os caminhos dos dois sexos. O garoto entra na fase edípica, começa a manipular o pênis, tendo simultaneamente fantasias em que faz alguma utilização dele com a mãe, até que, sob o efeito conjunto da ameaça de castração e da percepção de que não há pênis nas mulheres, experimenta o maior trauma de sua vida, o que inicia o período de latência com todas as suas consequências. A garota, após tentar inutilmente fazer o mesmo que o garoto, vem a reconhecer sua falta de pênis, ou melhor, sua inferioridade clitoridiana, com duradouras consequências para a evolução de seu caráter; devido a essa primeira decepção na rivalidade, muitas vezes reage com um primeiro afastamento da sexualidade.

Seria um erro acreditar que essas três fases sucedem uma à outra de maneira simples; uma se acrescenta à outra, elas se superpõem ou coexistem. Nas primeiras duas fases, os instintos parciais buscam independente-

---

6 Muitas vezes se afirma que há excitações vaginais precoces, mas provavelmente se trata de excitações no clitóris, ou seja, um órgão similar ao pênis, o que não anula a validez de denominar fálica essa fase.

mente o prazer, na fase fálica surgem os primórdios de uma organização que subordina os outros impulsos ao primado dos genitais e significa o começo da adequação da busca geral de prazer à função sexual. A organização completa é alcançada apenas pela puberdade, numa quarta fase, a genital. Então é estabelecido um estado em que: 1) vários investimentos libidinais anteriores são mantidos; 2) outros são acolhidos na função sexual como atos preparatórios, sustentadores, cuja satisfação dá o assim chamado "prazer preliminar"; 3) outros impulsos são excluídos da organização, sendo ou suprimidos (reprimidos)* ou tendo outro emprego no Eu, formando traços de caráter, sofrendo sublimações com deslocamento de metas.

Mas esse processo nem sempre se realiza impecavelmente. As inibições no seu desenvolvimento se manifestam como os muitos transtornos da vida sexual. Então há fixações da libido em estados de fases anteriores, cujo impulso, independente da meta sexual normal, é designado como *perversão*. Uma dessas inibições do desenvolvimento é, por exemplo, a homossexualidade, quando é manifesta. A análise mostrou que em todos os casos havia uma ligação objetal homossexual, e que na maioria deles permaneceu *latente*. A situação se complica pelo fato de que geralmente os processos requeridos para o desfecho normal não estão inteiramente presentes ou ficam ausentes, e sim estão *parcialmente* presentes, de modo que a configuração final depende dessas relações

---

* No original: *unterdrückt* (*verdrängt*).

*quantitativas*. A organização genital é então alcançada, mas enfraquecida pela falta das porções da libido que não acompanharam o restante e permaneceram fixadas em objetos e metas pré-genitais. Tal enfraquecimento se mostra na tendência, no caso de não satisfação genital ou de dificuldades reais, de a libido retornar a investimentos pré-genitais anteriores (*regressão*).

No estudo das funções sexuais pudemos adquirir uma certeza inicial, provisória — mais precisamente, uma suspeita — de duas descobertas que depois se revelarão importantes em toda a nossa área. Primeiro, a de que as manifestações normais e anormais observadas, isto é, a fenomenologia, requerem uma descrição do ponto de vista da dinâmica e da economia (em nosso caso, da distribuição quantitativa da libido); em segundo lugar, que a etiologia dos transtornos que estudamos deve ser buscada na história do desenvolvimento, ou seja, nos primeiros anos do indivíduo.

## 4. QUALIDADES PSÍQUICAS

Descrevemos a constituição do aparelho psíquico, as energias ou forças que nele se acham ativas e, num exemplo significativo, acompanhamos como essas energias, principalmente a libido, se organizam numa função fisiológica que serve à manutenção da espécie. Nada houve, nisso, que sustentasse a característica peculiar do que é psíquico, não considerando, naturalmente, o fato empírico de que esse aparelho e essas energias estão na base das funções que denominamos nossa vida psíquica. Agora nos voltamos para o que caracteriza unicamente o que é psíquico, que, segundo opinião muito difundida, coincide com ele, excluindo-se qualquer outra característica.

O ponto de partida para essa investigação é fornecido por um fato sem igual, que desafia toda explicação e descrição: a consciência. Quando se fala de consciência, porém, cada um sabe diretamente, por experiência muito própria, o que se quer dizer com isso.[7] Para muitas pessoas, dentro e fora da ciência, basta supor que o psíquico é apenas a consciência, e então a psicologia não tem outra coisa a fazer senão diferenciar, na fenomenologia psíquica, percepções, sentimentos, processos de pensamentos e atos volitivos. Mas há um consenso geral de que esses processos* conscientes não formam séries ininterruptas, completas em si mesmas, de modo que não restaria senão supor processos físicos ou somáticos concomitantes aos psíquicos, e aos quais se deve atribuir uma maior completude do que às séries psíquicas, pois alguns deles têm processos paralelos conscientes, mas outros, não. Portanto, é plausível dar ênfase a esses processos somáticos na psicologia, reconhecer neles o propriamente psíquico e buscar uma apreciação diferente dos processos conscientes. Isso é rejeitado pela maioria dos filósofos e por

---

7 Uma orientação extrema como a do behaviorismo, que surgiu na América, acredita poder construir uma psicologia que desconsidere esse fato fundamental!

* No original: *Vorgänge*, que também pode ser traduzido por "eventos".

## 4. QUALIDADES PSÍQUICAS

muitas outras pessoas, que afirmam ser um contrassenso que algo psíquico seja inconsciente.

É justamente isso que a psicanálise precisa fazer, e esta é a sua segunda hipótese fundamental. Ela explica os supostos processos concomitantes somáticos como sendo o propriamente psíquico, não considerando inicialmente a qualidade da consciência. Nisso não está sozinha. Vários pensadores, como Theodor Lipps, por exemplo, expressaram o mesmo com palavras similares, e a insatisfação geral com a noção habitual do que é psíquico resultou em que um conceito do inconsciente exigiu cada vez mais a inclusão no pensamento psicológico, embora tal exigência tivesse forma tão vaga e imprecisa que não pôde influir na ciência.

Pode parecer que essa divergência entre a psicanálise e a filosofia é apenas uma mera questão de definição, de resolver se devemos dar o nome de psíquico a uma ou a outra série de fenômenos. Na verdade, essa decisão se tornou muito importante. Enquanto a psicologia da consciência nunca foi além daquelas séries com lacunas, obviamente dependentes de outra coisa, a nova concepção — de que o psíquico é inconsciente em si — permite conformar a psicologia numa ciência natural como qualquer outra. Os processos de que ela se ocupa são, em si, tão incognoscíveis como os das demais ciências, a química ou a física, mas é possível constatar as leis a que obedecem, observar suas relações mútuas e dependências por largos trechos ininterruptamente, ou seja, aquilo que se denomina compreensão da esfera dos fenômenos naturais em questão. Isso não pode ocorrer sem novas hipóteses e sem a criação de novos conceitos, mas estes não devem ser menosprezados como evidência de nosso embaraço, e sim apreciados como um enriquecimento da ciência; podem reivindicar o mesmo valor de aproximações [à verdade] que as equivalentes construções auxiliares de outras ciências naturais, aguardam modificações, correções e determinação mais precisa pela experiência acumulada e filtrada. Portanto, corresponde inteiramente à nossa expectativa que os conceitos fundamentais da nova ciência, seus princípios (*Trieb*, energia nervosa etc.), permaneçam tão indeterminados, por um tempo considerável, quanto os das ciências mais velhas (força, massa, atração).

Todas as ciências se baseiam em observações e experiências que são intermediadas por nosso aparelho psíquico. Mas, como nossa ciência tem esse mesmo aparelho por objeto, a analogia termina aqui. Fazemos nossas observações mediante o mesmo aparelho perceptivo, precisamente com o auxílio de lacunas no psíquico, completando o que falta por meio de inferências plausíveis e traduzindo-o em material consciente. Assim produzimos como que uma série complementar consciente para o psíquico inconsciente. A relativa certeza da nossa ciência psíquica repousa no caráter forçoso dessas inferências. Quem se aprofundar nesse trabalho verá que nossa técnica se mantém firme ante toda crítica.

No curso desse trabalho, impuseram-se à nossa atenção as diferenças que designamos como qualidades psíquicas. Aquilo que denominamos consciente não precisamos caracterizar, é o mesmo que a consciência dos

## 4. QUALIDADES PSÍQUICAS

filósofos e da opinião popular. Tudo o mais psíquico é para nós o inconsciente. Logo somos levados a fazer uma importante divisão nesse inconsciente. Alguns processos tornam-se facilmente conscientes, depois deixam de sê-lo, mas podem se tornar de novo conscientes sem dificuldade; podem ser reproduzidos ou lembrados, como se diz. Isso nos adverte que a consciência é um estado muito fugidio. O que é consciente o é apenas por um instante. Se nossas percepções não confirmam isso, a contradição é apenas aparente; vem do fato de os estímulos para a percepção poderem persistir por algum tempo mais, de modo que a percepção pode se repetir. Tudo isso fica mais claro na percepção consciente de nossos processos intelectivos, que também persistem, mas da mesma forma podem passar num instante. Por causa disso, preferimos chamar de "capaz de consciência", ou *pré-consciente*, tudo inconsciente que assim se comporta, que pode com tanta facilidade trocar o estado inconsciente pelo consciente. A experiência nos ensinou que dificilmente há um processo psíquico, por complicado que seja, que eventualmente não possa permanecer pré-consciente, embora em regra penetrem na consciência, como dizemos em nossa linguagem.

Outros processos psíquicos, outros conteúdos psíquicos não têm tal facilidade de se tornar conscientes, precisam ser inferidos, descobertos da maneira descrita e traduzidos em expressão consciente. Para estes reservamos o nome de inconsciente propriamente.

Portanto, atribuímos aos processos psíquicos três propriedades: eles são conscientes, pré-conscientes ou inconscientes. A distinção entre as três classes de conteúdo que têm essas propriedades não é absoluta nem permanente. O que é pré-consciente se torna consciente sem nossa intervenção, como vimos; o inconsciente pode ser tornado consciente mediante nosso esforço, e nisso podemos ter a sensação de frequentemente superar fortes resistências. Quando tentamos fazer isso em outra pessoa, não devemos esquecer que o preenchimento consciente de suas lacunas de percepção — a construção que lhe oferecemos — ainda não significa que lhe tornamos consciente o conteúdo inconsciente em questão. Sucede que esse conteúdo está nela presente em duplo registro: na reconstrução consciente por ela escutada e também no seu estado inconsciente original. Nosso esforço contínuo obtém, na maioria das vezes, que esse inconsciente se torne consciente para ela mesma, de modo que os dois registros coincidem. A medida do nosso esforço, pela qual estimamos a resistência ao tornar-se consciente, varia conforme os diferentes casos. Por exemplo, o que no tratamento analítico é resultado de nosso esforço pode também ocorrer de forma espontânea, um conteúdo que ordinariamente é inconsciente pode se transformar num pré-consciente e depois se tornar consciente, como sucede em ampla escala nos estados psicóticos. Disso concluímos que a manutenção de certas resistências internas é uma condição para a normalidade. No estado do sono acontece com regularidade esse relaxamento das resistências, daí resultando a irrupção de conteúdo inconsciente — estabelecendo-se a condição para a formação onírica. De modo inverso,

## 4. QUALIDADES PSÍQUICAS

um conteúdo pré-consciente pode se tornar temporariamente inacessível, ser bloqueado por resistências, como sucede quando algo é momentaneamente esquecido (escapa da memória), ou um pensamento pré-consciente pode ser colocado de volta no estado inconsciente, o que parece ser a condição para o chiste. Veremos que tal reversão de conteúdos (ou processos) pré-conscientes ao estado inconsciente tem grande papel na causação de transtornos neuróticos.

Apresentada dessa forma geral e simplificada, a teoria das três propriedades do psíquico mais parece uma fonte de enorme confusão do que uma contribuição ao esclarecimento. Mas não se deve esquecer de que ela não é realmente uma teoria, e sim um primeiro inventário dos fatos de nossa observação, que se mantém próxima desses fatos tanto quanto possível e não procura explicá-los. As complicações que revela podem tornar compreensíveis as dificuldades especiais que nossa pesquisa tem de enfrentar. Mas é presumível que essa teoria se torne mais familiar se estudarmos as relações entre as propriedades psíquicas e as províncias ou instâncias que supomos do aparelho psíquico. Contudo, também essas relações estão longe de serem simples.

O tornar-se consciente se liga, antes de tudo, às percepções que nossos órgãos sensoriais obtêm do mundo externo. Para a abordagem topológica é, então, um fenômeno que sucede na camada cortical mais externa do Eu. É verdade que também recebemos informação consciente do interior do corpo, os sentimentos, que influenciam até mesmo nossa psique de modo mais imperativo do que as percepções externas, e em determinadas circunstâncias os órgãos sensoriais mesmos proporcionam sentimentos, sensações de dor, além das percepções que lhes são específicas. Mas, como essas sensações (como são chamadas, para distingui-las das percepções conscientes) também partem dos órgãos finais e nós vemos todos eles como prolongamentos, ramificações da camada cortical, podemos manter a afirmação acima [do início do parágrafo]. A única diferença seria que para os órgãos finais das sensações e sentimentos o próprio corpo toma o lugar do mundo externo.

Processos conscientes na periferia do Eu e tudo o mais inconsciente no Eu — tal seria o mais simples estado de coisas que poderíamos supor. Talvez seja realmente assim nos animais; no ser humano há uma complicação adicional: também processos internos no Eu podem adquirir a qualidade da consciência. Isso é obra da função da linguagem, que estabelece uma firme ligação entre os conteúdos do Eu e resíduos mnêmicos das percepções visuais e sobretudo acústicas. A partir de então a periferia perceptiva da camada cortical pode ser excitada em medida bem maior também desde o interior, processos internos como cursos de ideias e processos de pensamentos podem se tornar conscientes, e se faz necessário um dispositivo especial que distinga entre as duas possibilidades, a chamada *prova da realidade*. A equação "percepção = realidade (mundo exterior)" já não se sustenta. Erros que passam a se produzir facilmente, e com regularidade nos sonhos, são denominados *alucinações*.

## 4. QUALIDADES PSÍQUICAS

O interior do Eu, que compreende antes de tudo os processos de pensamento, tem a qualidade de ser pré-consciente. Essa é característica do Eu, cabe exclusivamente a ele. Mas não seria correto fazer da ligação com os resíduos mnêmicos da linguagem condição para o estado pré-consciente, pois esse é independente de tal ligação, embora a condição da linguagem permita uma inferência segura sobre a natureza pré-consciente do processo. O estado pré-consciente, caracterizado pelo acesso à consciência por um lado e pelo vínculo com os resíduos da linguagem por outro, é algo especial, cuja natureza não se limita a essas duas características. A prova disso é que grandes porções do Eu, sobretudo do Super-eu, a que não se pode negar a característica de pré-consciente, permanecem, na maior parte, inconscientes no sentido fenomenológico. Não sabemos por que isso tem de ser assim. Depois procuraremos abordar o problema da verdadeira natureza do pré-consciente.

A única qualidade vigente no Id é ser inconsciente. Id e inconsciente são tão estreitamente ligados como Eu e pré-consciente; a relação, naquele caso, é ainda mais exclusiva. Olhando para trás, para a história do desenvolvimento da pessoa e do seu aparelho psíquico, podemos constatar uma significativa distinção no Id. Originalmente tudo era Id, o Eu foi desenvolvido a partir do Id, pela contínua influência do mundo externo. No curso desse lento desenvolvimento, determinados conteúdos do Id foram mudados para o estado pré-consciente e assim recebidos no Eu. Outros permaneceram inalterados no Id, constituindo seu núcleo de difícil acesso. Durante esse desenvolvimento, porém, o jovem e fraco Eu fez novamente retornar ao estado inconsciente certos conteúdos já recebidos, abandonou-os, e agiu da mesma forma com várias novas impressões que poderia ter acolhido, de maneira que estas, rechaçadas, apenas no Id puderam deixar traço. A essa última porção do Id chamamos, considerando sua gênese, o reprimido. Não importa muito que nem sempre possamos distinguir claramente entre as duas categorias no interior do Id. Elas coincidem aproximadamente com a divisão entre o congênito e o adquirido ao longo do desenvolvimento do Eu.

Tendo nos decidido pela dissecção topológica do aparelho psíquico em Eu e Id, a que corresponde a diferenciação entre qualidade pré-consciente e inconsciente, e tendo visto essa qualidade apenas como indicação da diferença, não como sua essência, em que consiste então a autêntica natureza do estado que no Id se revela pela qualidade do inconsciente, no Eu pela do pré-consciente, e em que reside a diferença entre os dois?

Quanto a isso nada sabemos, e nossas poucas percepções se destacam tristemente do escuro pano de fundo dessa ignorância. Nisso nos aproximamos do autêntico enigma, ainda não desvendado, da coisa psíquica. Supomos, como estamos habituados nas outras ciências, que uma espécie de energia esteja em ação na vida psíquica, mas nos falta qualquer ponto de referência para nos aproximarmos do seu conhecimento mediante analogias com outras formas de energia. Acreditamos perceber que a energia nervosa ou psíquica está presente em duas formas, uma livremente móvel e outra vinculada, falamos de investimentos e superinvestimentos dos conteúdos e arriscamos até mesmo a suposição de que um "superinvestimento" produz uma espécie de síntese de diferentes processos, na qual a energia livre é transformada em vinculada. Não fomos além disso; de todo modo, mantemos a opinião de que a diferença entre estado inconsciente e pré-consciente se acha em relações dinâmicas desse tipo, o que levaria a compreender como, de maneira espontânea ou com a nossa assistência, um estado pode se transmudar no outro.

Mas atrás de todas essas incertezas há um fato novo, cuja descoberta devemos à pesquisa psicanalítica. Aprendemos que os processos do inconsciente ou do Id obedecem a outras leis que não as do Eu pré-consciente. Denominamos essas leis, em seu conjunto, *processo primário*, por oposição ao *processo secundário*, que regula os eventos no pré-consciente, no Eu. Assim, o estudo das qualidades psíquicas não se revelou tão infecundo, afinal.

## 5. EXPLICAÇÃO COM BASE NA INTERPRETAÇÃO DOS SONHOS

A investigação de estados normais, estáveis, em que as fronteiras do Eu com o Id estão garantidas por resistências (contrainvestimentos), permanecem inalteradas, e o Super-eu não se distingue do Eu porque os dois trabalham em harmonia — uma investigação dessas não nos traria muito esclarecimento. O que pode nos ajudar são estados de conflitos e tumulto, quando o conteúdo do Id inconsciente tem possibilidade de penetrar no Eu e na consciência e o Eu novamente se põe em guarda contra essa irrupção. Apenas nessas condições podemos fazer as observações que confirmam ou retificam nossas declarações sobre os dois parceiros. Ora, o sono noturno é um estado desse tipo, e por isso a atividade psíquica durante o sono, que percebemos como sonho, é nosso mais propício objeto de estudo. Assim também evitamos a frequente objeção de que construímos [*konstruiren*] a vida normal com base em achados patológicos, pois o sonho é um acontecimento regular na vida de pessoas normais, por mais que suas características sejam diferentes das produções do nosso estado de vigília. Como todos sabem, o sonho pode ser confuso, incompreensível, positivamente absurdo, seus dados podem contrariar todo o nosso conhecimento da realidade, e nele nos comportamos como doentes mentais, pois atribuímos realidade objetiva aos seus conteúdos enquanto sonhamos.

Tomamos o caminho para a compreensão ("interpretação") do sonho ao supor que aquilo de que nos lembramos após acordar não é o verdadeiro processo do sonho, mas apenas uma fachada que o esconde. Isso é a nossa distinção entre um conteúdo onírico *manifesto* e os pensamentos oníricos *latentes*. O processo mediante o qual esses resultam daqueles denominamos *trabalho do sonho*. O estudo do trabalho do sonho nos ensina, num ótimo exemplo, como o material inconsciente do Id, original e reprimido, se impõe ao Eu, se torna pré-consciente e, pela oposição do Eu, experimenta as mudanças que conhecemos como *deformação do sonho*.

## 5. EXPLICAÇÃO COM BASE NA INTERPRETAÇÃO DOS SONHOS

Não há característica do sonho que não tenha explicação dessa forma.

A melhor maneira de iniciar é pela constatação de que há dois motivos para a formação do sonho: ou um impulso instintual (um desejo inconsciente) normalmente suprimido encontra força, durante o sono, para se fazer notar pelo Eu, ou um ímpeto remanescente do estado de vigília, um curso de pensamentos pré-consciente, com todos os impulsos conflituosos a ele unidos, é reforçado no sonho por um elemento inconsciente. Portanto, sonhos a partir do Id ou do Eu. O mecanismo da formação do sonho é o mesmo nos dois casos, também a precondição dinâmica é a mesma. O Eu evidencia sua gênese a partir do Id pelo fato de momentaneamente parar suas funções e permitir o retorno a um estado anterior. Isso acontece, de maneira correta, interrompendo suas relações com o mundo exterior e recolhendo seus investimentos dos órgãos sensoriais. Pode-se dizer, com razão, que no nascimento surge um instinto para retornar à vida intrauterina abandonada, um instinto de sono. O sono é esse retorno ao útero materno. Como o Eu acordado governa a motilidade, essa função é paralisada no estado de sono, e assim se torna supérflua boa parte das inibições que foram impostas ao Id inconsciente. A retirada ou diminuição desses "contrainvestimentos" permite ao Id, então, um inofensivo grau de liberdade. São muitas e persuasivas as evidências da participação do Id inconsciente na formação do sonho. *a*) A memória onírica é bem mais abrangente que no estado de vigília. O sonho traz lembranças que o sonhador esqueceu, que lhe eram inacessíveis na vigília. *b*) O sonho faz uso ilimitado de símbolos de linguagem cujo significado o sonhador geralmente não conhece. Mas nós podemos confirmar seu significado por nossa experiência. Eles provavelmente se originam das primeiras fases da evolução da linguagem. *c*) Com muita frequência, a memória onírica reproduz impressões da primeira infância do sonhador, das quais podemos afirmar, com segurança, que não apenas foram esquecidas, mas se tornaram inconscientes graças à repressão. É nisso que se baseia a ajuda, geralmente indispensável, que o sonho presta na reconstrução da época inicial da vida do sonhador, que procuramos fazer no tratamento analítico. *d*) Além disso, o sonho faz surgirem conteúdos que não podem se originar nem da vida adulta nem da infância esquecida do sonhador. Somos obrigados a vê-los como parte da herança *arcaica* que a criança traz ao mundo antes de qualquer experiência própria, influenciada pelas vivências dos ancestrais. Achamos as contrapartidas desse material filogenético nos mais velhos mitos e nos costumes remanescentes da humanidade. Assim, o sonho constitui uma fonte sobre a pré-história humana que não pode ser desprezada.

Mas o que torna o sonho tão inestimável para o nosso conhecimento é o fato de o material inconsciente, ao penetrar no Eu, trazer consigo seus modos de trabalho. Isso quer dizer que os pensamentos pré-conscientes, nos quais ele encontrou expressão, são tratados, no curso do trabalho do sonho, como se fossem partes inconscientes do Eu; e, na outra maneira de formação do sonho,

## 5. EXPLICAÇÃO COM BASE NA INTERPRETAÇÃO DOS SONHOS

os pensamentos pré-conscientes, tendo sido reforçados pelo impulso instintual inconsciente, são rebaixados ao estado inconsciente. Apenas por essa via descobrimos as leis do que transcorre no inconsciente e como se diferenciam das regras que nos são conhecidas no estado de vigília. O trabalho do sonho é essencialmente, portanto, um caso de elaboração inconsciente de processos de pensamento pré-conscientes. Tomemos uma analogia da história: ao invadir um país, os conquistadores não o tratam segundo a lei que lá encontram, mas conforme sua própria lei. É evidente, contudo, que o resultado do trabalho do sonho é um compromisso. Na deformação imposta ao material inconsciente e nas tentativas, muitas vezes insuficientes, de dar ao conjunto uma forma ainda aceitável para o Eu (elaboração secundária) percebe-se a influência da organização do Eu ainda não paralisada. Isso é, em nossa analogia, expressão da contínua resistência dos vencidos.

As leis do curso do inconsciente, que dessa maneira se mostram, são bem singulares e bastam para explicar a maioria das coisas que no sonho nos parecem estranhas. Há, sobretudo, uma notável tendência à *condensação*, uma inclinação a formar novas unidades com elementos que no pensamento desperto nós certamente manteríamos separados. Em virtude disso, muitas vezes um só elemento do sonho manifesto representa um bom número de pensamentos oníricos latentes, como se fosse uma alusão comum a todos eles, e o sonho manifesto é extraordinariamente reduzido em comparação com o rico material do qual se originou. Outra particularidade do trabalho do sonho, que não deixa de se relacionar com a anterior, é a facilidade para o *deslocamento* de intensidades psíquicas (investimentos) de um elemento para outro, de modo que muitas vezes, no sonho manifesto, surge como o mais nítido — e, por conseguinte, o mais importante — um elemento que nos pensamentos oníricos era irrelevante, e, inversamente, elementos essenciais dos pensamentos oníricos são representados no sonho manifesto por ligeiras insinuações apenas. Além disso, em geral bastam insignificantes pontos em comum para que o trabalho do sonho substitua um elemento por outro em todas as operações subsequentes. É fácil entender como esses mecanismos de condensação e deslocamento podem dificultar a interpretação do sonho e o desvendamento das relações entre sonho manifesto e pensamentos oníricos latentes. Comprovando essas duas tendências à condensação e ao deslocamento, nossa teoria conclui que no Id inconsciente a energia se acha num estado de livre mobilidade e que ao Id importa, mais do que tudo, a possibilidade de descarregar quantidades de excitação,[8] e essas duas peculiaridades nossa teoria utiliza para a caracterização do processo primário atribuído ao Id.

O estudo do trabalho do sonho nos ensinou muitas outras particularidades dos processos do inconsciente que são notáveis e importantes, das quais somente al-

---

[8] Pode-se ver uma analogia no caso de um suboficial que, após receber em silêncio a reprimenda do seu superior, dá vazão à sua raiva no primeiro soldado raso que encontra.

## 5. EXPLICAÇÃO COM BASE NA INTERPRETAÇÃO DOS SONHOS

gumas serão aqui mencionadas. As peremptórias regras da lógica não valem no inconsciente; pode-se afirmar que ele é o reino do ilógico. Impulsos com metas contrárias existem lado a lado no inconsciente, sem que surja a necessidade de harmonizá-las. Ou elas não se influenciam mutuamente ou, quando isso ocorre, não há uma decisão, mas um compromisso, que vem a ser absurdo porque inclui elementos incompatíveis entre si. Relacionado a isso está o fato de os opostos não serem separados, mas sim tratados como se fossem idênticos, de modo que no sonho manifesto cada elemento pode significar também o seu contrário. Alguns linguistas notaram que o mesmo sucedia nos idiomas mais antigos, e que opostos como "forte-fraco", "claro-escuro" e "alto-profundo" eram originalmente expressos com as mesmas raízes, até que duas diferentes modificações do termo primitivo diferenciaram os dois sentidos. Resíduos do duplo significado original ainda estariam presentes num idioma tão desenvolvido como o latim, no uso de palavras como *altus* ("alto" e "profundo"), *sacer* ("sagrado" e "infame") etc.

Diante da complexidade e ambiguidade das relações entre o sonho manifesto e o conteúdo latente que há por trás dele, naturalmente se justifica perguntar de que modo chegamos a deduzir um do outro, e se nisso contamos apenas com uma feliz adivinhação, talvez sustentada pela tradução dos símbolos que aparecem no sonho manifesto. É lícito responder que na grande maioria dos casos essa tarefa pode ser resolvida satisfatoriamente, mas apenas com a ajuda das associações que o próprio sonhador fornece para os elementos do conteúdo manifesto. Qualquer outro procedimento é arbitrário e não proporciona certeza nenhuma. As associações do sonhador trazem à luz os elos intermediários que inserimos na lacuna entre os dois [os conteúdos manifesto e latente] e mediante os quais podemos restaurar o conteúdo latente do sonho, "interpretar" o sonho. Não é de admirar que esse trabalho de interpretação oposto ao trabalho do sonho não atinja ocasionalmente a certeza plena.

Ainda falta darmos a explicação dinâmica de por que o Eu que dorme assume a tarefa do trabalho do sonho. Felizmente não é difícil encontrá-la. Cada sonho em via de formação faz, com o auxílio do inconsciente, uma solicitação ao Eu — pela satisfação de um instinto, se parte do Id; pela solução de um conflito, liquidação de uma dúvida, realização de um propósito, se parte de um resíduo da atividade pré-consciente da vida de vigília. Mas o Eu que dorme está voltado para o desejo de manter o sono, sente aquela solicitação como um distúrbio e procura eliminar esse distúrbio. Ele consegue isso mediante um ato de aparente indulgência: contrapõe à solicitação aquilo que é, nas circunstâncias, uma inofensiva *realização de desejo*, e desse modo a suprime. Tal substituição da exigência pela realização de um desejo é a obra essencial do trabalho do sonho. Talvez não seja supérfluo ilustrar isso com três exemplos simples: um sonho de fome, um sonho de comodidade e um suscitado pelo desejo sexual. Durante o sono, o sonhador tem necessidade de comer, sonha com uma refeição magnífica e continua a dormir. Naturalmente, ele tinha a escolha de

## 5. EXPLICAÇÃO COM BASE NA INTERPRETAÇÃO DOS SONHOS

despertar para comer ou prosseguir o sono. Decidiu-se por esse último e satisfez a fome com o sonho. Ao menos por um instante; se a fome persistir, ele terá de acordar. O segundo caso: o sonhador deve acordar para estar na clínica em determinada hora. Mas ele continua a dormir e sonha que já se encontra na clínica — mas como paciente, não precisando deixar o leito. Ou, por fim: durante a noite surge o anseio pela fruição de um objeto sexual proibido, a mulher de um amigo. Ele sonha com o ato sexual, não com essa pessoa, mas com outra que tem o mesmo nome, embora lhe seja indiferente; ou sua oposição a isso se mostra no fato de a amante permanecer anônima.

Claro que nem todos os casos são tão fáceis. Sobretudo nos sonhos que têm origem em restos diurnos não resolvidos e que tiveram reforço do inconsciente durante o sono, frequentemente não é fácil desvendar a força instintual inconsciente e demonstrar que seu desejo é realizado; mas podemos supor que ela sempre está presente. A tese de que o sonho é realização de desejo facilmente depara com incredulidade, pois nos lembramos de muitos sonhos que têm um conteúdo penoso ou até mesmo levam a um despertar angustiado, sem falar dos sonhos frequentes que não possuem um tom afetivo definido. Mas a objeção do sonho angustiado não resiste à análise. Não se deve esquecer de que o sonho, em todos os casos, é o resultado de um conflito, uma espécie de formação de compromisso. O que é uma satisfação para o Id inconsciente pode ser, justamente por isso, motivo de angústia para o Eu.

À medida que o trabalho do sonho procede, ora o inconsciente se impõe mais, ora o Eu se defende com maior energia. Os sonhos angustiados são geralmente aqueles cujo conteúdo sofreu a menor deformação. Se a exigência do inconsciente se torna muito grande, de maneira que o Eu que dorme não é capaz de afastá-la com os meios disponíveis, este abandona o desejo de dormir e retorna à vida de vigília. Levaremos em conta todas as experiências se afirmarmos que o sonho é sempre uma *tentativa* de eliminar, pela realização de desejo, aquilo que perturba o sono; que ele é, portanto, o guardião do sono. Essa tentativa pode ter êxito maior ou menor; pode também fracassar, e então a pessoa que dorme desperta, como se fosse precisamente o sonho que a acordou. Também há ocasiões em que o valoroso vigia que vela pelo sono de uma pequena cidade não tem alternativa senão soar o alarme e acordar os habitantes adormecidos.

Concluindo esta discussão, eis uma informação que deve justificar porque nos detivemos tanto no problema da interpretação do sonho. Verificou-se que os mecanismos inconscientes que discernimos mediante o estudo do trabalho do sonho e que explicaram a formação do sonho, que esses mesmos mecanismos também nos ajudaram a compreender os enigmáticos sintomas que suscitam todo o nosso interesse nas neuroses e psicoses. Essa coincidência gera grandes esperanças para nós.

# PARTE II
# A TAREFA PRÁTICA

## 6. A TÉCNICA PSICANALÍTICA

Portanto, o sonho é uma psicose, com todos os absurdos, delírios e ilusões sensoriais de uma psicose. Uma de curta duração, certamente; inofensiva e até mesmo útil, iniciada com a anuência da pessoa e encerrada por um ato de vontade dessa pessoa. Mas uma psicose, e por ela aprendemos que mesmo uma alteração tão profunda da psique pode ser desfeita e dar lugar à função normal. É então ousado esperar que seja possível submeter à nossa influência também as temidas doenças espontâneas da psique, promovendo sua cura?

Já sabemos várias coisas necessárias para esse empreendimento. Segundo pressupomos, o Eu tem a tarefa de cumprir as solicitações das três instâncias com que lida — a realidade, o Id e o Super-eu — e de, ao mesmo tempo, manter sua organização e afirmar sua autonomia. A precondição dos estados patológicos em pauta deve ser um enfraquecimento relativo ou absoluto do Eu, que lhe torne impossível a realização de suas tarefas. A mais severa exigência que se faz ao Eu é, provavelmente, a sujeição das exigências instintuais do Id, na qual ele mantém grandes gastos em contrainvestimentos. Mas também as exigências do Super-eu podem ser tão fortes e implacáveis que o Eu se acha como que paralisado ante as suas outras tarefas. Suspeitamos que nos conflitos econômicos daí resultantes o Id e o Super-eu se aliem frequentemente contra o Eu pressionado, que busca se apegar à realidade para manter seu estado normal. Os dois primeiros se tornando fortes demais, conseguem afrouxar e alterar a organização do Eu, de maneira que sua relação correta com a realidade é perturbada ou até mesmo rompida. Constatamos isso no sonho; quando o Eu se desprende da realidade do mundo exterior, sucumbe à psicose, sob a influência do mundo interior.

Nosso plano de cura se baseia nesses conhecimentos. O Eu está debilitado pelo conflito interior, temos de correr em seu auxílio. É como numa guerra civil que deve ser decidida pela assistência de um aliado externo. O médico analítico e o Eu debilitado do paciente devem, apoiados no mundo externo real, formar um partido contra os inimigos, as exigências instintuais do Id e as exigências de consciência do Super-eu. Selamos um pacto. O Eu doente nos promete franqueza total, ou seja, que disporemos de todo o material que sua autopercepção lhe fornece; nós lhe garantimos rigorosa discrição e colocamos a seu serviço nossa experiência na interpretação do material influenciado pelo inconsciente. Nosso saber deve compensar sua insciência, deve restituir a seu Eu o domínio sobre regiões perdidas da psique. Nesse pacto consiste a situação analítica.

Logo após esse passo temos a primeira decepção, a primeira chamada à modéstia. Se o Eu do paciente deve ser um aliado valioso em nosso trabalho conjunto, então ele precisa, apesar de toda a pressão dos poderes que lhe são hostis, manter certo grau de coesão e alguma com-

## 6. A TÉCNICA PSICANALÍTICA

preensão das exigências da realidade. Mas isso não se pode esperar do Eu do psicótico, ele não é capaz de obedecer a um pacto desses; dificilmente é capaz de aderir a ele, na verdade. Logo rejeitará nossa pessoa e o auxílio que lhe oferecemos, contando-os entre as porções do mundo externo que nada mais significam para ele. Percebemos, assim, que temos de renunciar à ideia de experimentar no psicótico o nosso plano de cura. Talvez para sempre, talvez só temporariamente, até acharmos outro plano mais adequado para ele.

Mas há outra categoria de doentes psíquicos que se acham claramente próximos dos psicóticos: o imenso número dos neuróticos severos. Os determinantes e os mecanismos patogênicos da sua doença devem ser os mesmos ou, pelo menos, muito semelhantes. Mas o seu Eu se mostrou mais capaz de resistência e se tornou menos desorganizado. Muitos deles conseguiram se impor na vida real, apesar de suas dores e das limitações por elas causadas. Esses neuróticos talvez se disponham a aceitar nossa ajuda. Neles vamos concentrar nosso interesse, e verificar até onde e por quais vias podemos "curá-los".

Com os neuróticos, então, fazemos este pacto: total franqueza de um lado, rigorosa discrição do outro. Isso dá a impressão de que buscaríamos apenas a posição de confessor secular. Mas a diferença é grande, pois dele não queremos somente escutar aquilo que sabe e esconde dos outros; ele deve também nos contar o que não sabe. Com esse propósito, fornecemos-lhe uma definição mais precisa do que entendemos por franqueza. Fazemo-lo comprometer com a *regra analítica básica*, que doravante deve reger sua atitude para conosco. Ele deve não apenas nos comunicar o que diz intencionalmente e de bom grado, o que, como numa confissão, lhe traz alívio, mas também tudo o mais que sua auto-observação lhe propicia, tudo o que lhe vem à mente, ainda quando lhe seja *desagradável* dizer, ainda quando lhe pareça *irrelevante* ou até mesmo *absurdo*. Se, conforme essa instrução, ele conseguir descartar sua autocrítica, fornecerá um material abundante — pensamentos, associações, lembranças que já estão sob a influência do inconsciente, muitas vezes derivam diretamente dele e, assim, permitem imaginarmos* o [material] inconsciente nele reprimido e, mediante nossa comunicação, ampliarmos o conhecimento de seu Eu sobre o inconsciente.

Mas o papel de seu Eu está longe de se limitar, numa obediência passiva, a nos trazer o material solicitado e aceitar credulamente nossa tradução dele. Acontecem várias coisas mais, algumas que poderíamos prever, outras que devem nos surpreender. A mais notável é que o paciente não se satisfaz em ver no analista, à luz da realidade, um auxiliar e conselheiro que é remunerado pelo esforço e que se contentaria ele próprio com o papel, digamos, de um guia numa complicada excursão pelas montanhas; o paciente enxerga nele, isto sim, o retorno — a reencarnação — de alguém importante

---

* "Imaginarmos": no original, *erraten* — nas versões consultadas: *conjecturar, colegir, indovinare, deviner, conjecture*. Além daquelas que normalmente utilizamos, dispusemos de uma antiga versão francesa, *Abregé de psychanalyse*, trad. Anne Berman, Paris, PUF, 8 ed., 1975 [1949].

## 6. A TÉCNICA PSICANALÍTICA

da sua infância, do seu passado, e por isso transfere para ele sentimentos e reações que certamente se referiam a esse modelo. Esse fato da transferência logo se revela um elemento de importância insuspeitada: por um lado, um instrumento valioso e insubstituível; por outro, uma fonte de sérios perigos. Essa transferência é *ambivalente*, envolve atitudes positivas, afetuosas, mas também negativas, hostis com o psicanalista, que em geral é posto no lugar de um dos genitores, do pai ou da mãe. Enquanto é positiva, presta-nos ótimos serviços. Modifica toda a situação analítica, relega a segundo plano a intenção racional de se tornar são e livre de sofrimentos. No lugar desta aparece a intenção de agradar o analista, de ganhar seu aplauso e seu amor. Ela se torna a autêntica mola impulsora da colaboração do paciente; o Eu fraco se torna forte, sob a influência dela realiza coisas que de outro modo não lhe seriam possíveis; cessa os sintomas, fica aparentemente são, apenas por amor ao analista. Esse talvez admita, envergonhado, que começou um empreendimento difícil sem suspeitar dos poderes extraordinários que se colocariam ao seu dispor.

A relação de transferência tem ainda outras duas vantagens. Se o paciente põe o analista no lugar de seu pai (de sua mãe), concede-lhe também o poder que o seu Super-eu exerce sobre o seu Eu, pois os genitores foram a origem do Super-eu. O novo Super-eu tem a oportunidade de proceder a uma espécie de *pós-educação* do neurótico, pode corrigir os erros pelos quais os genitores foram responsáveis na educação. Mas neste ponto cabe a admoestação de que não se utilize mal a nova influência. Embora seja tentador, para o analista, tornar-se mestre, modelo e ideal para outras pessoas, criar indivíduos segundo a sua imagem, ele não pode esquecer que isso não é sua tarefa na relação analítica, e que inclusive será infiel à sua tarefa se se deixar levar por essa inclinação. Então ele somente repete um equívoco dos pais, que sufocaram a independência do filho com sua influência, apenas substitui a dependência anterior por uma nova. O analista deve respeitar a individualidade do paciente, não obstante todos os seus esforços para melhorar e educar. A extensão da influência que ele pode legitimamente se permitir será determinada pelo grau de inibição do desenvolvimento que ele encontra no paciente. Alguns neuróticos permanecem tão infantis que também na análise podem ser tratados apenas como crianças.

Outra vantagem da transferência é que nela o paciente nos mostra, com clareza visual, uma parte relevante da história de sua vida, sobre a qual ele provavelmente não nos teria dado informação suficiente. Ele como que faz uma "atuação" diante de nós, em vez de um relato.

Passemos agora ao outro lado da questão. Como a transferência reproduz a relação com os pais, também toma sua ambivalência. É quase inevitável que um dia a atitude positiva ante o analista se converta em postura hostil, negativa. Também essa é, habitualmente, uma repetição do passado. A docilidade ante o pai (quando se tratava dele), o empenho em obter seu favor tinha origem num desejo erótico voltado para a sua pessoa.

## 6. A TÉCNICA PSICANALÍTICA

Em algum momento essa exigência irrompe também na transferência e demanda satisfação. Na situação analítica ela tem de permanecer frustrada. O relacionamento sexual real entre paciente e analista está excluído, e também formas mais delicadas de satisfação, como preferência, intimidade etc. são concedidas pelo analista apenas com muita parcimônia. O paciente toma esse desdém como motivo para a transformação; provavelmente aconteceu o mesmo na sua infância.

Os sucessos terapêuticos ocorridos sob a transferência positiva atraem a suspeita de serem de natureza *sugestiva*. Se a transferência negativa prevalece, eles se dissipam como folhas ao vento. Notamos, horrorizados, que todo o trabalho e esforço realizados até então foram inúteis. Até mesmo o que podíamos considerar um duradouro ganho intelectual do paciente, sua compreensão da psicanálise, sua confiança na eficácia desta, desaparecem prontamente. Ele se comporta como a criança que, não tendo juízo próprio, acredita cegamente na pessoa que tem seu amor, e não num desconhecido. Evidentemente, o perigo desses estados de transferência está em que o paciente não compreenda sua natureza e os tome por novas experiências reais, em vez de reflexos do passado. Se ele (ou ela) sente a forte necessidade erótica que se esconde por trás da transferência positiva, acredita estar completamente apaixonado; se a transferência muda, ele se acredita ofendido e negligenciado, odeia o analista como um inimigo e se dispõe a abandonar a análise. Nesses dois casos extremos, ele esqueceu o pacto que fez no início da análise, tornou-se inútil para o prosseguimento do trabalho em comum. É tarefa do analista arrancar o paciente à perigosa ilusão, mostrar-lhe sempre que é um reflexo do passado aquilo que ele considera uma nova vida real. E, para que ele não ingresse num estado que o torne refratário a toda evidência, o analista cuida para que o enamoramento ou a hostilidade não atinjam um grau extremo. Fazemos isso preparando-o logo para essas possibilidades e não deixando passar despercebidos os seus primeiros sinais. Esse cuidado no manejo da transferência costuma recompensar bem. Se conseguirmos (o que geralmente sucede) instruir o paciente sobre a natureza real dos fenômenos de transferência, privaremos sua resistência de uma arma poderosa e transformaremos perigos em ganhos, pois ele não esquece mais o que vivenciou nas formas da transferência; isso tem, para ele, uma força de convencimento maior do que tudo o que adquiriu de outra maneira.

Achamos muito indesejável que o paciente *atue* fora da transferência, em vez de recordar; o ideal, para nossos objetivos, seria ele se comportar do modo mais normal possível fora do tratamento e manifestar suas reações anormais apenas na transferência.

Nosso método para fortalecer o Eu enfraquecido parte da ampliação de seu autoconhecimento. Sabemos que isso não é tudo, mas é o primeiro passo. A falta desse conhecimento significa, para o Eu, perda de poder e influência; é o primeiro indício palpável de que está sendo restringido e estorvado pelas exigências do Id e do Super-eu. Assim, a primeira parte da nossa ajuda consiste num trabalho

## 6. A TÉCNICA PSICANALÍTICA

intelectual de nosso lado e numa solicitação ao paciente para o trabalho conjunto. Sabemos que essa atividade inicial deve nos abrir o caminho para outra tarefa mais difícil. Mesmo no estágio inicial não perderemos de vista a parte dinâmica dessa tarefa. De diversas fontes obtemos o material para nosso trabalho: daquilo que nos indicam as informações e associações livres do paciente, do que ele nos mostra em suas transferências, do que depreendemos da interpretação de seus sonhos, do que ele revela mediante seus *atos falhos*. Tudo isso nos ajuda a fazer construções sobre o que lhe sucedeu no passado e ele esqueceu, e também sobre o que lhe sucede no presente e ele não entende. Mas nisso nunca deixamos de distinguir rigorosamente entre o que ele sabe e o que nós sabemos. Evitamos comunicar-lhe de imediato aquilo que frequentemente adivinhamos* bem cedo, ou comunicar-lhe tudo o que acreditamos haver adivinhado. Refletimos cuidadosamente sobre quando devemos torná-lo sabedor de uma de nossas construções, aguardamos um momento que nos pareça adequado — algo nem sempre fácil de decidir. Em regra, adiamos a comunicação de uma construção, o esclarecimento, até que ele mesmo tenha se aproximado dela a ponto de lhe faltar apenas um passo, que é, no entanto, a síntese decisiva. Se procedêssemos de outra forma, se lhe jogássemos nossas interpretações antes de estar preparado para elas, a comunicação não teria efeito ou provocaria uma veemente irrupção de *resistência*, que poderia dificultar ou inclusive comprometer a continuação

---

* "Adivinhamos": no original, *erraten*.

do trabalho. Mas, se preparamos tudo corretamente, muitas vezes obtemos que o paciente confirme de imediato nossa construção e se lembre do esquecido evento* interior ou exterior. Quanto mais precisamente a construção corresponder aos pormenores do que foi esquecido, mais fácil será para ele a aprovação. Nesse ponto específico, nosso conhecimento se tornou também o seu.

Ao mencionar a resistência, chegamos à segunda parte, a mais importante de nossa tarefa. Já vimos que o Eu se protege da irrupção de elementos indesejáveis do Id inconsciente e reprimido mediante contrainvestimentos, que têm de permanecer intactos para seu funcionamento normal. Quanto mais pressionado se sente o Eu, tanto mais convulsivamente persevera, como que angustiado, nesses contrainvestimentos, a fim de proteger de outras irrupções a sua parte restante. Mas essa tendência defensiva não condiz absolutamente com os propósitos de nosso tratamento. Queremos, pelo contrário, que o Eu, encorajado pela certeza de nossa ajuda, ouse passar ao ataque, a fim de reconquistar o que foi perdido. Nisso percebemos a intensidade desses contrainvestimentos como *resistências* ao nosso trabalho. O Eu recua assustado diante desses empreendimentos, que parecem perigosos e ameaçam gerar desprazer; ele tem de ser animado e tranquilizado continuamente para não se furtar a nós. A essa resistência, que persiste por todo o tratamento e se renova a cada novo passo no trabalho, denominamos, de forma não muito correta, *resistência da re-*

---

* "Evento": *Vorgang*.

## 6. A TÉCNICA PSICANALÍTICA

*pressão*. Veremos que não é a única que nos aguarda. É interessante notar que nessa situação as coligações como que se invertem, pois o Eu se opõe ao nosso estímulo, mas o inconsciente, normalmente nosso adversário, nos presta auxílio, pois tem um natural "impulso para cima" [*Auftrieb*], e o que mais deseja é penetrar no Eu e até a consciência, por cima dos limites que lhe são colocados. A luta que se desencadeia quando alcançamos nosso propósito e podemos levar o Eu à superação de suas resistências se efetua sob nossa direção e com nosso auxílio. Não importa que desfecho ela tem: se o Eu aceita, após novo exame, uma exigência instintual até então rechaçada, ou se novamente a rejeita, agora definitivamente. Nos dois casos um perigo duradouro é eliminado, a esfera do Eu é ampliada e um enorme dispêndio [de energia] se torna supérfluo.

A superação das resistências é a parte do nosso trabalho que exige mais tempo e o maior esforço. Mas ela vale a pena, pois realiza uma vantajosa alteração do Eu, alteração essa que se conservará, independentemente do resultado da transferência, e se mostrará válida por toda a vida. Ao mesmo tempo, trabalhamos também para eliminar aquela alteração do Eu que havia se produzido por influência do inconsciente, pois sempre que pudemos constatar derivados deste no Eu demonstramos sua procedência ilegítima e instigamos o Eu a rejeitá-los. Lembramos que uma das precondições para o nosso pacto de auxílio foi que uma alteração do Eu pela intrusão de elementos inconscientes não ultrapassaria certa medida.

Quanto mais nosso trabalho avança e se aprofunda a nossa compreensão da vida psíquica dos neuróticos, mais claramente tomamos conhecimento de dois novos fatores, que requerem a máxima atenção como fontes de resistência. Os dois são inteiramente desconhecidos do paciente, nenhum dos dois pôde ser levado em conta quando foi feito nosso pacto; tampouco procedem eles do Eu do paciente. Podemos reuni-los sob uma denominação comum: "necessidade de doença ou de sofrimento"; mas são de origem diversa, embora semelhantes em outros aspectos. O primeiro desses fatores é o sentimento ou consciência de culpa, como é chamado, sem consideração pelo fato de que o doente não o sente nem o conhece. É, evidentemente, a contribuição que faz à resistência um Super-eu que se tornou particularmente duro e cruel. O indivíduo não deve ficar são, mas permanecer doente, pois não merece coisa melhor. Essa resistência não perturba efetivamente nosso trabalho intelectual, mas o torna ineficaz; com frequência permite até que eliminemos uma forma de sofrimento neurótico, mas logo se dispõe a substituí-la por outro, eventualmente por uma doença somática. Essa consciência de culpa também explica a cura ou melhora de neuroses graves que ocasionalmente observamos após desgraças reais; a questão é o indivíduo estar infeliz, não importando de que forma. É notável, mas também reveladora, a muda resignação com que essas pessoas toleram sua pesada sina. Ao combater essa resistência, temos de nos restringir a torná-la consciente e buscar a lenta demolição do Super-eu hostil.

Mais difícil é demonstrar que há outra resistência, para a qual nossos meios de combate são muito insatisfatórios. Entre os neuróticos existem pessoas em que, a julgar por todas as suas reações, o instinto de autoconservação foi praticamente revirado. Elas parecem ter como objetivo apenas prejudicar e destruir a si mesmas. Talvez pertençam a esse grupo os indivíduos que afinal cometem suicídio realmente. Supomos que neles tenham acontecido extensas disjunções* de instintos, em virtude das quais foram liberadas imensas quantidades de instinto de destruição voltado para dentro. Tais pacientes não suportam a ideia da recuperação pelo nosso tratamento, opõem-se a ela de toda maneira. Mas admitimos que esse é um caso que ainda não pudemos esclarecer totalmente.

Consideremos, uma vez mais, a situação a que chegamos em nossa tentativa de prestar auxílio ao Eu neurótico. Esse Eu já não consegue realizar a tarefa que lhe impõe o mundo externo, o que inclui a sociedade humana. Ele não dispõe de todas as suas experiências, boa parte do seu acervo de lembranças foi perdida. Sua atividade é inibida por severas proibições do Super-eu, sua energia se consome em inúteis tentativas de se defender das reivindicações do Id. Além disso, sua organização é afetada pelas contínuas irrupções do Id, ele está cindido, já não realiza sínteses apropriadas, é dilacerado por impulsos que se contrariam, conflitos não resolvidos, dúvidas não

---

* "Disjunções": *Entmischungen*; cf. nota sobre o termo no v. 16 destas *Obras completas*, p. 281.

dirimidas. De início, fazemos esse Eu enfraquecido do paciente tomar parte no trabalho puramente intelectual da interpretação, que busca preencher provisoriamente as lacunas em seu patrimônio psíquico, fazemos com que nos transfira a autoridade do seu Super-eu, instigamo-lo a assumir a luta em torno de cada exigência do Id e vencer as resistências que assim ocorrem. Ao mesmo tempo restauramos a ordem no Eu, detectando os conteúdos e impulsos que penetraram desde o inconsciente e expondo-os à crítica por remetê-los à sua origem. Servimos ao paciente em diferentes funções, como autoridade e sucedâneo dos pais, como professor e educador, e teremos feito o melhor para ele quando, como analista, elevamos os processos psíquicos de seu Eu ao nível normal, transformamos em pré-consciente o que se tornou inconsciente e reprimido e assim o devolvemos ao Eu. Do lado do paciente, agem a nosso favor alguns fatores racionais como a necessidade de cura motivada por seu sofrimento e o interesse intelectual que nele despertarmos pelas teorias e revelações da psicanálise; com força bem maior, porém, a transferência positiva em relação a nós. Por outro lado, lutam contra nós a transferência negativa, a resistência de repressão do Eu, isto é, seu desprazer com o trabalho difícil de que é encarregado, o sentimento de culpa da sua relação com o Super-eu e a necessidade de adoecer que vem de profundas alterações em sua economia instintual. Dependerá do grau de participação dos dois últimos fatores decidirmos se o caso é fácil ou sério. Fora eles, notamos alguns outros fatores que podem ser favoráveis ou desfavoráveis. Uma certa

## 6. A TÉCNICA PSICANALÍTICA

inércia psíquica, uma quase imobilidade da libido, ao não querer abandonar suas fixações, não é algo que podemos saudar; a capacidade de sublimação instintual da pessoa tem um papel relevante, assim como a capacidade de se erguer acima da grosseira vida governada por instintos e também o relativo poder de suas funções intelectuais.

Não ficamos desapontados — achamos compreensível, isto sim — se chegamos à conclusão de que o resultado final da luta que encetamos depende de relações quantitativas, do montante de energia que podemos mobilizar a nosso favor no paciente, em comparação com a soma de energia dos poderes que contra nós atuam. Também aqui Deus está com os batalhões mais fortes[*] — sem dúvida, nem sempre logramos vencer; mas geralmente conseguimos, ao menos, perceber por que não vencemos. Quem acompanhou nossa exposição somente por interesse terapêutico talvez se afaste com desdém após esta confissão. Mas aqui a terapia nos concerne apenas na medida em que trabalha com meios psicológicos; no momento não temos outros. No futuro, pode ser que aprendamos a influenciar diretamente, com substâncias químicas especiais, as quantidades de energia e sua distribuição no aparelho psíquico. Talvez surjam outras possibilidades terapêuticas ainda insuspeitadas. Atualmente não dispomos de nada melhor que a técnica psicanalítica, e por isso não se deve desprezá--la, não obstante suas limitações.

---

[*] Alusão a uma frase de Voltaire, em carta a M. le Riche, de 1770: *"On dit que Dieu est toujours pour les gros bataillons"* [Dizem que Deus está sempre a favor dos grandes batalhões].

## 7. UMA AMOSTRA DO TRABALHO PSICANALÍTICO

Adquirimos um conhecimento geral do aparelho psíquico, das partes, instâncias, órgãos de que se compõe, das forças que nele atuam, das funções atribuídas às suas diferentes partes. As neuroses e psicoses são os estados em que se manifestam os distúrbios no funcionamento do aparelho. Como objeto de estudo escolhemos as neuroses, pois somente elas parecem acessíveis aos métodos psicológicos de nossa intervenção. Enquanto buscamos influir sobre elas, colhemos as observações que nos fornecem um quadro de sua origem e da maneira como se formam.

Apresentemos logo, antes da exposição, um de nossos principais resultados. As neuroses não têm — como as doenças infecciosas, por exemplo — causas específicas. Seria inútil procurar por agentes patogênicos nelas. Acham-se ligadas à assim chamada norma por transições fluidas, e, por outro lado, dificilmente há um estado reconhecido como normal, em que não se comprovem indícios de traços neuróticos. As pessoas neuróticas têm aproximadamente as mesmas predisposições dos demais indivíduos, vivenciam as mesmas coisas, não têm tarefas diferentes para realizar. Por que, então, vivem de maneira tão mais difícil, com mais sensações desprazerosas, dores e angústia?

Não precisamos ficar devendo uma resposta a essa pergunta. São *desarmonias quantitativas* que devem ser responsáveis pela inadequação e pelos sofrimentos dos neuróticos. A causa de todas as configurações da vida

## 7. UMA AMOSTRA DO TRABALHO PSICANALÍTICO

psíquica humana deve ser buscada na ação recíproca de predisposições inatas e vivências acidentais. Ora, um determinado instinto pode ser inatamente muito forte ou muito fraco; uma determinada capacidade, atrofiada ou desenvolvida de modo insuficiente na vida. Por outro lado, as impressões e vivências externas podem colocar exigências de intensidade diferente a cada pessoa, e o que a constituição de uma é capaz de superar talvez seja uma tarefa difícil demais para outra. Essas diferenças quantitativas determinarão a variedade do desfecho.

Mas logo nos daremos conta de que essa explicação é insatisfatória. Ela é muito geral, explica em demasia. A etiologia apresentada se aplica a todos os casos de sofrimento, miséria e paralisia psíquicas, mas nem todos esses estados podem ser designados como neuróticos. As neuroses têm características específicas, são uma miséria de tipo especial. Assim, deveremos, afinal, encontrar causas específicas para elas, ou poderemos imaginar que entre as tarefas que a psique deve superar há algumas em que malogra facilmente, de modo que a peculiaridade dos fenômenos neuróticos, frequentemente tão singulares, decorreria disso, sem que precisássemos retirar as afirmações anteriores. Se é verdadeiro que as neuroses não diferem essencialmente da norma, então o seu estudo promete contribuições valiosas para o conhecimento dessa norma. Ao empreendê-lo, descobriremos talvez os "pontos fracos" de uma organização normal.

Esta suposição se confirma. As experiências analíticas nos mostram que há realmente uma exigência instintual em cuja superação o indivíduo tende a fracassar ou que só imperfeitamente obtém, e uma época da vida que se acha relacionada, de modo predominante ou exclusivo, com a formação da neurose. Esses dois fatores, natureza do instinto e época da vida, devem ser considerados separadamente, embora estejam ligados entre si.

Sobre o papel da época da vida podemos nos manifestar com razoável certeza. Parece que as neuroses são adquiridas apenas na primeira infância (até os seis anos), ainda que os sintomas talvez surjam apenas muito tempo depois. A neurose infantil pode se tornar manifesta por um breve período ou até mesmo passar despercebida. O posterior adoecimento neurótico se liga, em todos os casos, ao prelúdio havido na infância. Talvez a assim chamada neurose traumática (por um susto muito grande, ou severos abalos somáticos como choque de trens, soterramento etc.) constitua uma exceção; até agora a pesquisa não constatou ligação entre ela e a precondição infantil. Não é difícil fundamentar a prioridade etiológica dada à primeira infância. Como sabemos, as neuroses são afecções do Eu, e não é de admirar que o Eu, enquanto é fraco, inacabado e incapaz de resistência, fracasse na superação de tarefas que depois poderá realizar brincando. Então as exigências instintuais de dentro, assim como as excitações do mundo exterior, agem como "traumas", especialmente quando certas predisposições as favoreçam. O Eu desamparado busca defender-se delas com tentativas de fuga (*repressões*) que depois se revelam inadequadas e representam limitações duradouras para o desenvolvimento poste-

## 7. UMA AMOSTRA DO TRABALHO PSICANALÍTICO

rior. Os danos sofridos pelo Eu em suas primeiras vivências nos parecem desproporcionais, mas basta pensar, como analogia, na diferença dos efeitos obtidos quando — como nas experiências de Roux* — uma agulha é enfiada num monte de células germinativas que estão a se dividir, em vez de no animal completo que depois se forma a partir delas. Nenhum indivíduo humano é poupado dessas vivências traumáticas, nenhum escapa às repressões por elas instigadas. Essas problemáticas reações do Eu são talvez indispensáveis para o alcance de outra meta estabelecida para a mesma época da vida. O pequeno ser primitivo deve se tornar uma criatura civilizada em poucos anos, deve perfazer um trecho considerável da evolução cultural humana de forma extremamente abreviada. Isso é tornado possível pela predisposição hereditária, mas quase nunca dispensa o auxílio da educação, da influência parental, que, como precursora do Super-eu, restringe a atividade do Eu mediante proibições e castigos e propicia ou força a execução de repressões. Assim, não devemos esquecer de incluir a influência cultural entre as precondições da neurose. Para o bárbaro, pelo que vemos, é fácil permanecer sadio; para o homem civilizado, é uma árdua tarefa. A ânsia por um Eu forte e desinibido nos parece compreensível; como nos mostra a época atual, é profundamente hostil à civilização. E, como as exigências culturais são representadas pela educação no interior da família, temos de considerar também essa característica biológica da espécie humana —

* Wilhelm Roux (1850-1924), um dos pioneiros da embriologia.

o prolongado período de dependência infantil — na etiologia das neuroses.

No que diz respeito ao outro ponto, o fator instintual especificamente, descobrimos uma interessante discrepância entre teoria e experiência. Teoricamente não há objeção à hipótese de que qualquer exigência instintual pode ocasionar as mesmas repressões e suas consequências; mas a observação nos mostra invariavelmente, até onde podemos julgar, que as excitações com esse papel patogênico vêm de instintos parciais da vida sexual. Os sintomas das neuroses são todos, podemos dizer, satisfação substitutiva de algum impulso sexual ou medidas para evitá-lo, geralmente compromissos entre as duas — tais como se dão entre opostos, segundo as leis do inconsciente. A lacuna em nossa teoria não pode ser preenchida atualmente; a decisão é dificultada pelo fato de a maioria dos impulsos da vida sexual não ser de natureza puramente erótica, resultando, isto sim, de amálgamas do instinto sexual com porções do instinto de destruição. Mas não há dúvida de que os instintos que se manifestam fisiologicamente como sexualidade têm papel de destaque, de inesperada magnitude, na causação das neuroses — se esse papel é exclusivo, é algo que fica em aberto. Deve-se também considerar que nenhuma outra função, no curso da evolução cultural, foi repudiada de maneira tão enérgica e ampla como a função sexual. A teoria terá de se contentar com alguns indícios que apontam para um nexo mais profundo: o fato de que o primeiro período da infância, durante o qual o Eu começa a se distinguir do Id, é também a épo-

## 7. UMA AMOSTRA DO TRABALHO PSICANALÍTICO

ca do primeiro florescimento sexual, que tem fim com o período de latência; que não pode ser casual que essa importante época inicial sucumba à amnésia infantil mais tarde; e, por fim, que alterações biológicas da vida sexual, como justamente esse começo em dois tempos da função sexual, a perda da característica da periodicidade da excitação e a mudança na relação entre menstruação feminina e excitação masculina, que essas inovações na sexualidade devem ter sido muito importantes na evolução do animal para o homem. À ciência do futuro caberá reunir esses dados agora isolados e obter a partir deles uma nova compreensão. Não é a psicologia, mas a biologia que mostra aqui uma lacuna. Talvez não estejamos errados se dissermos que o ponto fraco na organização do Eu está em sua atitude para com a função sexual, como se a antítese biológica entre autoconservação e conservação da espécie encontrasse aqui uma expressão psicológica.

Se a experiência analítica nos convenceu de que é inteiramente correta a afirmação frequente de que o garoto é, em termos psicológicos, o pai do adulto, e as vivências de seus primeiros anos são de importância inigualável para toda a sua vida posterior, então será de interesse especial, para nós, se houver algo que possa ser designado como a vivência central desse período da infância. Nossa atenção é atraída primeiramente pelos efeitos de determinadas influências que não dizem respeito a todas as crianças, mas ocorrem com alguma frequência — como o abuso sexual por adultos, a sedução por crianças um pouco mais velhas (irmãos e irmãs) e, algo surpreendente, sua comoção por participar, como testemunha visual e auditiva, de atos sexuais dos adultos (dos pais), geralmente numa época em que não se espera que tenham interesse ou compreensão por impressões desse tipo, nem a capacidade de lembrar-se delas depois. É fácil verificar o quanto a suscetibilidade sexual da criança é despertada por tais vivências e seus próprios impulsos sexuais são impelidos por determinados trilhos que não pode mais abandonar. Como tais impressões sucumbem à repressão imediatamente ou tão logo buscam retornar como lembrança, produzem a condição para a compulsão neurótica que depois tornará impossível, para o Eu, controlar a função sexual, e provavelmente fará com que ele se afaste permanentemente dela. Essa última reação terá por consequência uma neurose; não ocorrendo esta, várias perversões se formarão ou haverá a completa indisciplina dessa função extraordinariamente importante não só para a reprodução, mas para toda a configuração da vida.

Esses casos podem ser instrutivos, mas nosso interesse cabe, em grau ainda maior, à influência de uma situação pela qual todas as crianças passam e que decorre necessariamente do fator da prolongada dependência e convivência com os pais. Refiro-me ao *complexo de Édipo*, assim chamado porque seu conteúdo essencial se acha na lenda grega do rei Édipo, que felizmente nos foi preservada na versão de um grande dramaturgo. O herói grego mata o pai e esposa a mãe. O fato de ele realizar isso de modo insciente, pois não sabe que são seus genitores, é um desvio da circunstância analítica, que

## 7. UMA AMOSTRA DO TRABALHO PSICANALÍTICO

facilmente compreendemos e que inclusive reconheceremos como necessário.

Neste ponto precisamos descrever separadamente a evolução do menino e da menina — do homem e da mulher —, pois agora a diferença entre os sexos tem sua primeira expressão psicológica. O fato biológico da dualidade do sexo surge à nossa frente como um grande enigma, um elemento derradeiro para nosso conhecimento, desafiando toda tentativa de referi-lo a algo mais. A psicanálise não contribuiu em nada para a clarificação desse problema, que evidentemente toca à biologia. Na vida psíquica encontramos apenas reflexos dessa grande antítese, e a interpretação deles é dificultada pelo fato, há muito suspeitado, de que nenhum indivíduo se limita aos modos de reação de um único sexo, mas sempre deixa algum espaço para aqueles do sexo oposto, exatamente como seu corpo traz em si, junto com os órgãos desenvolvidos de um sexo, também os rudimentos do outro, atrofiados e frequentemente inúteis. Para diferenciar entre masculino e feminino na psique, servimo-nos de uma equivalência empírica e convencional que é claramente insatisfatória. Chamamos "masculino" a tudo que é forte e ativo, e "feminino" a tudo que é fraco e passivo. Esse fato da bissexualidade também psicológica complica as nossas investigações e dificulta a sua exposição.

O primeiro objeto erótico da criança é o seio nutridor materno, o amor surge apoiando-se na necessidade de nutrição satisfeita. Sem dúvida, inicialmente a criança não distingue o seio do seu próprio corpo; quando ele tem de ser separado do corpo, levado para "fora", pois frequentemente a criança nota sua ausência, ele leva consigo, como "objeto", uma parte do investimento libidinal originalmente narcísico. Esse primeiro objeto se amplia depois, torna-se a pessoa da mãe, que não apenas nutre, mas também cuida, provocando muitas outras sensações corporais na criança, tanto prazerosas como desprazerosas. Cuidando do corpo da criança, ela se torna sua primeira sedutora. Nesses dois tipos de relação está a origem do significado único da mãe, incomparável e inalterável por toda a vida, como primeiro e mais forte objeto de amor, como modelo de todas as posteriores relações amorosas — em ambos os sexos. Nisso a fundamentação filogenética predomina de tal forma sobre as vivências pessoais acidentais que não faz diferença se a criança realmente mamou no peito ou foi nutrida com mamadeiras e não gozou jamais do carinho dos cuidados maternos. Nos dois casos o seu desenvolvimento toma o mesmo caminho; no segundo, talvez o anseio posterior seja mais forte. E, por mais que a criança tenha sido alimentada no seio materno, sempre terá a convicção, após o desmame, de que a amamentação foi muito breve e muito pouca.

Esta introdução não é supérflua, pode aumentar nossa compreensão da intensidade do complexo de Édipo. Quando o menino (a partir dos dois ou três anos) entra na fase fálica do seu desenvolvimento libidinal, tendo recebido sensações prazerosas em seu membro sexual e aprendido a obtê-las por estímulo manual, ele se torna o amante da mãe. Deseja possuí-la fisicamente, nas for-

## 7. UMA AMOSTRA DO TRABALHO PSICANALÍTICO

mas que vislumbrou por suas observações e intuições da vida sexual; procura seduzi-la, mostrando-lhe o membro viril de cuja posse tem orgulho. Sua masculinidade, despertada cedo, busca tomar o lugar do pai junto a ela, do pai que até então fora seu modelo invejado, devido à força física que nele percebe e à autoridade de que o vê dotado. Agora o pai é seu rival, que está no seu caminho e do qual quer se desembaraçar. Se na ausência do pai ele pode partilhar o leito materno, do qual é novamente banido após o retorno do pai, a satisfação com o afastamento deste e a decepção com seu reaparecimento são vivências que calam fundo no menino. Esse é o teor do complexo de Édipo, que a lenda grega transpôs do mundo de fantasia da criança para uma suposta realidade. Nas condições de nossa cultura, um fim terrível lhe é reservado normalmente.

A mãe compreende muito bem que a excitação sexual do garoto diz respeito a ela mesma. Cedo ou tarde lhe ocorre que não é certo deixar que prossiga. Ela acredita fazer a coisa certa quando proíbe que o garoto manipule o membro. A proibição não adianta; quando muito, gera uma mudança na maneira de obter satisfação. Por fim, a mãe recorre à medida mais drástica: ameaça tirar do menino a coisa em que insiste. Geralmente ela afirma que o pai executará a ameaça, a fim de torná-la mais terrível e mais verossímil. Ela dirá ao pai, e este cortará o membro do menino. Curiosamente, essa ameaça funciona apenas quando outra condição é preenchida antes ou depois. Parece inimaginável, para o garoto, que algo assim possa ocorrer. Mas se, ao ouvir a ameaça, ele se recorda da aparência dos genitais femininos, ou lhe acontece, pouco depois, ver esses genitais — em que falta justamente a parte que ele estima acima de tudo —, então ele acredita no que ouviu e experimenta, caindo sob a influência do *complexo da castração*, o mais sério trauma de sua jovem existência.[9]

Os efeitos da ameaça de castração são múltiplos e imensuráveis, dizem respeito a todas as relações do menino com o pai e a mãe, e depois com os homens e as mulheres. Em geral, a masculinidade do garoto não suporta esse primeiro abalo. A fim de salvar seu órgão sexual, ele renuncia mais ou menos completamente à posse da mãe, com frequência sua vida sexual fica comprometida permanentemente por essa proibição. Se um forte componente feminino (como dizemos) está presente nele, adquire mais força com a intimidação da masculinidade. Ele entra numa atitude passiva ante o pai, a mesma postura que atribui à mãe. É verdade que, devido à amea-

---

9 A castração também não falta no mito de Édipo, pois a cegueira com que ele pune a si mesmo após descobrir seu crime é, conforme a evidência dos sonhos, um substituto simbólico da castração. Não é de excluir que o extraordinário terror produzido pela ameaça se deva também a um traço mnêmico filogenético dos primórdios da família pré-histórica, em que o pai ciumento subtraiu realmente o genital do filho, quando este passou a importuná-lo como rival em relação à mulher. O antiquíssimo costume da circuncisão, outro sucedâneo simbólico da castração, pode ser compreendido apenas como expressão da submissão à vontade do pai (cf. os ritos de puberdade dos povos primitivos). Ainda não foi investigado como a evolução acima descrita se apresenta nos povos e nas culturas que não suprimem a masturbação infantil.

## 7. UMA AMOSTRA DO TRABALHO PSICANALÍTICO

ça, ele abandonou a masturbação, mas não a atividade fantasiosa que a acompanha. Esta é cultivada mais até do que antes, por ser a única forma de satisfação sexual que lhe resta, e em tais fantasias ele ainda se identificará com o pai, mas simultaneamente — e talvez sobretudo — com a mãe. Derivados e produtos modificados dessas primeiras fantasias masturbatórias costumam ingressar em seu Eu posterior e vão participar da formação de seu caráter. Além desse encorajamento de sua feminilidade, o medo e o ódio ao pai terão um grande aumento. A masculinidade do garoto como que retrocede para uma atitude desafiadora ante o pai, que dominará compulsivamente sua posterior conduta na sociedade humana. Como resíduo da fixação erótica na mãe, muitas vezes se cria uma excessiva dependência dela, que depois prosseguirá na forma de sujeição às mulheres. Ele já não ousa amar a mãe, mas não pode arriscar não ser amado por ela, pois então correria o perigo de ser denunciado por ela ao pai e de sofrer a castração. Toda a experiência, com suas precondições e consequências — das quais nossa exposição pôde oferecer apenas algumas —, sucumbe a uma repressão extremamente enérgica, e, como admitem as leis do Id inconsciente, todos os impulsos emocionais e reações conflitantes entre si, que foram então ativados, ficam preservados no inconsciente, prontos para perturbar o futuro desenvolvimento do Eu após a puberdade. Quando o processo somático da maturação sexual reavivar as antigas fixações libidinais aparentemente superadas, a vida sexual se mostrará inibida, sem unidade, dividida em tendências conflitantes.

É certo que nem sempre o impacto da ameaça de castração na nascente vida sexual do menino tem essas consequências temidas. Mais uma vez, dependerá de relações quantitativas a extensão dos danos causados. Todo o acontecimento — no qual é lícito ver a experiência central da infância, o maior problema dos anos iniciais e a mais poderosa fonte da deficiência futura — é esquecido de forma tão radical que sua reconstrução no trabalho analítico depara com enorme descrença por parte do adulto. A rejeição vai ao ponto de a pessoa não querer ouvir nenhuma menção do assunto proscrito e ignorar seus mais evidentes indícios, numa singular cegueira intelectual. Foi possível escutar a objeção, por exemplo, de que o mito do rei Édipo nada tem a ver propriamente com a construção feita na análise, que se trata de um caso muito diverso, pois Édipo não sabia que era seu pai o homem que matou, e sua mãe, a mulher que desposou. Nisso não se leva em conta que tal deformação é inevitável quando se busca dar uma configuração poética ao material e que nela não há introdução de algo novo, mas sim a utilização habilidosa de elementos encontrados no tema. A insciência de Édipo é a legítima representação da inconsciência em que toda a experiência caiu para o adulto, e a coação* do oráculo, que torna ou deveria tornar inocente o herói, é o reconhecimento da inexorabilidade do destino, que condenou todos os filhos a passar pelo complexo de

---

* No original, *Zwang*, que normalmente traduzimos por "compulsão" ou "obsessão".

## 7. UMA AMOSTRA DO TRABALHO PSICANALÍTICO

Édipo. Quando, em outra ocasião, a psicanálise observou como o enigma de outro herói da literatura — o irresoluto Hamlet de Shakespeare — pode ser facilmente solucionado por referência ao complexo de Édipo, já que o príncipe fracassa na tarefa de punir outra pessoa pelo que corresponde ao teor de seus próprios desejos edípicos, a incompreensão geral do mundo literário mostrou como a massa dos indivíduos estava disposta a se apegar a suas repressões infantis.[10]

Todavia, mais de um século antes do surgimento da psicanálise o francês Diderot deu testemunho da importância do complexo de Édipo, ao exprimir com as seguintes palavras a diferença entre história primitiva e civilização: *"Si le petit sauvage était abandonné à lui même, qu'il conservât toute son imbecillité et qu'il réunît au peu de raison de l'enfant au berceau la violence des passions de l'homme de trente ans, il tordrait le cou à son père et coucherait avec sa mère"* [Se o pequeno selvagem fosse abandonado a si mesmo, conservasse toda a sua imbecilidade e juntasse à pouca razão da criança de berço a violência das paixões de um homem de trinta anos,

---

10 O nome William Shakespeare é provavelmente um pseudônimo, atrás do qual se oculta um grande desconhecido. Um homem que alguns acreditam ser o autor das obras de Shakespeare, Edward de Vere, conde de Oxford, perdeu ainda criança o pai amado e admirado e afastou-se inteiramente da mãe, que pouco depois da morte do marido contraiu novo matrimônio. [A excêntrica opinião de que Edward de Vere foi o verdadeiro Shakespeare é explicitada numa nota que Freud acrescentou em 1935 à sua "Autobiografia" (1925), no v. 16 destas *Obras completas*, p. 151.]

ele torceria o pescoço do pai e dormiria com a mãe].*
Atrevo-me a dizer que, se a psicanálise não pudesse se gabar de outra realização além da descoberta do complexo de Édipo reprimido, isso já lhe daria o direito de ser incluída entre as valiosas conquistas recentes da humanidade.

Os efeitos do complexo da castração na menina são mais uniformes e igualmente profundos. Naturalmente, a criança do sexo feminino não pode recear a perda do pênis, mas tem de reagir ao fato de não tê-lo recebido. Desde o início ela inveja os garotos por possuí-lo, pode-se dizer que todo o seu desenvolvimento se faz sob o signo da inveja do pênis. Primeiro ela faz tentativas vãs de igualar-se ao garoto, e depois, com mais êxito, faz esforços para compensar seu defeito, os quais podem finalmente levar à atitude feminina normal. Se ela procura, na fase fálica, conseguir prazer pelo estímulo manual dos genitais, muitas vezes não obtém satisfação que lhe baste, e estende a toda a sua pessoa o juízo sobre a inferioridade do seu pênis atrofiado. Em geral, logo abandona a masturbação, pois não quer ser lembrada da superioridade do irmão ou companheiro de brinquedos, e se afasta completamente da sexualidade.

Se a menina persiste no desejo inicial de se tornar um garoto, em caso extremo terminará como homossexual manifesta, de outro modo exibirá traços masculinos

---

* De *Le Neveu de Rameau* [O sobrinho de Rameau, 1762]; também citado por Freud na 21ª das *Conferências introdutórias à psicanálise*, 1916-1917, e em "O Parecer da Faculdade no Processo Halsmann", 1930.

## 7. UMA AMOSTRA DO TRABALHO PSICANALÍTICO

acentuados em sua vida futura, escolherá um trabalho masculino etc. O caminho alternativo passa pelo desligamento da mãe que ama, à qual, sob a influência da inveja do pênis, não pode perdoar que a tenha enviado ao mundo assim tão mal aparelhada. Ressentida com isso, abandona a mãe e a substitui por outra pessoa como objeto de amor, pelo pai. Quando se perde um objeto de amor, a reação mais próxima é identificar-se com ele, como que substituí-lo a partir de dentro mediante a identificação. Esse mecanismo vem agora em auxílio da garota. A identificação com a mãe pode substituir a ligação com a mãe. A filhinha se põe no lugar da mãe, como sempre fez em suas brincadeiras; quer substituí-la junto ao pai, e passa a odiar a mãe que antes amava, com dupla motivação: por ciúme e por sentir-se ofendida pelo pênis que lhe foi recusado. Sua nova relação com o pai talvez contenha inicialmente o desejo de dispor do pênis do pai, mas culmina em outro desejo: ganhar dele um filho de presente. O desejo de ter um filho assumiu o lugar do desejo do pênis, ou pelo menos se desdobrou a partir dele.

É interessante que a relação entre complexo de Édipo e complexo da castração tenha se configurado tão diversamente na mulher e no homem — de maneira oposta, na verdade. Nesse último, como vimos, a ameaça de castração põe fim ao complexo de Édipo; na mulher verificamos, ao contrário, que a falta do pênis tem o efeito de empurrá-la para o seu complexo de Édipo. A mulher não é muito prejudicada quando permanece em sua postura edípica feminina (foi sugerido para esta o nome "complexo de Electra").* Ela escolherá o marido conforme características do pai e estará disposta a reconhecer sua autoridade. Seu anseio de possuir um pênis — que é insaciável, na verdade — pode chegar à satisfação se ela conseguir ampliar o amor ao órgão e torná-lo amor ao seu portador, como sucedeu antes, quando progrediu do seio da mãe à pessoa da mãe.

Quando se pergunta a um analista que formações psíquicas de seus pacientes se revelaram mais refratárias à influência, a resposta será: na mulher, o desejo de possuir um pênis; no homem, a postura feminina ante seu próprio sexo, que tem como pressuposto a perda do pênis.

# PARTE III
# O GANHO TEÓRICO

## 8. O APARELHO PSÍQUICO E O MUNDO EXTERIOR

Naturalmente, todas as percepções e premissas gerais que apresentamos em nosso primeiro capítulo foram adquiridas mediante o trabalho cuidadoso e paciente exem-

---

* Na mitologia grega, Electra é filha de Agamenon e Clitemnestra; junto com o irmão, Orestes, ela vingou a morte do pai, que fora assassinado pela mãe e o amante desta. Segundo James Strachey, quem sugeriu o nome "complexo de Electra" para o complexo de Édipo feminino foi C. G. Jung. Mas Freud se manifestou contra o seu uso nos ensaios "Sobre a psicogênese de um caso de homossexualidade feminina" (1920) e "Sobre a sexualidade feminina" (1931).

## 8. O APARELHO PSÍQUICO E O MUNDO EXTERIOR

plificado na seção anterior. Agora talvez seja tentador examinar que enriquecimento do nosso saber obtivemos com esse trabalho e que caminhos abrimos para um avanço posterior. Nisso nos damos conta de que frequentemente fomos obrigados a nos aventurar além das fronteiras da psicologia. Os fenômenos de que nos ocupamos não pertencem apenas à ciência psicológica, têm também um lado orgânico-biológico, e, portanto, em nossos esforços pela criação da psicanálise fizemos também significativos achados biológicos e não pudemos evitar novas suposições biológicas.

Mas fiquemos na psicologia por enquanto. Notamos que não é viável, cientificamente, fazer uma delimitação entre a norma psíquica e a anormalidade, de modo que essa distinção possui apenas valor convencional, não obstante sua importância prática. Assim justificamos o direito de compreender a vida psíquica normal a partir dos seus distúrbios, o que não seria admissível se esses estados patológicos — neuroses e psicoses — tivessem causas específicas que atuassem como corpos estranhos.

O estudo de um transtorno psíquico que ocorre no sono, passageiro, inócuo, tendo até mesmo uma função útil, deu-nos a chave para a compreensão das doenças psíquicas permanentes e prejudiciais à vida. E agora ousamos afirmar que a psicologia da consciência era tão incapaz de compreender o funcionamento psíquico normal quanto o do sonho. Os dados da autopercepção consciente, os únicos de que dispunha, revelaram-se insuficientes para penetrar a multiplicidade e complexidade dos processos psíquicos, descobrir suas conexões e, desse modo, conhecer as precondições para seus distúrbios.

Nossa hipótese de um aparelho psíquico que se estende espacialmente, composto de elementos adequados a seu fim, desenvolvido conforme as necessidades da vida, que apenas em certo lugar e sob determinadas condições faz surgir o fenômeno da consciência — essa hipótese nos permitiu estabelecer a psicologia sobre um fundamento semelhante ao de qualquer outra das ciências naturais, como a física, por exemplo. Uma e outra têm a tarefa de descobrir, por trás das características (qualidades) do objeto de pesquisa que são dadas diretamente à nossa percepção, algo que é mais independente da seletiva receptividade de nossos órgãos sensoriais e que melhor se aproxima do estado de coisas real conjecturado. Este mesmo não temos esperança de alcançar, pois vemos que tudo o que inferimos precisamos retraduzir para a linguagem de nossas percepções, da qual não podemos nos libertar. Mas isso é justamente a natureza e a limitação da nossa ciência. É como se disséssemos na física: "Se nossa visão fosse bastante aguda, veríamos que um corpo aparentemente sólido se compõe de partículas de tal e tal forma, grandeza e posição relativa". Entrementes buscamos aumentar ao máximo, com recursos artificiais, a capacidade de nossos órgãos sensoriais, mas não se deve esperar que todos esses esforços alterem alguma coisa no resultado final. O real permanecerá sempre "incognoscível". O ganho que o trabalho científico produz, em relação a nossas

## 8. O APARELHO PSÍQUICO E O MUNDO EXTERIOR

percepções sensoriais primárias, consiste na penetração de nexos e dependências que existem no mundo exterior, que no mundo interior do nosso pensamento podem ser, de algum modo, confiavelmente reproduzidos ou refletidos, e cujo conhecimento nos habilita a "compreender" algo no mundo exterior, prever esse algo e possivelmente mudá-lo. De maneira muito semelhante procedemos na psicanálise. Encontramos os meios técnicos de fechar as lacunas dos fenômenos de nossa consciência, meios dos quais nos servimos tal como o físico recorre a experimentos. Por essa via inferimos um bom número de processos que em si são "incognoscíveis" e os encaixamos entre aqueles que nos são conhecidos; e quando dizemos, por exemplo, que em certo ponto interveio uma lembrança inconsciente, isso significa: "Neste ponto ocorreu algo inconcebível para nós, mas que, se nos tivesse chegado à consciência, só poderia ser descrito de tal e tal maneira".

Com que direito e com que grau de certeza nós fazemos tais inferências e interpolações, isso naturalmente está sujeito à crítica em cada caso específico, e não se há de negar que muitas vezes a decisão envolve grandes dificuldades, que se expressam na falta de concordância entre os analistas. A novidade da tarefa deve ser responsável por isso, ou seja, a falta de treinamento; mas também um fator especial inerente ao objeto, pois a psicologia, diferentemente da física, nem sempre lida com coisas que provocam apenas um frio interesse científico. Assim, não nos surpreenderemos muito se uma analista que não se acha bastante convencida da intensidade de seu próprio desejo do pênis também não atentar devidamente para esse fator em suas pacientes. Mas essas fontes de erro originadas da equação pessoal não significam muito, no final das contas. Lendo velhos manuais de microscopia, nota-se, com espanto, as extraordinárias exigências feitas à personalidade de quem observava no instrumento, quando isso era ainda uma técnica nova, enquanto hoje não se fala mais disso.

Não podemos nos colocar a tarefa de esboçar aqui um quadro completo do aparelho psíquico e de suas atividades, e nisso também nos impediria o fato de que a psicanálise ainda não teve tempo para estudar todas as funções igualmente. Por isso nos contentamos com uma recapitulação detalhada do que foi exposto na seção introdutória. O núcleo de nosso ser, então, é formado pelo obscuro *Id*, que não lida diretamente com o mundo externo e se torna acessível ao nosso conhecimento apenas pela mediação de outra instância. Nesse Id agem os *instintos* orgânicos, que são compostos de mesclas de duas forças primordiais (Eros e destrutividade) em proporções variáveis e se diferenciam uns dos outros por sua relação com os órgãos ou sistemas de órgãos. Esses instintos visam tão somente a satisfação, que se espera obter de certas alterações nos órgãos com o auxílio de objetos do mundo exterior. Mas a satisfação imediata e inconsiderada, tal como pede o Id, levaria frequentemente a conflitos perigosos com o mundo externo e à extinção. O Id não tem preocupação em assegurar a continuidade, não conhece o medo, ou, melhor dizendo, pode desenvolver os elementos sensoriais do medo, mas não pode usá-los.

## 8. O APARELHO PSÍQUICO E O MUNDO EXTERIOR

Os processos* possíveis nos e entre os elementos psíquicos supostos no Id (*processo primário*) diferem amplamente daqueles que nos são conhecidos através da percepção consciente em nossa vida intelectual e afetiva, e para eles não valem as restrições críticas da lógica, que rejeita e procura desfazer parte deles como sendo inadmissível.

O Id, separado do mundo exterior, tem seu próprio mundo de percepção. Sente com extraordinária agudeza determinadas mudanças em seu interior, sobretudo oscilações na tensão de suas necessidades instintuais, que se tornam conscientes sob a forma de sensações na série prazer-desprazer. É difícil dizer por quais vias e com o auxílio de quais órgãos terminais sensoriais se produzem tais percepções. Mas não há dúvida de que as autopercepções — a cenestesia e as sensações de prazer-desprazer — governam despoticamente as ocorrências no interior do Id. Este obedece ao inexorável princípio do prazer. Mas não só ele. Parece que a atividade das outras instâncias psíquicas consegue apenas modificar o princípio do prazer, sem anulá-lo, e uma questão de alta relevância teórica, ainda não respondida atualmente, é a de como e quando se obtém a superação do princípio do prazer. A consideração de que o princípio do prazer exige a redução — talvez, no fundo, a extinção — das tensões das necessidades (*Nirvana*) leva às relações (ainda

---

* *Vorgänge*, que pode ser traduzido por "eventos" ou "processos"; na frase anterior, "medo" é tradução de *Angst*, que também significa "angústia".

não abordadas) do princípio do prazer com as duas forças primordiais, Eros e instinto de morte.

A outra instância psíquica, a que acreditamos conhecer melhor e na qual nos reconhecemos mais, o assim chamado *Eu*, desenvolveu-se a partir da camada cortical do Id, que, sendo adaptada para receber e conter estímulos, acha-se em contato direto com o mundo externo (a *realidade*). Partindo da percepção consciente, submeteu à sua influência áreas cada vez maiores e camadas cada vez mais profundas do Id, mostrando na firme dependência do mundo exterior a marca indelével de sua origem (mais ou menos como "*Made in Germany*"). Sua realização psicológica consiste em elevar a um nível dinâmico superior as ocorrências no Id (convertendo, digamos, a energia livremente móvel em energia vinculada, tal como corresponde ao estado pré-consciente); sua realização construtiva consiste em interpor entre a reivindicação instintual e o ato da satisfação a atividade do pensamento, que, orientando-se no presente e aproveitando experiências passadas, busca, por meio de ensaios, calcular o êxito dos empreendimentos visados. Desse modo o Eu decide se a tentativa de satisfação deve ser efetuada ou adiada, ou se a reivindicação do instinto não deve ser suprimida como perigosa (*princípio da realidade*). Assim como o Id procura exclusivamente a obtenção de prazer, o Eu é dominado por considerações de segurança. O Eu se colocou a tarefa da autopreservação, que o Id parece negligenciar. Ele utiliza as sensações de medo como um sinal que mostra os perigos ameaçadores de sua

## 8. O APARELHO PSÍQUICO E O MUNDO EXTERIOR

integridade. Dado que os traços mnêmicos podem se tornar conscientes como as percepções, sobretudo por sua associação com resíduos da fala, há a possibilidade de uma confusão que levaria ao conhecimento errôneo da realidade. O Eu se guarda dessa confusão instituindo a *prova da realidade*, que no sonho pode não se realizar, segundo as condições do sono. Procurando se afirmar num ambiente de poderosas forças mecânicas, o Eu é ameaçado por perigos que vêm sobretudo da realidade externa, mas não apenas de lá. O próprio Id é uma fonte de perigos também, e isso por dois diferentes motivos. Primeiro, forças instintuais muito grandes podem afetar o Eu de modo semelhante aos "estímulos" muito grandes do mundo exterior. É certo que não podem aniquilá-lo, mas talvez destruam a organização dinâmica que lhe é própria, transformando novamente o Eu em parte do Id. Em segundo lugar, a experiência pode haver ensinado ao Eu que a satisfação de uma demanda instintual que não é intolerável em si envolveria perigos no mundo exterior, de modo que tal espécie de exigência instintual se torna ela mesma um perigo. Portanto, o Eu luta em duas frentes, tem que defender sua existência contra um mundo exterior que o ameaça com a aniquilação e contra um mundo interior demasiado exigente. Emprega os mesmos métodos de defesa contra os dois, mas a proteção contra o inimigo interno é particularmente inadequada. Devido à identidade original e à íntima convivência, dificilmente consegue escapar aos perigos internos. Eles permanecem como ameaças, ainda que sejam temporariamente contidos.

Vimos que o Eu fraco e incompleto da primeira época da infância é duradouramente afetado pelos esforços a que é submetido para se defender dos perigos inerentes a esse período da vida. Os pais protegem a criança dos perigos que a ameaçam do mundo exterior; ela paga por esta segurança com o medo da *perda do amor*, algo que a exporia totalmente a esses perigos. Esse fator mostra influência decisiva sobre o desfecho do conflito quando o garoto se acha na situação do complexo de Édipo, em que o domina a ameaça ao seu narcisismo devida à castração, reforçada por fontes antiquíssimas. Levado pela ação conjunta das duas influências, do perigo real atual e daquele lembrado, de base filogenética, o menino empreende suas tentativas de defesa — repressões —, que no momento são oportunas, mas que resultam psicologicamente inadequadas quando a posterior reflorescência da vida sexual fortalece as demandas instintuais anteriormente repelidas. O ponto de vista biológico tem de explicar, então, que o Eu fracassa na tarefa de subjugar as excitações do primeiro período sexual, enquanto sua incompletude não o capacita para isso. Nesse atraso do desenvolvimento do Eu em relação ao desenvolvimento libidinal enxergamos a precondição essencial da neurose, e não fugir à conclusão de que a neurose seria evitada se poupássemos ao Eu infantil essa tarefa, isto é, se concedêssemos plena liberdade à vida sexual infantil, como fazem muitos povos primitivos. Talvez a etiologia das doenças neuróticas seja mais complicada do que aqui apresentamos; nesse caso, ao menos destacamos uma parte essencial do entrelaçamento etiológico.

## 8. O APARELHO PSÍQUICO E O MUNDO EXTERIOR

Tampouco devemos esquecer as influências filogenéticas que de alguma maneira estão representadas no Id, em formas que ainda não compreendemos, e que sem dúvida agem mais fortemente sobre o Eu naquele primeiro período do que depois. Por outro lado, desponta em nós a percepção de que uma tentativa assim precoce de represar o instinto sexual, uma tão decidida tomada de posição do jovem Eu em favor do mundo externo, em oposição ao mundo interno — que ocorre pela proibição da sexualidade infantil —, não pode deixar de influir sobre a posterior disposição do indivíduo para a cultura.\* As demandas instintuais impedidas de obter satisfação direta são obrigadas a tomar outras vias, que conduzem a uma satisfação substitutiva, e fazendo esses rodeios podem ficar dessexualizadas, tornando frouxa a ligação com as metas instintuais originais. Com isso antecipamos a tese de que boa parte do nosso patrimônio civilizacional foi adquirido à custa da sexualidade, pela restrição dos instintos sexuais.

Se até agora sempre tivemos de enfatizar que o Eu deve sua origem, assim como suas principais características adquiridas, à relação com o mundo real externo, então estamos preparados para supor que os estados patológicos do Eu, nos quais ele mais se aproxima nova-

---

\* "Disposição para a cultura": *Kulturbereitschaft*; nas versões consultadas: *aptitud cultural, apronte para la cultura, disposizione alla civiltà, développement culturel, readiness for culture*. Cf. a "aptidão para a cultura" (*Kultureignung*) mencionada em "Considerações atuais sobre a guerra e a morte" 1 (1915) e *O futuro de uma ilusão* (1927, cap. VII).

mente do Id, se baseiam na suspensão ou afrouxamento dessa relação com o mundo exterior. Combina muito bem com isso o que a experiência clínica nos ensina: que o ensejo para a irrupção de uma psicose é a realidade haver se tornado insuportavelmente dolorosa ou os instintos haverem recebido um extraordinário fortalecimento — coisas que têm o mesmo efeito, dadas as exigências rivais que o Id e o mundo externo fazem ao Eu. O problema da psicose seria simples e claro se o desprendimento do Eu em relação à realidade pudesse ser efetuado integralmente. Mas isso parece acontecer raramente, talvez nunca. Mesmo em estados muito distanciados da realidade do mundo externo, como o da confusão alucinatória (amência), temos a informação, dada pelos pacientes após seu restabelecimento, de que num canto da sua alma — usando as palavras deles — escondia-se uma pessoa normal que via passar à sua frente, como um observador desinteressado, todo o alvoroço da doença. Não sei se cabe admitir que geralmente é assim, mas posso relatar coisa semelhante sobre outras psicoses menos tempestuosas. Lembro um caso de paranoia crônica em que, após cada ataque de ciúmes, um sonho trazia ao conhecimento do analista o quadro correto, isento de delírios, do que havia acontecido. Disso resultou um contraste interessante: enquanto geralmente descobrimos, pelos sonhos de um neurótico, o ciúme desconhecido em sua vida desperta, no caso desse psicótico o delírio vigente durante o dia foi corrigido pelo sonho. Provavelmente podemos presumir, como sendo de validade geral, que o que houve

## 8. O APARELHO PSÍQUICO E O MUNDO EXTERIOR

em todos esses casos foi uma *cisão* psíquica. Formaram-se duas atitudes psíquicas em vez de uma só, uma que leva em conta a realidade, a normal, e outra que, sob influência dos instintos, desprende o Eu da realidade. As duas coexistem. O resultado depende da força relativa de cada uma. Se a última é ou se torna mais forte, temos a precondição para a psicose. Invertendo-se a relação, há uma aparente cura do delírio. Na verdade, ele apenas recuou para o inconsciente, assim como também deduzimos, por numerosas observações, que o delírio se achava pronto havia muito, antes de se manifestar.

O modo de ver que postula a existência de uma *cisão do Eu* em todas as psicoses não mereceria tanta atenção se não se revelasse pertinente para outros estados mais semelhantes às neuroses e, por fim, para elas mesmas. Disso me convenci primeiramente nos casos de *fetichismo*. Essa anormalidade, que podemos incluir entre as perversões, baseia-se, como sabemos, no fato de o paciente (quase sempre homem) não reconhecer a ausência de pênis na mulher — algo que lhe é desagradável, como evidência da possibilidade de sua própria castração. Por isso ele recusa a sua própria percepção sensorial, que lhe mostrou a falta do pênis nos genitais femininos, e se atém à convicção oposta. Mas a percepção recusada não deixa de ter alguma influência, pois ele não tem a coragem de afirmar que viu realmente um pênis. Em vez disso, ele toma outra coisa, uma parte do corpo ou um objeto, e lhe atribui o papel do pênis que não quer dispensar. Geralmente é algo que realmente enxergou, ao ver os genitais femininos, ou algo que se presta a sucedâneo simbólico do pênis. Ora, não seria correto denominar cisão do Eu este processo que se dá na formação do fetiche; trata-se de uma formação de compromisso mediante deslocamento, tal como nos é conhecida dos sonhos. Mas nossas observações nos mostram mais. A criação do fetiche obedece à intenção de destruir a evidência da possibilidade da castração, de modo que o indivíduo possa escapar ao medo da castração. Se as mulheres têm um pênis, como outras criaturas, não há por que temer pela sobrevivência do seu próprio pênis. Mas encontramos fetichistas que desenvolveram a mesma angústia da castração que os não fetichistas e que a ela reagem da mesma forma: duas premissas opostas se exprimem no seu comportamento. Por um lado, recusam o fato de sua percepção, de que não viram um pênis nos genitais femininos; por outro, reconhecem a ausência de pênis na mulher e tiram disso as conclusões certas. As duas atitudes existem lado a lado pela vida inteira e não se influenciam mutuamente. Isso é o que podemos denominar uma *cisão do Eu*. Esse fato nos permite compreender como muitas vezes o fetichismo se forma apenas parcialmente; não governa de maneira exclusiva a escolha de objeto, deixando espaço para uma medida maior ou menor de conduta sexual normal, às vezes limitando-se inclusive a um papel modesto ou a mera insinuação. Portanto, os fetichistas não conseguem jamais desligar o Eu da realidade do mundo externo.

Não se deve crer que o fetichismo represente um caso excepcional no tocante à cisão do Eu, ele é apenas um objeto de estudo particularmente propício nesse caso. Retomemos a afirmação de que o Eu infantil, sob o domínio do mundo real, lida com demandas instintuais desagradáveis mediante as assim chamadas repressões. Agora acrescentemos a ela a constatação de que o Eu, no mesmo período da vida, frequentemente se vê na situação de rechaçar uma pretensão do mundo externo sentida como dolorosa, o que sucede pela *recusa* das percepções que lhe dão conhecimento dessa exigência da realidade. Tais recusas acontecem com muita frequência, não só em fetichistas, e, sempre que podemos estudá-las, revelam-se meias medidas, tentativas incompletas de desprender-se da realidade. A cada vez a rejeição é complementada por um reconhecimento, sempre nascem duas atitudes opostas e independentes entre si, que produzem o fato da cisão do Eu. Mais uma vez, o resultado depende de qual das duas pode alcançar a maior intensidade [de energia psíquica].

A cisão do Eu, que acabamos de descrever, não é algo tão novo e estranho como pode parecer à primeira vista. É uma característica geral das neuroses a existência, em relação a determinado comportamento, de duas atitudes diversas na psique do indivíduo, opostas e independentes uma da outra; nas neuroses, porém, uma delas pertence ao Eu, e a outra, reprimida, ao Id. A diferença entre os dois casos é essencialmente topológica ou estrutural, e nem sempre é fácil decidir com qual das duas possibilidades estamos lidando num caso particular. Mas elas têm algo relevante em comum: não importa o que faça o Eu em seus esforços de defesa, que procure recusar uma parcela do mundo externo real ou rejeitar uma demanda instintual do mundo interior, o êxito jamais é completo, integral; sempre nascem duas atitudes opostas, das quais mesmo a vencida, a mais fraca, leva a complicações psíquicas. Concluindo, é oportuno lembrar que mediante a percepção consciente sabemos muito pouco desses processos.

## 9. O MUNDO INTERIOR

Não há outra maneira de dar a conhecer um intrincado conjunto de elementos simultâneos senão descrevendo-o, e, sendo a descrição algo sucessivo, todas as nossas exposições já pecam pela simplificação unilateral e aguardam ser complementadas, ampliadas e, assim, corrigidas.

A concepção de um Eu que media entre o Id e o mundo exterior, que recebe as demandas instintuais daquele para levá-las à satisfação, que nesse último obtém percepções que utiliza como lembranças, que, atento à sua autopreservação, defende-se das pretensões excessivas de ambos os lados, e em todas as decisões é guiado pelas indicações de um princípio do prazer modificado — tal concepção, na verdade, se aplica ao Eu apenas até o final do primeiro período da infância (cerca de cinco anos de idade). Por esse tempo uma importante mudança ocorreu. Uma porção do mundo exterior foi abandonada como objeto, ao menos parcialmente, e acolhida (por identificação) no Eu, ou seja, tornou-se um componente do mundo interior. Essa nova instância psíquica dá prosseguimento às funções que aquelas pessoas

## 9. O MUNDO INTERIOR

do mundo externo [os objetos abandonados] cumpriam: observa o Eu, dá-lhe ordens, orienta-o e o ameaça com castigos, exatamente como os pais, cujo lugar tomou. Chamamos essa instância de *Super-eu*, e a vemos, em sua função julgadora, como nossa *consciência moral*. É digno de nota que muitas vezes o Super-eu demonstre uma severidade que os pais reais não exibiam. E também que chame o Eu a prestar contas não só de seus atos, mas também de seus pensamentos e intenções não realizadas, de que parece ter conhecimento. Isso nos lembra que também o herói do mito de Édipo se sente culpado de seus atos e castiga a si mesmo, embora a coação do oráculo devesse inocentá-lo, em nosso juízo e no dele próprio. Efetivamente, o Super-eu é o herdeiro do complexo de Édipo e só é instaurado após a liquidação deste. Sua grande severidade, portanto, não segue um modelo real, correspondendo, isto sim, à força da defesa utilizada contra a tentação do complexo de Édipo. Um vislumbre desse fato estaria na afirmação de filósofos e crentes, segundo a qual o sentido moral não é inculcado no ser humano pela educação nem por ele adquirido na vida em comunidade, mas foi nele implantado de uma fonte superior.

Enquanto o Eu trabalha em plena consonância com o Super-eu, não é fácil distinguir entre as manifestações dos dois; mas tensões e estranhamentos entre eles se fazem notar de maneira muito clara. O martírio das recriminações da consciência corresponde precisamente à angústia da criança ante a perda do amor, angústia que nela foi substituída pela instância moral.

Por outro lado, quando o Eu resiste vitoriosamente à tentação de fazer algo que chocaria o Super-eu, sente a autoestima elevada e o orgulho fortalecido, como se tivesse feito uma valiosa conquista. Desse modo o Super-eu continua a fazer o papel de um mundo exterior para o Eu, embora tenha se tornado uma porção de mundo interior. Ele representa, nas épocas posteriores da vida, a influência da infância do indivíduo, o cuidado, a educação que recebeu, a dependência dos pais, a infância que no ser humano é tão prolongada pela vida em família. E nisso importam não apenas as características pessoais desses genitores, mas tudo o que teve efeito determinante sobre eles próprios, as inclinações e exigências da condição social em que viveram, as disposições e tradições da raça de que descenderam. Preferindo-se afirmações gerais e distinções nítidas, pode-se dizer que o mundo exterior, no qual o indivíduo se achará exposto após desprender-se dos pais, representa o poder do presente; seu Id, com suas tendências herdadas, o passado orgânico; e o Super-eu, sobrevindo mais tarde, o passado cultural principalmente, que a criança tem de reviver, digamos, nos breves anos de sua vida inicial. É difícil que tais generalizações sejam sempre corretas. Uma parte das conquistas culturais certamente deixou seu sedimento no Id; muito do que o Super-eu traz terá ressonância no Id; várias coisas que a criança vivencia pela primeira vez terão um efeito reforçado, porque repetem antiquíssimas vivências filogenéticas ("Aquilo que herdaste dos teus ancestrais,/ conquista-o, para que

## 9. O MUNDO INTERIOR

o possuas").* Assim, o Super-eu toma uma espécie de posição intermediária entre o Id e o mundo exterior, une em si as influências do presente e do passado. No estabelecimento do Super-eu temos, de certo modo, um exemplo de como o presente é transformado em passado. [...]

---

* Citação de Goethe, *Fausto*, parte I, cena 1; no original: "*Was du ererbt von deinen Vätern hast, / Erwirb es, um es zu besitzen*"; também usada em *Totem e tabu* (1912-1913, parte IV, seção 7); cf. também *Conferências introdutórias à psicanálise*, nº 22 (após a referência a W. Bölsche, p. 471 do v. 13 destas *Obras completas*).

# ANÁLISE TERMINÁVEL E INTERMINÁVEL (1937)

TÍTULO ORIGINAL: "DIE ENDLICHE UND DIE UNENDLICHE ANALYSE". PUBLICADO PRIMEIRAMENTE EM *INTERNATIONALE ZEITSCHRIFT FÜR PSYCHOANALYSE*, 23, N. 2, PP. 209-40.
TRADUZIDO DE *GESAMMELTE WERKE* XVI, PP. 59-99.
TAMBÉM SE ACHA EM *STUDIENAUSGABE, ERGÄNZUNGSBAND* [VOLUME COMPLEMENTAR], PP. 351-92.

# I

A experiência nos ensinou que a terapia psicanalítica — liberar uma pessoa dos sintomas neuróticos, inibições e anomalias de caráter — é um trabalho demorado. Desde o início, então, houve tentativas de encurtar a duração das análises. Tais esforços não necessitavam de justificação, podiam invocar os motivos mais razoáveis e convenientes. Mas provavelmente ainda influía neles um vestígio do impaciente menosprezo com que a medicina de uma época passada enxergava as neuroses, como consequências gratuitas de danos invisíveis. Se era preciso ocupar-se delas, que fosse feito o mais rápido possível.

Uma tentativa bastante enérgica nessa direção foi realizada por Otto Rank, com base em seu livro *O trauma do nascimento* (1924). Ele supôs que a verdadeira fonte das neuroses é o ato do nascimento, pois implica a possibilidade de a "fixação primária" na mãe não ser superada e persistir como "repressão primária". Mediante a posterior resolução analítica desse trauma primário, Rank esperava eliminar toda a neurose, de forma que essa pequena porção de análise tornasse supérfluo o trabalho analítico restante. Alguns meses deveriam bastar para isso. Não se pode negar que a linha de raciocínio de Rank era audaz e engenhosa; mas não resistiu a um exame crítico. De resto, seu experimento era filho de seu tempo, concebido sob a impressão do contraste entre a miséria da Europa no pós-guerra e a *"prosperity"* americana, e votado a adequar o ritmo da terapia analítica ao afã da vida americana. Não soubemos muita coisa sobre os resultados que a inovação de Rank obteve nos casos de doença. Provavelmente não mais do que obteria o corpo de bombeiros se, após um incêndio provocado pela queda de uma lâmpada de petróleo, se contentasse em retirar a lâmpada do aposento em que se originou o fogo. Mas desse modo o trabalho com o fogo seria consideravelmente abreviado, sem dúvida. A teoria e a prática da tentativa de Rank pertencem agora ao passado — como a *prosperity* americana mesma.*

Eu próprio, ainda antes da guerra, havia experimentado outro caminho para acelerar o curso de uma terapia analítica. Naquele tempo assumi o tratamento de um jovem russo que, rico e mimado, havia chegado a Viena em estado de completo desamparo, em companhia do médico pessoal e do cuidador.[1] No decorrer de alguns anos foi possível devolver-lhe boa parte da independência, despertar seu interesse na vida e pôr em ordem sua relação com as pessoas que lhe eram mais importantes; mas então o progresso parou. O esclarecimento da neurose infantil em que se baseava a doença adulta não foi adiante, e notava-se claramente que ele achava bastante cômodo o seu estado de então e não queria dar nenhum passo que o aproximasse do fim do tratamento. Era um caso de autoi-

---

* Recorde-se que isso foi escrito durante a crise econômica da década de 1930.
1 Ver o trabalho que publiquei com o consentimento do paciente, *História de uma neurose infantil* [O caso do "homem dos lobos"], 1918. A doença dele já adulto não é apresentada minuciosamente ali, é apenas referida, quando sua ligação com a neurose da infância o requer.

nibição da terapia; ela corria o perigo de fracassar em virtude do seu êxito parcial. Nessa situação recorri à medida heroica de estabelecer um prazo. No começo de uma temporada de trabalho, informei ao paciente que aquele seria o último ano de tratamento, não importando o que ele alcançasse no tempo que lhe restava. Inicialmente ele não deu crédito a minhas palavras, mas, depois que se convenceu da inabalável seriedade de meu propósito, apresentou-se nele a mudança desejada. Suas resistências diminuíram, e naqueles últimos meses ele pôde reproduzir todas as lembranças e encontrar todos os nexos que pareciam necessários para a compreensão da neurose antiga e para a superação daquela presente. Quando me deixou, no meio do verão de 1914 — sem fazer ideia, como todos nós, dos acontecimentos iminentes\* —, eu o considerei curado de forma sólida e duradoura.

Numa nota acrescentada à história do caso em 1923, já relatei que isso não era exato. Lá pelo final da guerra, quando ele voltou a Viena, refugiado e sem recursos, precisei ajudá-lo a superar uma parte da transferência que não fora resolvida. Conseguimos fazer isso em alguns meses, e eu pude encerrar a nota comunicando que "desde então o paciente, ao qual a guerra tirou a pátria, a riqueza e todas as relações familiares, sente-se normal e comporta-se impecavelmente". Os quase quinze anos que se passaram não desmentiram esse julgamento, mas algumas restrições tiveram de lhe ser feitas. O paciente

---

\* Referência ao início da Primeira Guerra Mundial, à qual ele já aludiu no começo do parágrafo.

continuou em Viena e manteve uma posição na sociedade, ainda que modesta. Mas várias vezes, nesse período, seu bem-estar foi interrompido por episódios de doença que só podiam ser entendidos como rebentos da neurose de sua vida. Foi a habilidade de uma discípula minha, a dra. Ruth Mack Brunswick, que a cada vez, após um breve tratamento, pôs fim a esses estados. Espero que ela mesma possa, em breve, oferecer um relato dessa experiência. Alguns desses ataques ainda se ligavam a resíduos da transferência; por isso tinham claramente caráter paranoide, não obstante sua fugacidade. Em outros, porém, o material patogênico se compunha de fragmentos da história da infância, que haviam aparecido na análise comigo e posteriormente saíam — não se pode evitar a comparação — como pontos após uma cirurgia ou pedaços de ossos necrosados. A história da recuperação desse paciente não foi menos interessante do que a história da doença.

Depois utilizei o estabelecimento de um prazo também em outros casos e levei em conta as experiências de outros analistas. O juízo sobre o valor dessa "chantagem" não pode ser outro: ela é eficaz, desde que se escolha o momento certo para adotá-la. Mas ela não pode garantir a completa realização da tarefa. Pelo contrário, podemos estar certos de que, enquanto uma parte do material se tornará acessível sob a pressão da ameaça, outra parte permanecerá retida e, assim, como que enterrada, perdida para o esforço terapêutico. Uma vez fixado, o prazo não deve ser estendido; senão, perde toda credibilidade na sequência do trabalho. A saída mais óbvia, então, seria continuar o tratamento com outro analista; mas sabemos que essa troca significa perder mais tempo e abandonar os frutos do trabalho realizado. E não se pode fornecer uma regra geral quanto ao momento certo de aplicar esse poderoso recurso técnico; termina por ser uma questão de tato. Uma decisão errada não poderá ser remediada. Vale o dito de que o leão salta apenas uma vez.

## II

As considerações sobre o problema técnico de como acelerar o lento curso de uma análise nos levam agora a outra questão de interesse mais profundo: saber se existe um fim natural para uma análise, se é possível conduzir uma análise até esse fim. A linguagem dos analistas parece favorecer tal pressuposto, pois com frequência os ouvimos falar, em tom de lamento ou desculpa, sobre um pobre paciente imperfeito: "A análise dele não terminou", ou: "Ele não foi analisado até o fim".

Inicialmente, é preciso nos entendermos sobre o que se quer dizer com a ambígua expressão "fim da análise". Em termos práticos, é fácil. A análise termina quando analista e paciente não mais se encontram para a sessão do trabalho analítico. Isso ocorre quando duas condições são mais ou menos satisfeitas: a primeira, que o analisando não mais sofra dos sintomas e tenha superado suas angústias e suas inibições; a segunda, que o analista determine que tanto material reprimido foi tornado consciente, tanta coisa incompreensível foi esclarecida e tanta resistência interior foi vencida que não é preciso temer a repetição daqueles processos patológicos. Se dificuldades externas impediram que esse objetivo fosse alcançado, deve-se falar antes de uma análise incompleta [*unvollständig*] do que inacabada [*unvollendet*].

O outro significado de "fim da análise" é bem mais ambicioso. Ele faz perguntar se a influência sobre o paciente foi levada a tal ponto que uma continuação da análise não promete maior mudança. Ou seja, como se mediante a análise se pudesse atingir um nível de absoluta normalidade psíquica, do qual também seja possível esperar a capacidade de se manter estável, quando se tivesse conseguido, digamos, dissolver todas as repressões ocorridas e preencher todas as lacunas da lembrança. Devemos indagar primeiro a experiência, para saber se algo assim acontece, e depois a teoria, para saber se é possível.

Todo analista terá tratado alguns casos com um desfecho assim feliz. Ele conseguiu eliminar o distúrbio neurótico existente, este não retornou e não foi substituído por nenhum outro. Além disso, não deixa de compreender as precondições para esses êxitos. O Eu do paciente não se alterou notavelmente e a etiologia do transtorno não era essencialmente traumática. Com efeito, a etiologia de todos os distúrbios neuróticos é mista; ou se trata de instintos excessivamente fortes, refratários à "domesticação"* pelo Eu, ou do efeito de traumas an-

---

* Ou "amansamento", *Bändigung*; cf. nota sobre a tradução desse termo em "O problema econômico do masoquismo" (1915), no v. 16 destas *Obras completas*, p. 192.

tigos, ou seja, precoces, dos quais um Eu imaturo não pôde se assenhorar; de modo geral, os dois fatores atuam conjuntamente, o constitucional e o acidental. Quanto mais forte o primeiro, tanto mais facilmente um trauma levará à fixação e deixará um transtorno evolutivo; quanto mais forte o trauma, tanto mais seguramente ele manifestará seu efeito danoso também em situação instintual normal. Não há dúvida de que a etiologia traumática oferece à análise a oportunidade mais propícia. Apenas num caso predominantemente traumático a análise poderá realizar aquilo que faz muito bem: graças ao fortalecimento do Eu, substituir por uma solução correta a decisão inadequada da época passada. Somente nesse caso podemos falar de uma análise definitivamente levada a termo. Então a análise cumpriu seu dever e não precisa ter continuidade. Se o paciente restabelecido jamais torna a produzir um distúrbio que o faz requerer a análise, não sabemos, é verdade, o quanto dessa imunidade se deve a um fado benéfico, que talvez o poupe de provações muito severas.

A força constitucional dos instintos e a modificação desfavorável do Eu após a luta defensiva, no sentido de uma desarticulação e limitação, são os fatores prejudiciais ao efeito da análise e que podem prolongar indefinidamente sua duração. É tentador responsabilizar o primeiro, a força dos instintos, também pela formação do segundo, a modificação do Eu, mas parece que este tem sua própria etiologia, e é preciso admitir, de fato, que essa questão ainda não é suficientemente conhecida. Apenas agora ela está se tornando objeto do estudo psicanalítico. Nessa área, o interesse dos analistas não me parece estar corretamente dirigido. Em vez de pesquisar como se dá a cura pela análise, deveriam perguntar que obstáculos se põem no caminho da cura analítica.

No tocante a isso, quero abordar dois problemas que resultam diretamente da prática analítica, como os exemplos seguintes devem mostrar. Um homem, que exerceu ele próprio a psicanálise com sucesso, acha que sua relação com homens e a mulher — com os homens que são seus concorrentes e com a mulher que ama — não estão livres de entraves neuróticos, e se torna o objeto analítico de outro, que ele vê como superior a si. Essa elucidação crítica da própria pessoa tem inteiro sucesso. Ele se casa com a mulher amada e se transforma em amigo e professor dos supostos rivais. Passam-se muitos anos, durante os quais a relação com aquele que foi seu analista permanece também tranquila. Mas então, sem um motivo externo reconhecível, surge um transtorno. O analisado passa a antagonizar o analista, acusa-o de não haver lhe dado uma análise completa. Diz que ele deveria saber e levar em consideração que uma relação de transferência jamais pode ser somente positiva; deveria ter se preocupado com a possibilidade de uma transferência negativa. O analista responde que na época da análise não se percebia traço nenhum de transferência negativa; e que, mesmo supondo que tivesse ignorado os mais leves indícios dela (algo que não se deve excluir, dado o horizonte limitado daqueles primeiros tempos da análise), é duvidoso que ele tivesse o poder de ativar um tema — ou, como se diz: um "complexo" — apenas mencionando-o, se este não se encontrasse no paciente mesmo. Para isso, certamente se faria necessária uma conduta inamistosa, no sentido objetivo, diante do paciente. Além do mais, nem toda boa relação entre analista e analisando, durante e após a análise, deve ser vista como transferência. Há também relações amigáveis que têm base objetiva e demonstram ser viáveis.

Passo agora ao segundo exemplo, em que há o mesmo problema. Desde a puberdade, uma mulher viu-se incapacitada de andar devido a fortes dores nas pernas, o que a apartou da vida. Seu estado é de clara natureza histérica, e desafiou muitos tratamentos. Uma terapia analítica de nove meses o elimina e restitui a uma pessoa capaz e valiosa o direito de participar da vida. Mas os anos após o restabelecimento não trazem nada de bom: infortúnios na família, perda de patrimônio e, com o passar do tempo, o desaparecimento da perspectiva de felicidade no amor e no matrimônio. A ex-enferma tudo enfrenta com valentia, porém, e é um arrimo para os seus nos tempos difíceis. Doze ou catorze anos após a fim da terapia, já não sei bem, ela começa a ter abundantes hemorragias, que tornam necessária uma consulta ginecológica. É encontrado um mioma, que justifica a retirada do útero. A partir dessa operação, ela fica novamente enferma. Apaixona-se pelo cirurgião, entrega-se a fantasias masoquistas sobre as terríveis mudanças no seu interior, com as quais esconde seu romance, mostra-se inacessível a uma nova tentativa de análise e, até o fim da vida, não volta mais a ser normal. O tratamento bem-sucedido ocorreu há tanto tempo que não é lícito esperar muito dele; foi nos primeiros anos de minha atividade analítica. É possível, no entanto, que a segunda enfermidade tivesse a mesma procedência da primeira, superada com êxito; que fosse expressão modificada dos mesmos impulsos reprimidos que haviam tido uma resolução incompleta na análise. Mas eu quero crer que sem o novo trauma não teria havido uma nova irrupção da neurose.

Esses dois casos, intencionalmente escolhidos entre muitos outros semelhantes, bastarão para iniciar a discussão sobre nossos temas. Céticos, otimistas e ambiciosos os avaliarão de maneira bem diversa. Os primeiros dirão que agora está demonstrado que mesmo um tratamento analítico exitoso não impede que o indivíduo curado naquele tempo adoeça de outra neurose, uma neurose da mesma origem instintual, ou seja, não impede um retorno do velho mal. Os outros acharão que isso não foi provado. Objetarão que as duas experiências datam dos primórdios da psicanálise, de vinte ou trinta anos atrás; que desde então nossos conhecimentos se aprofundaram e se ampliaram e nossa técnica mudou, consoante as novas conquistas. Hoje, dirão, pode-se exigir e esperar que uma cura analítica se mostre duradoura, ou, pelo menos, que uma nova doença não resulte em revivescência do distúrbio instintual passado em novas formas de expressão. Sustentarão que a experiência acumulada não nos obriga a limitar de maneira tão sensível as exigências feitas à nossa terapia.

Naturalmente, escolhi os dois exemplos porque ocorreram há muito tempo. Quanto mais recente um êxito da análise, tanto menos é útil para nossas reflexões, pois não temos como prever a sorte de uma cura. A expectativa dos otimistas pressupõe claramente várias coisas que não são óbvias: primeiro, que é possível resolver em definitivo um conflito instintual (ou melhor, um conflito do Eu com um instinto); segundo, que podemos, enquanto tratamos determinado conflito de uma pessoa, vaciná-la, por assim dizer, contra todas as outras possibilidades de tal conflito; terceiro, que temos o poder de despertar, para um tratamento preventivo, um conflito patogênico desses, que no momento não se revela por nenhum indício, e que é sábio fazê-lo. Lanço essas questões sem a intenção de respondê-las agora. Talvez não seja possível lhes dar uma resposta segura atualmente.

Algumas reflexões teóricas provavelmente nos permitirão contribuir para uma avaliação adequada dessas questões. Mas outra coisa já está clara para nós: o caminho para satisfazer as exigências maiores feitas ao tratamento analítico não leva ao encurtamento de sua duração nem passa por ele.

## III

Uma experiência analítica que agora se estende por várias décadas, e uma mudança na forma de minha atividade, me animam a procurar responder tais questões. Em tempos passados, eu lidava com um número considerável de pacientes, que, como era natural, pressionavam por uma rápida resolução. Nos últimos anos têm predominado as análises didáticas, e um número relativamente pequeno de enfermos graves permaneceu comigo para um tratamento contínuo, embora interrompido por pausas breves ou mais demoradas. Com estes a finalidade terapêutica se modificou. Já não se pensava em abreviar o tratamento, a intenção era promover um radical esgotamento das possibilidades de doença e uma profunda alteração da pessoa.

Dos três fatores que reconhecemos como decisivos para as chances da terapia analítica — influência de traumas, força constitucional dos instintos e alteração do Eu —, interessa-nos aqui apenas o segundo, a força dos instintos. Um momento de reflexão nos traz a dúvida de que seja indispensável o uso limitador do adjetivo "constitucional" (ou congênita). Por mais decisivo que seja, desde o início, o fator constitucional, é concebível que um fortalecimento dos instintos que ocorra posteriormente na vida mostre os mesmos efeitos. Assim, deveríamos mudar a formulação, dizendo "a força instintual de então", em vez de "constitucional". A primeira de nossas perguntas foi: "É possível resolver pela terapia analítica, de forma duradoura e definitiva, um conflito entre o instinto e o Eu, ou uma exigência instintual patogênica feita ao Eu?". Provavelmente não será desnecessário, a fim de evitar mal-entendidos, explicar melhor o que queremos dizer com "resolução* duradoura de uma exigência instintual". Não é, certamente, fazê-la desapa-

---

* No original, *Erledigung*, do verbo *erledigen*, aqui traduzido por "resolver", mas que pode significar também "acabar, despachar, arrumar, liquidar, cumprir".

recer, de modo que nunca mais se manifeste. Isso é impossível, e tampouco seria desejável. É outra coisa, algo que podemos denominar, *grosso modo*, "amansamento" do instinto. Isso quer dizer que o instinto é plenamente integrado na harmonia do Eu, é acessível a todas as influências dos demais impulsos do Eu, não mais toma os seus próprios caminhos para a satisfação. Se nos perguntam por que vias e com que meios isso ocorre, a resposta não é fácil. Temos que dizer: "É preciso chamar a bruxa, afinal".* Ou seja, a bruxa metapsicologia. Sem especular e teorizar — quase digo: fantasiar — de maneira metapsicológica, não avançamos um passo neste ponto. Infelizmente, também desta vez as informações da bruxa não são muito claras nem muito detalhadas. Temos somente um ponto de referência — embora inestimável —, que é a oposição entre processo primário e secundário, e a ela remeterei aqui.

Se agora retornamos à primeira pergunta, vemos que nosso novo ponto de vista nos impõe determinada conclusão. A pergunta era se é possível resolver duradoura e definitivamente um conflito instintual, ou seja, de forma a "amansar" a exigência instintual. Assim formulando a questão, a força do instinto nem é mencionada, mas justamente dela depende o resultado. Partamos do pressuposto de que o que a análise faz, no neurótico, não é senão o que o indivíduo são realiza sem tal ajuda. Mas a experiência diária nos ensina que toda decisão de um

---

* Goethe, *Fausto*, parte I, cena 6; no original: "*So muss denn doch die Hexe dran*".

conflito instintual, num indivíduo são, vale apenas para determinada força instintual, ou, mais corretamente, apenas no interior de determinada relação entre força do instinto e força do Eu.[2] Se a força do Eu diminui, por doença, exaustão etc., todos os instintos até então amansados com êxito podem reapresentar suas exigências e procurar por caminhos anormais suas satisfações substitutivas.[3] A prova irrefutável dessa afirmação já é dada pelos sonhos noturnos, que reagem ao mergulho do Eu no sono com o despertar das exigências instintuais.

Igualmente inequívoco é o material do outro lado [a força dos instintos]. Duas vezes, no curso do desenvolvimento individual, há consideráveis fortalecimentos de determinados instintos: na puberdade e em torno da menopausa, nas mulheres. Não ficamos nada surpreendidos quando pessoas que não eram neuróticas assim se tornam nesses momentos. O amansamento dos instintos, que elas haviam conseguido quando estes eram menos fortes, fracassa com o seu fortalecimento. As repressões agem como diques contra o afluxo das águas. O que esses dois fortalecimentos instintuais fisiológicos

---

2 Numa retificação escrupulosa, quando essa relação fica em certos limites.

3 Isso serve para justificar a pretensão etiológica de fatores inespecíficos como trabalho em excesso, choques etc., que sempre tiveram reconhecimento geral e tiveram de ser relegados a segundo plano justamente pela psicanálise. A saúde pode ser definida apenas de maneira metapsicológica, com referência a relações de forças entre as instâncias do aparelho psíquico por nós reconhecidas ou, se preferirem, deduzidas, conjecturadas.

realizam também pode ser provocado por influências acidentais, de maneira irregular, em qualquer outra época da vida. Há fortalecimentos instintuais em consequência de novos traumas, frustrações impostas, influências mútuas dos instintos. O resultado é sempre o mesmo, confirma o poder irresistível do fator quantitativo na causação da doença.

Sinto como se devesse me envergonhar dessas considerações penosas, pois tudo o que dizem é, há muito tempo, conhecido e evidente. De fato, sempre nos comportamos como se o soubéssemos; mas em geral, nas nossas concepções teóricas, deixamos de dar à perspectiva *econômica* a mesma atenção que demos à *dinâmica* e à *topológica*. Minha desculpa, portanto, é lembrar essa omissão.

Porém, antes de nos decidirmos por uma resposta a essa questão, temos de escutar uma objeção que tira sua força do fato de provavelmente já nos predispormos a seu favor. Ela diz que nossos argumentos são todos derivados dos processos espontâneos que ocorrem entre o Eu e os instintos e pressupõem que a terapia analítica nada pode fazer que não se verifique por si mesmo em condições normais favoráveis. Mas é realmente assim? Nossa teoria não pretende justamente produzir um estado que nunca existiu de modo espontâneo no Eu, e cuja criação constitui a diferença essencial entre o indivíduo analisado e o não analisado? Recordemos em que se baseia essa pretensão. Todas as repressões acontecem na primeira infância; são medidas de defesa primitivas do Eu fraco, imaturo. Nos anos posteriores não se efetuam novas repressões, mas as antigas se mantêm e o Eu continua a recorrer aos seus serviços para dominar os instintos. Novos conflitos são resolvidos pelo que denominamos "pós-repressão". Para essas repressões infantis pode valer o que afirmamos de modo geral, que dependem completamente das forças relativas e não conseguem fazer frente a um aumento da força dos instintos. A análise, porém, faz com que o Eu amadurecido e reforçado empreenda uma revisão dessas antigas repressões. Algumas são demolidas; outras, reconhecidas mas construídas de novo, com material mais sólido. Esses novos diques têm um grau de firmeza muito diverso dos anteriores; deles se pode esperar que não cederão facilmente às marés altas do aumento instintual. Portanto, a verdadeira realização da terapia analítica seria a correção a posteriori do processo de repressão original, correção essa que dá fim à preponderância do fator quantitativo.

Eis a nossa teoria, a que não podemos renunciar sem coação implacável. E o que diz a experiência a respeito disso? Talvez ela ainda não seja abrangente o bastante para uma decisão segura. Com frequência corrobora nossas expectativas, mas nem sempre. Temos a impressão de que não deveríamos ficar surpresos se afinal se verificasse que a diferença entre um não analisado e o comportamento posterior de um analisado não é tão radical como procuramos, esperamos e afirmamos que seja. Assim, às vezes a análise conseguiria, de fato, eliminar a influência do fortalecimento instintual, mas não regularmente. Ou seu efeito se limitaria a elevar a força de resistência das inibições,* de maneira que após a análise estas estariam à altura de exigências bem mais fortes do que antes da análise ou sem ela. Realmente não posso me decidir quanto a isso, e tampouco sei se uma decisão é possível no momento.

Mas podemos buscar compreender de outro ângulo essa inconstância do efeito da análise. Sabemos que o primeiro passo para nos assenhorarmos intelectualmente do mundo ao redor é encontrar generalizações, regras, leis que imprimam ordem ao caos. Com esse trabalho simplificamos o mundo dos fenômenos, mas não podemos deixar de falseá-lo também, em especial quando se trata de processos de desenvolvimento e transformação. Interessa-nos apreender uma mudança qualitativa, e ao fazê-lo costumamos negligenciar, ao menos de início, um fator quantitativo. As transições e estágios intermediários são muito mais frequentes na realidade do que os estados opostos nitidamente separados. Nos desenvolvimentos e transformações, nossa atenção se volta apenas para os resultados; de bom grado não vemos que tais processos, ordinariamente, realizam-se de modo mais ou menos incompleto, ou seja, são apenas mudanças parciais, no fundo. O agudo escritor satírico da velha Áustria, Johann Nestroy, afirmou certa vez: "Cada progresso é apenas metade do que parece inicialmente". É tentador atribuir validade universal a esta frase maldosa. Quase sempre há fenômenos residuais, um retardamen-

---

* "Inibições", *Hemmungen*, é o termo que se acha nas duas edições alemãs utilizadas e nas versões estrangeiras consultadas.

to parcial. Quando um pródigo mecenas nos surpreende com um traço isolado de avareza, ou uma pessoa normalmente amabilíssima incorre num ato hostil, tais "fenômenos residuais" são inestimáveis para a indagação genética.* Eles nos mostram que aquelas características louváveis e preciosas são baseadas em compensação e sobrecompensação, que, como era de esperar, não foram plenamente bem-sucedidas. Se nossa primeira descrição do desenvolvimento libidinal dizia que uma fase oral inicial é substituída por uma fase sádico-anal, e esta, por uma fálico-genital, nossa pesquisa posterior não chegou a contradizê-la, mas acrescentou, corrigindo-a, que tais substituições não ocorrem de forma súbita, mas gradual, de modo que partes da organização anterior sempre subsistem junto à mais recente e mesmo no desenvolvimento normal a transformação nunca se dá completamente, de sorte que ainda na configuração definitiva podem permanecer resíduos das fixações libidinais anteriores. Observamos a mesma coisa em áreas totalmente diversas. De todas as superstições e crenças equivocadas do ser humano, supostamente superadas, não há uma de que não sobrevivam restos entre nós, nas camadas inferiores dos povos civilizados e até mesmo nas camadas superiores da sociedade civilizada. Aquilo que uma vez adquiriu vida se apega tenazmente a ela. Às vezes chegamos a duvidar que os dragões da pré-história tenham realmente se extinguido.

---

* O adjetivo traduz literalmente o original (*genetisch*), mas aqui diz respeito à gênese, não aos genes.

Aplicando isso ao nosso caso, creio que a resposta à questão de como explicar a falta de constância da terapia analítica poderia ser esta: nem sempre atingimos plenamente, ou de maneira sólida o bastante, nosso propósito de substituir as repressões incertas por controles confiáveis e conformes ao Eu. Obtém-se a transformação, mas frequentemente de forma apenas parcial; partes dos velhos mecanismos permanecem intocadas pelo trabalho analítico. É difícil provar que é realmente assim; afinal, não temos outro meio de julgar isso senão pelo êxito que tentamos explicar. Mas as impressões que recebemos durante o trabalho analítico não contrariam nossa hipótese, parecem antes confirmá-la. Só não podemos tomar a clareza de nossa percepção* como medida da convicção que despertamos no paciente. Talvez falte "profundidade" a esta, poderíamos dizer; trata-se sempre do fator quantitativo, facilmente ignorado. Se esta é a solução, pode-se dizer que a análise, em sua pretensão de curar neuroses assegurando o domínio sobre os instintos, está sempre certa na teoria, e nem sempre na prática. E isso porque nem sempre consegue assegurar em medida suficiente as bases para o domínio sobre os instintos. O motivo desse malogro parcial não é difícil de encontrar. O fator quantitativo da força instintual se opunha, no passado, aos esforços defensivos do Eu; por isso chamamos em socorro o

---

* No original, *Einsicht*; nas versões consultadas: *comprensión, intelección, prospettiva, insight,* idem (além daquelas normalmente utilizadas nesta coleção, dispusemos da nova tradução inglesa de Alan Bance, incluída no volume intitulado *Wild Analysis* (Penguin, 2002).

trabalho analítico, e agora o mesmo fator coloca um limite à eficácia desse novo empenho. Sendo muito grande a força instintual, o Eu amadurecido e sustentado pela análise malogra em sua tarefa, assim como antes o Eu desamparado; o domínio sobre os instintos se torna melhor, mas continua imperfeito, já que a transformação do mecanismo de defesa é incompleta. Nisso não há do que se admirar, pois a análise não trabalha com meios de poder ilimitado, mas limitado, e o resultado final sempre depende das forças relativas das instâncias que lutam entre si.

É desejável, sem dúvida, diminuir a duração de um tratamento analítico, mas o caminho para realizarmos nossa intenção terapêutica tem de passar pelo fortalecimento do poder analítico que utilizamos para auxiliar o Eu. A influência pela hipnose parecia um meio excelente para os nossos fins; sabe-se porque tivemos de renunciar a ela. Até agora não se encontrou um substituto para a hipnose, mas dessa perspectiva compreendemos os esforços terapêuticos — infelizmente vãos — a que um mestre da análise como Ferenczi dedicou seus últimos anos de vida.

# IV

As duas questões subsequentes — se, ao tratar um conflito instintual, podemos proteger o paciente de futuros conflitos semelhantes, e se é exequível e apropriado, para fins de prevenção, despertar um conflito instintual que não se manifesta no momento — devem ser abordadas em conjunto, pois é evidente que só podemos solucionar a primeira tarefa ao realizar a segunda, ou seja, transformar em atual o possível conflito futuro e submetê-lo à nossa influência. Essa nova colocação é, no fundo, um prosseguimento da anterior. Antes se tratava de evitar o retorno do mesmo conflito; agora, de sua possível substituição por outro. O objetivo parece muito ambicioso, mas o que se quer é apenas tornar claros os limites da capacidade de uma terapia analítica.

Por mais que a ambição terapêutica seja tentada a se colocar tarefas assim, a experiência rejeita prontamente essa ideia. Quando um conflito instintual não é atual, não se manifesta, não podemos influir sobre ele mediante a análise. A advertência para "não despertar os cães que dormem", que frequentemente se faz quanto a nossos esforços de pesquisa do submundo psíquico, é particularmente inadequada para as condições da vida psíquica. Pois se os instintos causam distúrbios, isso é uma prova de que os cães não dormem, e, se eles realmente parecem dormir, não está em nosso poder despertá-los. Mas essa última afirmação não parece inteiramente exata, pede uma discussão mais aprofundada. Consideremos os meios de que dispomos para tornar atual [ativo] um conflito instintual que se acha latente. Obviamente, podemos fazer duas coisas apenas: ou produzir situações em que se torne atual ou nos contentarmos em falar dele na análise, indicar sua possibilidade. A primeira intenção pode ser realizada de duas formas: na realidade ou na transferência, nos dois casos expondo o paciente a um grau de sofrimento real por frustração e represamento libidinal. Ora, é verdade que já utilizamos uma técnica assim ao praticar habitualmente a análise. Senão, qual seria o significado da regra de que a análise deve ser conduzida "em estado de frustração"? Mas é uma técnica para o tratamento de um conflito já atual. Procuramos aguçar esse conflito, levá-lo ao desenvolvimento extremo, a fim de aumentar a força instintual para a sua solução. A experiência analítica nos mostrou que o bom é inimigo do melhor, que em cada fase da recuperação temos de lutar com a inércia do paciente, que está disposto a se contentar com uma resolução imperfeita.

Porém, se buscamos um tratamento preventivo de conflitos instintuais que não são atuais, mas apenas possíveis, não basta regular um sofrimento presente e inevitável, teríamos que nos decidir a provocar um sofrimento novo, e isso até agora, acertadamente, deixamos para o destino. De todos os lados seríamos advertidos da temeridade de, em concorrência com o destino, fazer experimentos tão cruéis com pobres mortais. E de que espécie seriam eles? Podemos, para fins de profilaxia, nos responsabilizar por destruir um casamento satisfatório ou fazer com que o paciente abandone um emprego do qual depende sua segurança econômica? Felizmente, nunca nos vemos na situação de precisar refletir sobre a legitimidade dessas intervenções na vida real; não possuímos o pleno poder que requerem, e o objeto dessa experiência terapêutica certamente não se disporia a colaborar com ela. Na prática, portanto, isso está virtualmente excluído; mas a teoria também lhe faz objeções. O trabalho analítico procede da melhor maneira quando as vivências patogênicas são do passado, de forma que o Eu pôde ganhar distância delas. Em estados de crise aguda, a análise é praticamente inutilizável. Todo o interesse do Eu é solicitado pela realidade dolorosa e ele se esquiva à análise, que pretende ir além dessa superfície e desvendar as influências do passado. Assim, criar um novo conflito vai apenas prolongar e dificultar o trabalho analítico.

Talvez se diga que essas considerações são inteiramente supérfluas, que ninguém pensa em tornar possível o tratamento de um conflito instintual latente provocando de forma deliberada um novo sofrimento, que isso também não seria uma ação profilática louvável. Sabe-se, por exemplo, que uma pessoa que teve escarlatina fica imune ao retorno dessa doença; mas nem por isso ocorre a um médico infectar de escarlatina alguém são, passível de contrair essa enfermidade, a fim de imunizá-lo contra ela. A ação protetora não deve gerar a mesma situação de perigo da própria doença, mas sim uma bem menor, como na vacinação contra a varíola e em muitos outros procedimentos semelhantes. Assim, numa profilaxia analítica dos conflitos instintuais seriam levados em conta apenas os dois outros métodos: a produção artificial de novos conflitos na transferência, que não têm caráter de realidade, afinal, e o despertar desses conflitos na imaginação do paciente, falando-lhe deles e familiarizando-o com a sua possibilidade.

Não sei se podemos afirmar que o primeiro desses dois procedimentos mais brandos é totalmente inaplicável na análise. Não houve pesquisas feitas especialmente nessa direção. Mas logo se apresentam dificuldades que fazem a empresa parecer pouco auspiciosa. Em primeiro lugar, estamos sujeitos a grande limitação na escolha de tais situações para a transferência. O paciente mesmo não pode colocar todos os seus conflitos na transferência; nem o analista pode despertar todos os conflitos instintuais possíveis do analisando a partir da situação de transferência. É possível fazê-lo se tornar ciumento ou experimentar decepções amorosas, mas para isso não se requer uma intenção técnica. Tais coisas sucedem espontaneamente na maioria das análises, de toda forma. Em segundo lugar, não devemos esquecer que todas as medidas desse tipo fazem necessárias ações inamistosas para com o analisando, e isso prejudica a atitude afetuosa com o analista, a transferência positiva, que é o mais forte motivo para a participação do analisando no trabalho analítico conjunto. Assim, não se deverá esperar muito desse procedimento.

Então resta apenas o caminho que, provavelmente, era o único que contemplávamos no início. Falamos ao paciente sobre a possibilidade de outros conflitos instintuais e despertamos nele a expectativa de que tais coisas também possam lhe ocorrer. Esperamos que essa comunicação e advertência terão a consequência de ativar nele um dos conflitos insinuados, em grau modesto, mas suficiente para o tratamento. Dessa vez, no entanto, a experiência dá uma resposta inequívoca. A consequência esperada não se produz. O paciente escuta a mensagem, mas não há ressonância. Ele talvez pense: "Isso é muito interessante, mas não sinto nada disso". Aumentamos seu conhecimento, mas nada alteramos nele. Ocorre aproximadamente o mesmo que na leitura de textos psicanalíticos. O leitor é "movido" apenas naquelas passagens em que se sente atingido, que dizem respeito aos conflitos nele atuantes no momento. Tudo o mais o deixa indiferente. Acho que podemos ter experiências análogas ao transmitir esclarecimentos sexuais às crianças. Longe de mim afirmar que isso é uma coisa prejudicial ou supérflua, mas o efeito preventivo dessa medida liberal é claramente superestimado. As crianças passam a saber algo que antes não sabiam, mas não têm utilidade para o conhecimento novo com que foram brindadas. Persuadimo-nos de que elas não têm pressa de sacrificar por ele as teorias sexuais — de crescimento natural, quase diríamos — que desenvolveram em harmonia com sua organização libidinal imperfeita e dela dependentes: sobre o papel da cegonha, a natureza da relação sexual, o modo como as crianças vêm ao mundo. Ainda muito tempo após terem recebido o esclarecimento sexual, elas se comportam como os primitivos a quem o cristianismo foi imposto, que continuam a adorar seus velhos ídolos em segredo.

## V

Partimos da questão de como se pode abreviar a duração — inconvenientemente longa — de um tratamento analítico, e, ainda guiados pelo interesse no problema do tempo, passamos a investigar se é possível obter uma cura permanente ou mesmo evitar uma doença futura mediante um tratamento preventivo. Nisso enxergamos como decisivas para o sucesso de nosso empenho analítico as influências da etiologia traumática, a força relativa dos instintos a serem dominados e algo que denominamos alteração do Eu. Detivemo-nos apenas no segundo desses fatores, e nisso tivemos a oportunidade de reconhecer a enorme importância do elemento quantitativo e de enfatizar a justa pretensão da abordagem metapsicológica, de ser considerada em qualquer tentativa de explicação.

Ainda não nos pronunciamos sobre o terceiro fator, o da alteração do Eu. Voltando-nos para ele, nossa primeira impressão é de que há muito a perguntar e responder, e de que o que temos a dizer se mostrará insuficiente. Essa impressão se mantém ao nos ocuparmos do problema. Como se sabe, a situação analítica consiste em que nos aliamos ao Eu da pessoa em tratamento, a fim de subjugar parcelas não dominadas do seu Eu, isto é, incluí-las na síntese do Eu. O fato de esse trabalho em conjunto geralmente malograr no caso dos psicóticos fornece uma primeira base para o nosso julgamento. O Eu com o qual podemos estabelecer um pacto desses tem de ser um Eu normal. Mas esse Eu normal é, como a própria normalidade, uma ficção ideal. Infelizmente, o Eu anormal, inutilizável para nossos propósitos, não é uma ficção. Cada indivíduo normal é apenas medianamente normal, seu Eu se aproxima daquele do psicótico nesse ou naquele ponto, em extensão maior ou menor, e o grau de distanciamento de um extremo da série e de aproximação ao outro será para nós, provisoriamente, uma medida dessa "alteração do Eu", tão imprecisamente definida.

Se perguntamos de onde podem vir os variados tipos e graus de alteração do Eu, a primeira alternativa inescapável é de que são congênitos ou adquiridos. O segundo caso será de tratamento mais fácil. Se são adquiridos, certamente o são no curso do desenvolvimento, desde os primeiros anos de vida. Desde os primórdios o Eu tem de buscar realizar sua tarefa de mediar entre o seu Id e o mundo externo, a serviço do princípio do prazer; de proteger o Id dos perigos do mundo externo. Se, no decorrer desses esforços, ele aprende a se colocar defensivamente também em relação ao próprio Id e a tratar as exigências instintuais deste como perigos externos, isso ocorre, ao menos em parte, porque ele entende que a satisfação instintual levaria a conflitos com o mundo externo. Então o Eu se acostuma, sob a influência da educação, a remover de fora para dentro o cenário da luta, a controlar o perigo *interno* antes que se torne *externo*, e provavelmente, na maioria das vezes, age bem ao fazê-lo. Durante essa luta em dois frontes — mais tarde haverá também um terceiro fronte —,* o Eu se utiliza de vários procedimentos para cumprir sua tarefa; em termos gerais, para evitar perigo, angústia e desprazer. A esses procedimentos denominamos "*mecanismos de defesa*". Ainda não os conhecemos de modo exaustivo. O livro de Anna Freud nos forneceu uma primeira visão de sua variedade e abrangente importância.[4]

---

* Alusão ao Super-eu.
[4] Anna Freud, *Das Ich und die Abwehrmechanismen* [O Eu e os mecanismos de defesa], Viena, 1936.

Com um desses mecanismos, a repressão, teve início o estudo dos processos neuróticos. Jamais houve dúvida de que a repressão não é o único procedimento à disposição do Eu para seus propósitos. No entanto, ela é algo especial, que se acha mais nitidamente separada dos outros mecanismos do que eles entre si. Quero tornar compreensível sua relação com os demais mecanismos através de uma comparação, embora saiba que nesse âmbito as comparações nunca levam muito longe. Pensemos, então, nos possíveis destinos de um livro num tempo em que livros não eram ainda impressos em tiragens, mas escritos individualmente. Um livro desses podia conter afirmações que em épocas posteriores seriam tidas como indesejáveis — como, segundo Robert Eisler,[5] os escritos de Flávio Josefo devem ter incluído passagens sobre Jesus Cristo que viriam a incomodar o cristianismo posterior. No tempo de hoje, o único mecanismo de defesa utilizado pelos órgãos de censura seria a confiscação e destruição de toda a tiragem. Naquela época, aplicavam-se diferentes métodos para tornar um livro inócuo. As passagens incômodas podiam ser densamente riscadas, de modo a ficarem ilegíveis; então não poderiam ser copiadas e o copista seguinte forneceria um texto imaculado, mas com lacunas em certos trechos, o que talvez os fizesse ininteligíveis. Ou os censores podiam não se contentar com isso, querendo evitar também qualquer indício de que o texto fora mutilado. Então passariam a deformar

---

5 Robert Eisler, *Jesus Basileus*, Heidelberg, 1929.

o texto, deixando algumas palavras de fora ou substituindo-as por outras, ou intercalando novas frases; melhor ainda, tiravam toda a passagem e inseriam outra no lugar, que afirmava exatamente o contrário. O copista subsequente podia, então, produzir um texto aparentemente insuspeito, mas falseado; já não continha o que o autor queria dizer, e provavelmente as mudanças não se fizeram na direção da verdade.

Se a comparação não é tomada com muito rigor, pode-se dizer que há, entre a repressão e os outros métodos de defesa, a mesma relação que há entre a omissão e a deformação do texto, e nas diversas formas dessa falsificação podemos encontrar analogias com a variedade de alterações do Eu. Pode-se querer objetar que essa comparação falha num ponto essencial, pois a deformação do texto é obra de uma censura tendenciosa, de que não há contrapartida no desenvolvimento do Eu. Mas não é assim, pois tal tendência é representada, em ampla medida, pela compulsão do princípio do prazer. O aparelho psíquico não suporta o desprazer, precisa defender-se dele a todo custo, e, quando a percepção da realidade causa desprazer, tal percepção — ou seja, a realidade — tem de ser sacrificada. Contra o perigo externo o indivíduo pode recorrer à fuga por algum tempo, evitando a situação de perigo até se tornar forte o bastante, posteriormente, para remover a ameaça alterando a realidade. Mas de si próprio não se pode fugir, do perigo interno não há fuga, e por isso os mecanismos de defesa do Eu estão condenados a falsear a percepção interna e nos possibilitar apenas um conhecimento defeituoso e deformado. Em suas relações com o Id, portanto, o Eu é paralisado por suas limitações ou cegado por seus erros, e o resultado disso, no plano do funcionamento psíquico, deverá ser o mesmo de quando se faz uma caminhada por uma região que não se conhece e não se tem boas pernas.

Os mecanismos de defesa servem à intenção de manter afastados os perigos. É indiscutível que conseguem fazê-lo; é duvidoso que o Eu possa renunciar completamente a eles durante seu desenvolvimento, mas também é certo que eles próprios podem se tornar um perigo. Às vezes se constata que o Eu pagou um preço muito alto pelos serviços que eles lhe prestaram. O dispêndio dinâmico requerido para mantê-los, assim como as restrições do Eu que eles normalmente implicam, revelam-se um fardo pesado para a economia psíquica. Ademais, esses mecanismos não são abandonados após terem ajudado o Eu nos anos difíceis do seu desenvolvimento. Naturalmente, as pessoas não usam todos os mecanismos de defesa possíveis, mas apenas determinada seleção deles; mas os escolhidos se fixam no Eu, tornam-se formas de reação regulares do caráter, que são repetidas por toda a vida, sempre que retorna uma situação semelhante à original. Assim se tornam infantilismos, compartem o destino de tantos dispositivos que procuram se conservar além da época de sua utilidade. "A razão se torna absurdo, o benefício, calamidade",*

---

* No original: *Vernunft wird Unsinn, Wohltat Plage*, Goethe, *Fausto*, parte I, cena 4.

como lamenta o poeta. O fortalecido Eu do adulto continua a se defender de perigos que não mais existem na realidade, vê-se forçado, inclusive, a procurar as situações da realidade que podem substituir aproximadamente o perigo original, a fim de poder justificar o apego às suas formas habituais de reação. Assim, compreende-se facilmente como os mecanismos de defesa, através do alheamento cada vez maior do mundo externo e do enfraquecimento duradouro do Eu, preparam e favorecem a irrupção da neurose.

Mas neste momento o nosso interesse não está dirigido à função patogênica dos mecanismos de defesa; queremos investigar como influi em nosso esforço terapêutico a alteração do Eu que lhes corresponde. O material para responder a essa pergunta se acha no mencionado livro de Anna Freud. O essencial é que o analisando repete essas formas de reação, como que as exibe ante os nossos olhos, também durante o trabalho analítico. Na verdade, nós as conhecemos apenas daí. Isso não quer dizer que tornem a análise impossível. Pelo contrário, elas formam metade da nossa tarefa analítica. A outra metade, que foi abordada primeiramente no período inicial da psicanálise, é o desvendar do que se acha oculto no Eu. Nosso esforço terapêutico está sempre a oscilar, durante o tratamento, entre um pouco de análise do Id e um pouco de análise do Eu. Num caso, queremos tornar consciente algo do Id; no outro, corrigir algo no Eu. O fato decisivo é que os mecanismos de defesa contra os perigos do passado retornam, na terapia, como *resistências* à cura. Disso resulta que a própria cura é tratada como um novo perigo pelo Eu.

O efeito terapêutico está ligado à ação de tornar consciente o que no Id é reprimido no sentido mais amplo. Preparamos o caminho para esse tornar consciente com interpretações e construções, mas, enquanto o Eu se apega às defesas anteriores, não abandona as resistências, nós interpretamos apenas para nós mesmos e não para o analisando. Ora, essas resistências, embora pertençam ao Eu, são inconscientes e, em determinado sentido, separadas no interior do Eu. O analista as reconhece mais facilmente do que ao que está oculto no Id. Deveria ser suficiente tratá-las como partes do Id e, tornando-as conscientes, colocá-las em relação com o restante do Eu. Desse modo se resolveria uma metade da tarefa analítica; não se esperaria uma resistência ao desvendar de resistências. Mas ocorre o seguinte. Durante o trabalho com as resistências, o Eu se retira — com maior ou menor seriedade — do acordo em que se baseia a situação analítica. Ele já não apoia nossos esforços em desvendar o Id, se opõe a eles, não se atém à regra analítica fundamental, não permite que emerjam outros derivados do reprimido. Não se pode esperar do paciente uma forte convicção quanto ao poder curativo da análise; ele pode ter vindo com alguma confiança no analista, confiança que é reforçada até se tornar produtiva, graças aos elementos da transferência positiva a serem despertados. Sob a influência dos impulsos desagradáveis que são sentidos porque novamente se dão os conflitos defensivos, transferências negativas podem adquirir predominância e anular completamente a situação analítica. O analista é então, para o paciente, apenas um desconhecido que lhe diz coisas impertinentes, e o paciente se comporta, em relação a ele, como uma criança que não gosta da pessoa desconhecida e não lhe dá crédito. Se o analista procura mostrar ao analisando uma das deformações da defesa e tenta corrigi-la, encontra-o desprovido de entendimento e refratário aos bons argumentos. Então há mesmo uma resistência ao desvendar de resistências e os mecanismos de defesa merecem realmente o nome com que os designamos de início, antes de serem investigados com maior precisão. São resistências não apenas à ação de tornar conscientes os conteúdos do Id, mas também à análise e, portanto, à cura.

O efeito que as defesas produzem no Eu pode ser designado como "alteração do Eu", se por isso entendermos o distanciamento perante um Eu normal fictício que garanta inabalável fidelidade ao trabalho analítico. Então é fácil crer naquilo que mostra a experiência diária, que o desenlace de uma terapia analítica depende essencialmente do quão fortes e arraigadas são essas resistências da alteração do Eu. Nisso deparamos novamente com a importância do fator quantitativo, novamente somos lembrados de que a análise pode empregar apenas montantes determinados e limitados de energia, que hão de enfrentar as forças hostis. E parece realmente que a vitória, na maioria das vezes, está com os batalhões maiores.

## VI

A questão seguinte é se toda alteração do Eu — em nosso sentido — é adquirida durante as lutas defensivas dos primeiros anos. A resposta não admite dúvidas. Não há motivo para contestar a existência e a importância de traços distintivos do Eu originais, congênitos. Já é decisivo o fato de cada indivíduo fazer sua escolha entre os possíveis mecanismos de defesa, de empregar apenas alguns e sempre os mesmos. Isso indicaria que cada Eu é dotado, desde o início, de predisposições e tendências individuais, das quais não somos capazes de precisar a natureza e os determinantes, porém. Sabemos, além disso, que não é lícito exacerbar e transformar em antítese a diferença entre características herdadas e adquiridas; o que os nossos antepassados adquiriram é certamente uma parte relevante daquilo que herdamos. Ao falar de "herança arcaica", pensamos habitualmente no Id apenas, e parecemos supor que no começo da vida individual ainda não se acha presente um Eu. Mas não esqueçamos que Id e Eu são originalmente uma coisa só, e não chega a constituir uma mística superestimação da hereditariedade achar verossímil que já se encontre estabelecido, para o Eu ainda não existente, que direções de desenvolvimento, tendências e reações ele exibirá depois. As peculiaridades psicológicas de famílias, raças e nações não admitem outra explicação, também na sua atitude ante a psicanálise. Mais ainda, a experiência analítica nos impôs a convicção de que até mesmo determinados conteúdos psíquicos, como o simbolismo, não têm outras fontes senão a transmissão hereditária, e várias investigações etnopsicológicas tornam plausível supor que há, na herança arcaica, ainda outros precipitados igualmente específicos deixados pela antiga evolução humana.

Com a percepção de que as peculiaridades do Eu que encontramos sob a forma de resistências podem ser tanto determinadas hereditariamente como adquiridas em lutas defensivas, a distinção topológica entre o que é Eu e o que é Id perde muito de seu valor para a nossa investigação. Prosseguindo, nossa experiência analítica nos fez deparar com resistências de outra espécie, que já não podemos localizar e que parecem depender de condições fundamentais do aparelho psíquico. Posso dar apenas algumas amostras dessa espécie, o campo inteiro é ainda perturbadoramente estranho, insuficientemente explorado. Encontramos, por exemplo, indivíduos aos quais nos inclinamos a atribuir uma especial "viscosidade da libido". Os processos que o tratamento inicia neles decorrem muito mais lentamente do que nos outros, porque, ao que parece, eles não conseguem se decidir a desprender investimentos libidinais de um objeto e deslocá-los para outro, embora não se achem razões especiais para essa fidelidade no investimento. Encontramos também o tipo contrário, em que a libido aparece bastante móvel, rapidamente enceta os investimentos sugeridos pela análise e abandona os anteriores por eles. É uma diferença como deve sentir um artista plástico ao trabalhar com a pedra dura ou a argila mole. Infelizmente, nesse segundo tipo os resultados da análise se mostram muitas vezes frágeis; os novos investimentos são logo deixados, temos a impressão de não haver trabalhado com argila, mas escrito na areia. Vale aqui o provérbio que diz: "Fácil se ganha, fácil se perde".*

Em outro conjunto de casos somos surpreendidos por uma conduta que só podemos relacionar a um esgotamento da plasticidade normalmente esperada, da capacidade de mudar e seguir se desenvolvendo. Estamos preparados para um certo grau de inércia psíquica na análise; quando o trabalho analítico abre novos caminhos para um impulso instintual, observamos quase sempre que eles não são percorridos sem uma clara hesitação. Designamos essa atitude, talvez não muito corretamente, como "resistência do Id". Mas nos casos a que me refiro, todos os desenvolvimentos, vínculos e distribuições de força se revelam imutáveis, fixos e rígidos. É como vemos em pessoas bem idosas, nas quais se explica mediante a assim chamada força do hábito, o esgotamento da receptividade, uma espécie de entropia psíquica; mas aqui se trata de pessoas ainda jovens. Nossa preparação teórica parece insuficiente para apreender corretamente esses tipos; provavelmente estão envolvidas características temporais, mudanças num ritmo de evolução da vida psíquica que ainda não foi considerado.

---

* No original: *Wie gewonnen, so zerronnen*; nas versões consultadas: *Los dineros del sacristán cantando vienen, cantando se van*; *Lo que pronto se gana, más rápido se pierde*; *Ciò che presto è fatto, presto è disfatto*; *Soon got, soon gone*; *Easy come, easy go*.

Podem ter fundamento diverso e mais profundo os traços distintivos do Eu que, em ainda outro conjunto de casos, devem ser apontados como fontes da resistência à terapia analítica e obstáculos ao sucesso terapêutico. Trata-se do elemento derradeiro que a pesquisa psicológica é capaz de discernir, o comportamento dos dois instintos primordiais, sua distribuição, mescla e disjunção, coisas que não devemos conceber como restritas a uma só província do aparelho psíquico, a Id, Eu ou Super-eu. Não há impressão mais viva das resistências, durante o trabalho analítico, do que a de uma força que se defende da cura por todos os meios e busca se apegar à doença e ao sofrimento. Parte dessa força identificamos — justificadamente, sem dúvida — como consciência de culpa e necessidade de castigo, e localizamos na relação do Eu com o Super-eu. Mas essa é somente a parte que se acha, por assim dizer, psiquicamente amarrada pelo Super-eu e se torna reconhecível, portanto. Outros montantes da mesma força podem estar em ação, de forma livre ou vinculada, não se sabe bem onde. Se tivermos presente, em sua totalidade, o quadro composto pelos fenômenos do masoquismo imanente de tantas pessoas, da reação terapêutica negativa e do sentimento de culpa dos neuróticos, não poderemos mais sustentar a crença de que o funcionamento psíquico é governado apenas pela ânsia de prazer. Tais manifestações apontam inequivocamente para a existência de um poder, na vida psíquica, que denominamos instinto de agressão ou destruição, de acordo com seus fins, e que derivamos do original instinto de morte da matéria viva. A questão não é contrapor uma teoria otimista e uma pessimista da vida. Somente a cooperação e a oposição dos dois instintos primordiais, Eros e instinto de morte, explicam a rica variedade dos fenômenos da vida; jamais um deles apenas.

De que maneira partes dessas duas espécies de instintos se combinam para realizar as diversas funções vitais, sob que condições essas uniões se afrouxam ou se desfazem, que transtornos correspondem a essas mudanças e com que sentimentos a escala perceptiva do princípio do prazer responde a eles — esclarecer tais coisas seria a mais compensadora tarefa da pesquisa psicológica. Por enquanto nos rendemos à supremacia das forças ante as quais malogra o nosso empenho. Obter influência psíquica sobre o simples masoquismo já constitui uma dura prova para a nossa capacidade.

Ao estudar os fenômenos que mostram a atividade do instinto de destruição, não nos vemos limitados a observações do material patológico. Inúmeros fatos da vida psíquica normal exigem uma explicação desse tipo, e quanto mais se aguça o nosso olhar, mais frequentemente eles nos chamam a atenção. Esse é um tema muito novo e muito importante para ser tratado casualmente nesta discussão; eu me contentarei em selecionar uns poucos exemplos.

Sabe-se que existem e sempre existiram pessoas capazes de tomar como objeto sexual membros do seu próprio sexo e do sexo oposto, sem que uma orientação prejudique a outra. Nós as denominamos "bissexuais", e toleramos sua existência sem nos admirarmos com isso.

Mas aprendemos que todos os indivíduos são bissexuais nesse sentido, que distribuem sua libido por objetos de ambos os sexos, de modo manifesto ou latente. Chama--nos a atenção o seguinte, porém. Enquanto no primeiro caso as duas tendências se relacionam sem problemas, no segundo caso, o mais frequente, acham-se num estado de conflito irreconciliável. A heterossexualidade de um homem não suporta a homossexualidade, e vice-versa. Se aquela é a mais forte, consegue manter essa latente e afastá-la da satisfação na realidade; por outro lado, não há perigo maior para a função heterossexual de um homem do que ser perturbada pela homossexualidade latente. Poderíamos ensaiar a explicação de que cada pessoa tem disponível apenas determinado montante de libido, pelo qual as duas orientações rivais têm de lutar. Mas não entendemos por que as rivais não dividem entre si o montante disponível de libido conforme sua força relativa, como podem fazer em vários casos. Temos a clara impressão de que a tendência ao conflito é algo específico, novo, que se vem juntar à situação, independentemente da quantidade de libido. Tal tendência ao conflito, surgindo de forma independente, dificilmente poderá ser relacionada a outra coisa senão à intervenção de um quê de agressividade livre.

Se reconhecemos o caso aqui discutido como expressão do instinto de agressão ou destruição, logo aparece esta questão: não seria possível estender essa concepção a outros exemplos de conflito, não deveríamos até mesmo revisar tudo o que sabemos sobre o conflito psíquico segundo essa nova perspectiva? Afinal, supomos que no curso de desenvolvimento do homem primitivo ao civilizado há uma considerável interiorização da agressividade, um voltar-se para dentro, e certamente os conflitos internos seriam o equivalente exato das lutas externas que então deixam de haver. Bem sei que a teoria dualista, que postula um instinto de morte, destruição ou agressão junto ao Eros que se manifesta na libido e com o mesmo valor deste, não teve bom acolhimento em geral e tampouco entre os psicanalistas prevaleceu. Tanto maior foi meu contentamento, assim, quando encontrei nossa teoria, há pouco tempo, num dos grandes pensadores da Grécia antiga. De bom grado renuncio à glória da originalidade e a troco por essa confirmação, tanto mais porque, devido à extensão de minhas leituras no passado, não posso estar seguro de que minha suposta criação não seja um efeito da criptomnésia.

Empédocles de Ácraga (Girgenti),[6] nascido em torno de 495 a.C., é uma das maiores e mais interessantes figuras da história da civilização grega. Sua multifária personalidade se afirmou em várias direções: foi pesquisador e pensador, profeta e mágico, político, filantropo e médico conhecedor das ciências naturais. Diz-se que livrou da malária a cidade de Selinunte; foi venerado pelos contemporâneos como um deus. Seu espírito parece ter reunido os mais agudos contrastes: exato e sóbrio nas

---

6 O que se segue é baseado em Wilhelm Capelle, *Die Vorsokratiker* [Os pré-socráticos], Leipzig, 1935. [Ácraga se chamava a cidade quando era grega. Quando a Sicília foi conquistada pelos romanos, no século III a.C., passou a se chamar Agrigento; Girgenti é seu nome no dialeto siciliano.]

pesquisas físicas e fisiológicas, não recuou ante o misticismo obscuro, e lançou-se a especulações cósmicas de assombrosa, fantástica ousadia. Capelle o compara ao dr. Fausto, "a quem não poucos segredos se revelaram".* Surgidas num tempo em que o reino da ciência ainda não se dividia em tantas províncias, várias de suas doutrinas devem nos parecer primitivas. Ele explicou a diversidade das coisas mediante misturas dos quatro elementos: terra, água, fogo e ar; pensava que toda a natureza era animada e acreditava na transmigração das almas. Mas também ideias modernas como a evolução gradual dos seres vivos, a sobrevivência dos mais aptos e o reconhecimento do papel do acaso (τύχη) nessa evolução tinham lugar em seu edifício teórico.

Mas nosso interesse cabe a uma doutrina de Empédocles que se acha tão próxima da teoria psicanalítica dos instintos que ficamos tentados a afirmar que são idênticas, não fosse pela diferença de que a do grego é uma fantasia cósmica, enquanto a nossa se contenta em reivindicar uma validade biológica. É verdade que a circunstância de Empédocles atribuir ao universo a mesma natureza animada que ao organismo individual subtrai a essa diferença boa parte de sua importância.

O filósofo ensina, portanto, que dois princípios regem os eventos tanto na vida do universo como na vida psíquica, e que eles se acham em eterna luta entre si. Ele os denomina φιλία (Amor [ou Amizade]) e

---

* *Fausto*, parte I, cena I, "Noite"; no original: *dem gar manch Geheimnis wurde kund* (a citação está ligeiramente modificada).

νεῖκος (Discórdia [ou Luta]). Um desses poderes, que para ele são, no fundo, "forças naturais que agem instintivamente, e não inteligências com propósito consciente",[7] busca aglomerar numa só unidade as partículas primordiais dos quatro elementos, e o outro, ao contrário, quer desfazer todas essas mesclas, separando umas das outras as partículas dos elementos. Ele concebe o curso do universo como incessante, perene alternância de períodos em que uma ou outra das duas forças básicas tem a vitória, de maneira que ora o Amor, ora a Discórdia realiza completamente sua intenção e governa o mundo, ao que o lado vencido se recobra e sobrepuja o contendor.

Os dois princípios fundamentais de Empédocles — φιλία e νεῖκος — são, pelo nome e pela função, o mesmo que nossos dois instintos primordiais, *Eros* e *Destruição*, um se esforçando por juntar o que existe em unidades cada vez maiores, e o outro, em dissolver tais uniões e destruir as formações que delas resultaram. Mas não nos admiraremos de que essa teoria esteja modificada em alguns traços, ao emergir novamente após 2500 anos. Sem considerar a restrição ao âmbito biopsíquico que nos é imposta, nossas substâncias básicas não são mais os quatro elementos de Empédocles, a vida se apartou claramente do mundo inanimado para nós, já não pensamos em mescla e separação de partículas de substância, mas em soldagem e disjunção de componentes instintuais. Além disso, fornecemos alguma

---

7 Capelle, op. cit, p. 186.

base biológica para o princípio da "Luta" ao fazer nosso instinto de destruição remontar ao instinto de morte, à tendência de o ser vivo retornar à condição inanimada. Isso não pretende negar que um instinto análogo já existisse antes, nem afirmar, naturalmente, que um instinto assim tenha surgido apenas com o aparecimento da vida. E ninguém pode prever sob que roupagem o núcleo de verdade que há na teoria de Empédocles se mostrará a um exame futuro.

# VII

Uma conferência substancial que Sándor Ferenczi proferiu em 1927, "O problema do término da análise",[8] conclui afirmando, consoladoramente, que "a análise não é um processo sem fim, ela pode ser levada a uma conclusão natural se o analista tiver a perícia e a paciência adequadas". No conjunto, penso que esse trabalho corresponde a uma advertência para não termos como objetivo o encurtamento, mas o aprofundamento da análise. Ferenczi também faz a valiosa observação de que é decisivo para o êxito que o analista tenha aprendido o bastante com os seus "erros e errâncias" e levado a melhor sobre os "pontos fracos da sua própria personalidade". Isso proporciona um importante complemento ao nosso tema. Não apenas a natureza do

---

8 Publicada na *Internationale Zeitschrift für Psychoanalyse*, v. XIV, 1928.

Eu do paciente, também as particularidades do analista têm seu lugar entre os fatores que influem nas perspectivas do tratamento analítico e o tornam mais difícil, à maneira das resistências.

É indiscutível que os analistas, em sua própria personalidade, não alcançaram todos o grau de normalidade psíquica para o qual desejam educar seus pacientes. Adversários da psicanálise costumam zombar desse fato e usá-lo como argumento acerca da inutilidade do empenho analítico. Podemos repelir essa crítica como uma pretensão injusta. Os psicanalistas são pessoas que aprenderam a exercer determinada arte e, ao lado disso, podem ser indivíduos como os outros. Não se diz, afinal, que alguém não serve para médico de doenças internas quando os seus órgãos internos não são saudáveis. Pelo contrário, pode-se ver determinadas vantagens quando alguém ameaçado de tuberculose se especializa no tratamento de tuberculosos. Mas os casos não são exatamente iguais. Se mantém a capacidade de trabalho, o médico doente dos pulmões ou do coração não se verá impedido no diagnóstico e tratamento de órgãos internos, enquanto o analista, devido às circunstâncias especiais do trabalho analítico, será realmente atrapalhado pelos próprios defeitos quando tiver de apreender bem a condição do paciente e reagir a ela de maneira eficaz. Portanto, faz sentido que se requeira do analista, como parte de sua prova de competência, um grau mais elevado de normalidade e correção psíquica; acresce ainda que ele precisa de certa superioridade para, em determinadas situações analíticas, servir de modelo ao paciente, e em outras, de mestre. Por fim, não se deve esquecer que a relação analítica se baseia no amor à verdade, isto é, no reconhecimento da realidade, e exclui todo engano e aparência.

Detenhamo-nos por um momento, para assegurar ao analista a nossa franca solidariedade pelas difíceis exigências que ele tem de cumprir ao exercer sua atividade. É como se analisar fosse a terceira daquelas profissões "impossíveis", em que de antemão se sabe que o resultado será insatisfatório. As outras duas, conhecidas há muito mais tempo, são educar e governar. Evidentemente, não se pode querer que o futuro analista seja uma criatura perfeita antes de trabalhar com a análise, isto é, que somente indivíduos de rara e cabal perfeição se dediquem a tal profissão. Mas onde e como esse coitado deve adquirir a qualificação ideal que necessitará em sua atividade? A resposta será: na análise de si mesmo, com a qual tem início a preparação para sua futura profissão. Por motivos práticos, ela pode ser apenas breve e incompleta, sua finalidade principal é possibilitar que o seu mestre julgue se deve aceitar o candidato para a formação. A função dela é cumprida quando proporciona ao aprendiz uma firme convicção da existência do inconsciente, leva-o a ter autopercepções, ao emergir o reprimido, que de outro modo pareceriam inverossímeis, e lhe dá uma primeira amostra da técnica que se revelou a única eficaz no trabalho analítico. Isso não bastaria como instrução, mas espera-se que os estímulos recebidos na análise de si mesmo não acabem quando ela cessa, que os processos da transformação do

Eu* continuem espontaneamente no analisando e tudo aprendido** depois seja aplicado no sentido recém-adquirido. Isso acontece de fato, e, na medida em que acontece, torna o analisando apto a ser um analista.

Lamentavelmente, acontece também outra coisa. Para descrevê-la, temos de nos basear em impressões; animosidade, de um lado, e parcialidade, do outro, criam uma atmosfera pouco propícia à indagação objetiva. Parece que muitos analistas aprender a utilizar mecanismos de defesa que lhes permitem desviar de sua própria pessoa inferências e exigências da análise, provavelmente dirigindo-as para outros, de modo que permanecem como são e podem se subtrair à influência crítica e corretiva da análise. Talvez esse fato dê razão ao escritor que nos lembra que, quando se concede poder a uma pessoa, é difícil para ela não abusar dele.[9] Por vezes é inevitável ocorrer, a quem se esforça por uma compreensão, a desagradável analogia com os efeitos dos raios X, quando são manejados sem cuidado especial. Não seria de admirar se, ocupando-se ininterruptamen-

---

\* No original, *Umarbeitung*, substantivo do verbo *umarbeiten*, que significa "mudar bastante, refazer" (um livro ou um vestido, por exemplo). As versões estrangeiras consultadas apresentam: *remodelamiento* [omissão de "do Eu"], *recomposición del yo*, *ristrutturazione dell'Io*, *remodelling the ego* [na *Standard* inglesa foi usado um verbo], *the process of working upon his I*.

\*\* No original, *alle weitere Erfahrungen*, que se costuma traduzir por "todas as experiências subsequentes"; mas *Erfahrung* é a experiência com que se aprende, o verbo *erfahren* significa "tomar conhecimento, vir a saber".

9 Anatole France, *La Révolte des anges* [A revolta dos anjos, 1914].

te de todo o material reprimido que peleja por liberar-se na psique humana, o analista visse despertarem também nele próprio as exigências instintuais que ele ordinariamente pode conservar na repressão. Também isso são "perigos da análise", que ameaçam não o participante passivo da situação analítica, mas o ativo, e não devemos evitar enfrentá-los. Quanto ao modo de fazê-lo, não pode haver dúvida. Cada analista deveria, periodicamente — a intervalos de cinco anos, digamos —, submeter-se de novo à análise, sem sentir vergonha por tal decisão. Isso significaria, portanto, que também a análise de si mesmo passaria de tarefa terminável a interminável, não apenas a análise terapêutica do paciente.

Entretanto, é chegado o momento de dissipar um mal-entendido. Não pretendo afirmar que a análise é um trabalho sem fim. Seja qual for a posição teórica ante esse problema, a finalização de uma análise é uma questão prática. Todo analista experiente pode se recordar de uma série de casos em que, *rebus bene gestis* [as coisas tendo sido bem-feitas], ele se despediu para sempre do paciente. A prática se distancia bem menos da teoria nos casos da assim chamada "análise do caráter". Aí não se pode prever facilmente um fim natural, mesmo quando se guarda distância das expectativas exageradas e não se colocam tarefas extremas para a análise. Não se terá por objetivo nivelar todas as particularidades humanas em prol de normalidade esquemática, ou até mesmo exigir que o indivíduo "analisado a fundo" não sinta paixões nem desenvolva conflitos internos. A análise deve produzir as condições psicológicas mais favoráveis possíveis para o funcionamento do Eu; com isso terá cumprido sua tarefa.

## VIII

Tanto em análises terapêuticas como de caráter percebemos que dois temas se destacam em especial e dão muito o que fazer ao analista. Não é possível ignorar por muito tempo a regularidade que aí se oculta. Os dois temas são ligados à diferença entre os sexos; um deles é tão característico do homem quanto o outro é da mulher. Não obstante a diferença do conteúdo, há óbvias correspondências. Algo que é comum aos dois sexos foi obrigado, pela diferença dos sexos, a adotar outra forma de expressão.

Os dois temas que se correspondem são, na mulher, a *inveja do pênis* — a positiva aspiração a possuir um genital masculino — e, no homem, a revolta contra sua atitude passiva ou feminina para com outro homem. O que é comum aos dois temas foi destacado pela terminologia psicanalítica, já nos primeiros tempos, como postura ante o complexo da castração. Depois, Alfred Adler colocou em uso, para o homem, a apropriada designação de "protesto masculino"; mas penso que "rejeição da feminilidade" teria sido, desde o início, a caracterização exata desse traço notável da psique humana.

Buscando inserir esse fator em nosso edifício teórico, não devemos ignorar que, pela sua própria natureza, ele não pode ocupar a mesma posição nos dois sexos. No homem, o empenho pela masculinidade é, desde o princípio, inteiramente conforme ao Eu;* a atitude passiva é reprimida energicamente, pois pressupõe que se aceite a castração, e muitas vezes sua presença é indicada apenas por supercompensações excessivas. Também na mulher o empenho pela masculinidade é conforme ao Eu em determinada época, ou seja, na fase fálica, antes do desenvolvimento da feminilidade. Mas então sucumbe àquele significativo processo de repressão, cujo desfecho, como frequentemente foi mostrado, determina o destino da feminilidade. Muito dependerá de que uma parte suficiente do complexo de masculinidade se subtraia à repressão e influencie duradouramente o caráter; grandes porções do complexo são normalmente transformadas, a fim de contribuir para a formação da feminilidade; o desejo não saciado do pênis vem a se tornar o desejo de um filho e de um marido que tenha o pênis. Com frequência incomum, porém, notamos que o desejo de masculinidade se manteve no inconsciente e, a partir do seu estado de repressão, exerce efeitos perturbadores.

Pelo que foi dito, vê-se que nos dois casos é o elemento do sexo oposto que sucumbe à repressão. Já afirmei, em outra publicação,[10] que esse ponto de vista me foi apresentado por Wilhelm Fliess, que tendia a enxergar na oposição entre os sexos a verdadeira causa e o

---

* "Conforme ao Eu": *Ichgerecht*; nas versões consultadas: *sintónica con el yo, acorde con el yo, egosintonica, ego-syntonic, appropriate to his I*.
10 "Batem numa criança", 1919 [Na verdade, o nome de Fliess não chega a ser mencionado nesse outro texto].

motivo primordial da repressão. Apenas repito a minha discrepância de então, se me recuso a sexualizar de tal forma a repressão, isto é, a fundamentá-la em termos biológicos e não apenas psicológicos.

A extraordinária importância desses dois temas — a inveja do pênis na mulher e a revolta contra a atitude passiva no homem — não escapou à atenção de Ferenczi. Na conferência de 1927, ele reivindica que toda análise bem-sucedida precisa haver dominado esses dois complexos.[11] Devo dizer, por experiência própria, que nisso Ferenczi me parece muito exigente. Em nenhum outro momento do trabalho analítico se tem mais a sensação vexativa de esforçar-se repetidamente em vão, de suspeitar que está "pregando no deserto", do que quando se procura mover uma mulher a abandonar, como irrealizável, o desejo de ter um pênis, e quando se tenta convencer um homem de que uma atitude passiva perante os homens nem sempre significa uma castração e é indispensável em muitas relações da vida. A teimosa sobrecompensação do homem produz uma das mais fortes resistências à transferência. Ele não quer se submeter a um substituto do pai, não quer sentir-se em débito para com ele, não quer, portanto, receber a cura do médico. Uma transferência análoga não pode ocorrer a

---

11 "[...] todo paciente homem deve alcançar um sentimento de igualdade em relação ao médico, como sinal de que superou o medo da castração; toda paciente deve, para que sua neurose seja considerada inteiramente resolvida, liquidar seu complexo de masculinidade e entregar-se sem rancor às possibilidades imagináveis do papel feminino" (op. cit., p. 8).

partir do desejo de pênis da mulher; em contrapartida, dessa fonte derivam acessos de grave depressão, pela certeza interior de que o tratamento analítico em nada servirá e que ninguém pode ajudá-la. E não lhe diremos que está errada, quando sabemos que o mais forte motivo que a levou ao tratamento era a esperança de ainda obter o órgão masculino, cuja ausência ela sentia dolorosamente.

Mas também se aprende, com isso, que não é importante de que forma a resistência aparece, se como transferência ou não. Decisivo é que a resistência impede que se dê alguma mudança, que tudo continua como era. Muitas vezes temos a impressão de que, com a inveja do pênis e o protesto masculino, penetramos por todas as camadas psicológicas até a "rocha básica" e, portanto, ao fim de nosso trabalho. Deve ser isso mesmo, pois o plano biológico realmente desempenha, em relação ao psíquico, o papel de rocha básica subjacente. A rejeição da feminilidade pode não ser outra coisa senão um fato biológico, uma parte do grande enigma da sexualidade.[12] Se e quando conseguimos dominar esse fator, num tratamento ana-

---

[12] A designação "protesto masculino" não deve nos induzir a supor que a rejeição do homem diz respeito à atitude passiva, ao aspecto social, digamos, da feminilidade. Isso é contrariado pela observação, facilmente verificável, de que esses homens exibem frequentemente uma conduta masoquista ante a mulher, quase uma servidão. O homem luta somente contra a passividade na relação com outro homem, não contra a passividade em geral. Em outras palavras, o "protesto masculino" não é senão, de fato, medo da castração.

lítico, será difícil dizer. Consolamo-nos com a certeza de que oferecemos ao analisando todo estímulo possível para revisar e mudar sua atitude para com ele.

# CONSTRUÇÕES NA ANÁLISE (1937)

TÍTULO ORIGINAL: "KONSTRUKTIONEN IN DER ANALYSE". PUBLICADO PRIMEIRAMENTE EM *INTERNATIONALE ZEITSCHRIFT FÜR PSYCHOANALYSE*, 23, N. 4, PP. 459-69. TRADUZIDO DE *GESAMMELTE WERKE* XVI, PP. 43-56. TAMBÉM SE ACHA EM *STUDIENAUSGABE, ERGÄNZUNGSBAND* [VOLUME COMPLEMENTAR], PP. 393-406.

# CONTRUÇÕES NA ANÁLISE

## I

Um estudioso de grande mérito, que sempre tive em alta conta por haver tratado com justiça a psicanálise, numa época em que a maioria dos outros ignorava tal obrigação, manifestou certa vez, porém, uma opinião ao mesmo tempo ofensiva e injusta sobre a técnica psicanalítica. Disse que, quando oferecemos a um paciente uma de nossas interpretações, agimos com ele segundo este famigerado princípio: *Heads I win, tails you loose* [Cara, eu ganho; coroa, você perde]. Ou seja, quando o paciente concorda, está tudo certo; quando ele discorda, porém, trata-se apenas de um sinal de resistência, o que também nos dá razão. Dessa maneira, sempre temos razão diante do pobre coitado que analisamos, qualquer que seja sua resposta ao que dizemos. Ora, como é certo que um "não" de nosso paciente geralmente não nos faz abandonar nossa interpretação como sendo incorreta, tal "desmascaramento" da nossa técnica foi muito bem-vindo aos adversários da psicanálise. Vale a pena, então, expor detalhadamente como costumamos avaliar, durante o tratamento analítico, o "sim" e o "não" do paciente, sua expressão de acordo e de oposição. Naturalmente, nesta justificação nenhum analista praticante aprenderá algo que já não saiba.

O propósito do trabalho analítico, como se sabe, é induzir o paciente a deixar de lado as repressões — no sentido mais amplo — de seu antigo desenvolvimento, para substituí-las por reações que corresponderiam a um estado de maturidade psíquica. Para isso ele deve recordar determinadas vivências e os afetos por elas suscitados, que no momento se acham esquecidos. Sabemos que seus sintomas e inibições atuais são as consequências dessas repressões, ou seja, o substituto para as coisas esquecidas. Que material ele nos coloca à disposição, que possamos utilizar para levá-lo ao caminho da recuperação das lembranças perdidas? Diversas coisas: fragmentos dessas lembranças nos sonhos, de valor incomparável em si, mas normalmente muito deformados por todos os fatores que participam da formação do sonho; pensamentos que ele produz ao se entregar à "livre associação", nos quais podemos encontrar alusões às vivências reprimidas e derivados dos afetos suprimidos, assim como das reações a eles; e, por fim, indícios de repetições dos afetos pertencentes ao material reprimido, em atos importantes e irrelevantes do paciente, dentro ou fora da situação analítica. Nossa experiência mostrou que a relação de transferência, que se estabelece com o analista, é particularmente adequada para promover o retorno de tais vínculos afetivos. Dessa matéria-prima — digamos assim — devemos extrair o que buscamos.

O que buscamos é um quadro dos anos esquecidos da vida do paciente que seja confiável e completo nos elementos essenciais. Mas nisso somos lembrados de que o trabalho analítico consiste em duas partes bem diferentes, que ele se realiza em dois cenários separados e envolve duas pessoas, a cada uma das quais é atribuída uma tarefa distinta. Por um momento nos perguntamos por que esse fato fundamental não foi sublinhado há bastante tempo, mas logo nos damos conta de que nada foi ocultado, que se trata de algo conhecido, evidente, digamos, que aqui é destacado e examinado com uma intenção especial. Todos sabemos que o analisando deve ser levado a se recordar de uma coisa vivida e reprimida por ele, e as precondições dinâmicas desse processo são tão interessantes que a outra parte do trabalho, a realização do analista, fica em segundo plano diante disso. O analista não viveu e não reprimiu nada daquilo que interessa; sua tarefa não pode ser recordar algo. Qual é, então, a sua tarefa? Ele tem que adivinhar, ou melhor, *construir* o que foi esquecido, com base nos indícios deixados. Como, quando e com que explicações ele transmite suas construções ao analisando, estabelece a ligação entre as duas partes do trabalho analítico, entre a sua participação e a do analisando.

Seu trabalho de construção — ou, se preferirem, de reconstrução — mostra uma ampla coincidência com o do arqueólogo, que faz a escavação de uma localidade destruída e enterrada ou de uma edificação antiga. Eles seriam mesmo idênticos, não fosse o fato de o analista trabalhar em condições melhores e dispor de um material auxiliar mais extenso, porque se ocupa de algo ainda vivo, não de um objeto destruído, e talvez também por outro motivo. Mas, assim como o arqueólogo ergue as divisões da construção sobre os restos dos muros, determina o número e a posição das colunas a partir das cavidades no terreno e reconstitui os ornamentos e pinturas das paredes com base nos restos encontrados nos escombros, assim também procede o analista quando tira suas conclusões de fragmentos de lembranças, associações e manifestações ativas do analisando. Os dois têm o direito inquestionável de reconstruir pela complementação e pela integração dos restos conservados. Várias dificuldades e fontes de erro são também as mesmas nos dois casos. Uma das mais delicadas tarefas da arqueologia é, como se sabe, a determinação da idade relativa de um achado, e, quando um objeto aparece em determinada camada do solo, com frequência ainda cabe decidir se ele pertence àquela camada ou se um distúrbio posterior o fez cair até aquela profundidade. É fácil imaginar o que, nas construções analíticas, corresponde a essa dúvida.

Dissemos que o analista trabalha em condições mais favoráveis do que o arqueólogo, porque dispõe de material que não tem contrapartida nas escavações, como, por exemplo, as repetições de reações oriundas dos primeiros anos de vida e tudo o que é indicado pela transferência no tocante a essas repetições. Além disso, deve-se levar em conta que o arqueólogo lida com objetos destruídos, dos quais se perderam fragmentos grandes e importantes, por violência mecânica, fogo ou pilhagem. Por maior que seja o empenho, não há como encontrá-los e uni-los aos restos preservados. A única via é a da reconstrução, que, por isso mesmo, muitas vezes não pode ir além de certa verossimilhança. É diferente com o objeto psíquico, cuja pré-história o analista procura levantar. Com ele sucede regularmente o que, no caso do objeto arqueológico, acontece apenas em felizes exceções como Pompeia e a tumba de Tutankamon. Tudo de essencial está preservado, até mesmo o que parece inteiramente esquecido se acha presente em algum lugar e de algum modo, apenas soterrado, tornado indisponível para a pessoa. Como se sabe, é lícito duvidar que alguma formação psíquica sofra realmente uma destruição total. É apenas uma questão de técnica analítica se vamos conseguir trazer o que está oculto inteiramente à luz. Há somente dois outros fatos que se contrapõem a essa vantagem excepcional do trabalho analítico: o objeto psíquico é incomparavelmente mais complicado que o material do arqueólogo e nosso conhecimento não está suficientemente preparado para o que devemos encontrar, pois a estrutura íntima deste ainda esconde muita coisa misteriosa. E nossa comparação dos dois trabalhos chega ao fim, pois a principal diferença entre eles consiste em que, para a arqueologia, a reconstrução é a meta e o fim dos esforços, e, para a análise, a construção é apenas um trabalho prévio.

## II

Trabalho prévio, porém, não no sentido de que deve ser todo realizado antes de se começar a etapa seguinte, como na construção de uma casa, por exemplo, em que todas as paredes têm de estar erguidas e todas as janelas instaladas, antes de se proceder à decoração interna dos aposentos. Todo analista sabe que no tratamento analítico sucede de outra forma, que os dois tipos de trabalho ocorrem proximamente, um sempre à frente, o outro seguindo-se a ele. O analista conclui um pedaço de construção e o transmite ao analisando, para que tenha algum efeito sobre ele; em seguida, constrói mais um pedaço, a partir do novo material que flui, age da mesma forma com esse, e prossegue nessa alternância até o fim. Se, nas exposições sobre a técnica analítica, escuta-se pouco a palavra "construções", a razão disso é que, em vez dela, fala-se de "interpretações" e de seus efeitos. Mas penso que construção é a denominação mais adequada. Interpretação diz respeito àquilo que se faz com um elemento do material, com uma associação, um lapso etc. Trata-se de uma construção, porém, quando apresentamos ao analisando um pedaço de sua pré--história esquecida, mais ou menos da seguinte forma: "Até o seu $n$ ano de vida você se considerou o possuidor único e irrestrito de sua mãe, mas então apareceu outro filho e, com ele, uma grave decepção. Sua mãe o abandonou por um tempo, e depois também não se dedicou mais exclusivamente a você. Seus sentimentos para com ela se tornaram ambivalentes, seu pai adquiriu um novo significado para você", e assim por diante.

Neste ensaio, nossa atenção se volta apenas para esse trabalho prévio das construções. E surge primeiramente a questão de que garantias temos, durante o trabalho com as construções, de não nos enganarmos e arriscarmos o sucesso do tratamento ao defender uma construção errada. Pode nos parecer que essa questão não admita uma resposta geral, mas antes de discuti-la vamos atentar para uma informação consoladora que nos é fornecida pela experiência analítica. Ela nos diz que não há problema quando nos equivocamos uma vez, tendo apresentado ao paciente uma construção errada como sendo a provável verdade histórica. Significa, naturalmente, uma perda de tempo, e quem só sabe oferecer combinações equivocadas ao paciente não causará boa impressão neste e não irá longe no tratamento, mas um único erro desses é inofensivo. O que ocorre nesse caso é que o paciente permanece como que intocado, não reage nem com um Sim nem com um Não. Isso pode constituir só um adiamento de sua reação; continuando assim, porém, devemos chegar à conclusão de que erramos, e isso admitiremos ao analisando quando a ocasião se apresentar, sem perdermos a autoridade. Essa ocasião surge quando vem à luz um material novo, que permite uma construção melhor e, desse modo, a correção do erro. Assim a construção errônea cai fora, como se jamais tivesse sido feita, e às vezes temos até a impressão de, nas palavras de Polônio, haver capturado um peixe de verdade com uma isca de falsidade.* O perigo de desencaminhar o paciente pela sugestão, ao "persuadi-lo" de coisas em que nós mesmos acreditamos, mas que ele não deveria aceitar, tem sido enormemente exagerado, sem dúvida. O analista teria de proceder muito incorretamente para que tal infortúnio lhe acontecesse; teria de se repreender, sobretudo, por não haver deixado o paciente se exprimir. Posso afirmar, sem vangloriar-me, que nunca houve tal abuso da "sugestão" em minha prática.

Do que foi dito já se depreende que absolutamente não nos inclinamos a negligenciar os indícios que se po-

* Shakespeare, *Hamlet*, ato II, cena I.

dem extrair da reação do paciente, ao lhe informarmos uma de nossas construções. Vamos lidar mais detidamente com esse ponto. É correto que não aceitamos o "não" de um paciente em seu pleno sentido, mas tampouco damos inteiro valor ao seu "sim". Não se justifica que nos acusem de invariavelmente transformar sua manifestação numa confirmação. Na realidade a coisa não é tão simples, não tornamos a decisão assim tão fácil para nós.

Um claro "sim" do analisando tem mais de um sentido. Pode, de fato, mostrar que ele reconhece como certa a construção ouvida, mas também pode ser irrelevante, ou até mesmo o que chamaríamos de "hipócrita", por ser cômodo, para a sua resistência, usar este assentimento para prosseguir ocultando a verdade não descoberta. Este "sim" tem valor apenas quando é seguido de confirmações indiretas, quando o paciente, imediatamente após o "sim", produz novas lembranças que complementam e ampliam a construção. Somente nesse caso reconhecemos o "sim" como uma plena resolução do tema em pauta.

O "não" do analisando também possui mais de um sentido e é, na verdade, ainda menos aproveitável do que o "sim". Em alguns raros casos ele se revela uma expressão de legítima discordância; com frequência muito maior, é manifestação de uma resistência provocada pelo teor da construção informada, mas pode igualmente derivar de outro fator da complexa situação analítica. Assim, o "não" do paciente nada prova em favor da exatidão da construção, mas combina muito bem com essa possibilidade. Já que toda construção é incompleta, abrange somente uma pequena parte do que foi esquecido, temos liberdade para supor que o analisando não nega propriamente o que lhe foi comunicado, mas sustenta sua oposição diante da parcela ainda não revelada. Em geral, ele exprimirá sua concordância somente após saber a verdade inteira, e esta, com frequência, é muito ampla. A única interpretação segura do seu "não" é, portanto, a que remete à incompletude; certamente a construção não lhe disse tudo.

Ocorre, assim, que as manifestações diretas do paciente, após lhe havermos comunicado uma construção, dão poucas referências para sabermos se estávamos certos ou errados. Tanto mais interessante é o fato de existirem modos indiretos de confirmação, que são totalmente confiáveis. Um deles é uma frase que, com poucas alterações, ouvimos das mais diferentes pessoas, como se fosse combinada. Ela diz: "*Isso (nisso) não pensei (ou não pensaria)*". Podemos traduzir essas palavras, sem hesitação, da seguinte forma: "Sim, nesse caso você está certo sobre o meu *inconsciente*". Essa frase, tão desejada pelo analista, infelizmente a escutamos com mais frequência após interpretações específicas do que após uma construção extensa. Uma corroboração igualmente valiosa, dessa vez expressa de forma positiva, sucede quando o analisando responde com uma associação que inclui algo similar ou análogo ao teor da construção. Em vez de tomar de uma análise um exemplo disso, que seria fácil de encontrar, mas demandaria uma exposição mais longa, quero relatar um pequeno episódio extra-analítico, que apresenta uma situação similar com uma pregnância quase cômica. Eu tinha um colega que me havia escolhido — isso faz tempo — para consultor em sua atividade médica. Um dia, porém, ele me trouxe sua jovem esposa, que lhe causava problemas. Ela se recusava, sob toda espécie de pretextos, a ter relações sexuais com ele, e evidentemente ele esperava que eu a esclarecesse sobre as consequências de sua conduta inapropriada. Assim o fiz, explicando-lhe que sua recusa poderia provocar lamentáveis transtornos de saúde ou tentações no marido, que talvez levassem ao fim do matrimônio. Nisso ele me interrompeu subitamente, dizendo: "O inglês em quem você diagnosticou um tumor no cérebro *também* morreu". Isso pareceu incompreensível, o "também" era enigmático, não se havia falado de nenhum morto. Pouco depois entendi. O colega queria certamente reforçar minhas palavras, queria dizer: "Sim, você tem razão, seu diagnóstico *também* se confirmou no caso daquele paciente". Era uma contrapartida plena das confirmações indiretas por meio de associações, que obtemos nas análises. Não negarei que na frase do colega também tiveram participação outros pensamentos, por ele postos de lado.

A confirmação indireta por associações que se adequam ao teor da construção, que trazem consigo um "também" desses, fornece uma base preciosa para o nosso julgamento, para descobrirmos se essa construção se mostrará verdadeira no curso da análise. Particularmente impressionante é também quando a confirmação se insinua na discordância direta por meio de um lapso. Certa vez, em outra publicação, ofereci um belo exemplo desse tipo. Nos sonhos de um analisando aparecia repetidamente um nome conhecido em Viena, "Jauner", mas nas associações não havia explicação para isso. Então experimentei uma interpretação: ele queria dizer *Gauner* quando falava *Jauner*;* e o paciente respondeu de imediato: "Isso me parece muito *jewagt*" [em vez de *gewagt*, "ousado"]. Ou, num outro caso, o paciente quis rejeitar minha suposição de que o pagamento lhe pareceria muito alto com estas palavras: "Dez dólares não são nada para mim"; em vez de dólares, no entanto, usou uma moeda de menor valor e disse: "dez xelins".

Quando a análise se acha sob a pressão de elementos fortes que impõem uma reação terapêutica negativa, como sentimento de culpa, necessidade de sofrimento masoquista, revolta contra o auxílio do analista, a conduta do paciente após ouvir a construção nos torna fácil, com frequência, chegar à decisão procurada. Se a construção é errada, nada muda no paciente; mas se ela é correta ou traz uma aproximação à verdade, ele reage a ela com uma inconfundível piora dos sintomas e do estado geral.

Resumindo, verificamos que não merecemos a objeção de que desdenhosamente negligenciamos a atitude do paciente ante nossas construções. Nós atentamos

---

* No alemão vulgar, o "g" é frequentemente pronunciado como o "j" (que tem o som do "i"). O exemplo se acha no cap. v de *Psicopatologia da vida cotidiana* (1901).

para ela e, com frequência, dela extraímos indicações valiosas. Mas essas reações do analisando têm, muitas vezes, mais de um sentido. Apenas o prosseguimento da análise nos permitirá decidir sobre a exatidão ou a inutilidade de nossa construção. Oferecemos determinada construção como nada mais do que uma conjectura, que aguarda exame e confirmação ou rejeição. Não reivindicamos autoridade alguma para ela, não exigimos do paciente uma concordância imediata, não discutimos com ele quando a recusa inicialmente. Em suma, agimos segundo o modelo de uma conhecida personagem de Nestroy,* o criado que tem uma só resposta para todas as perguntas e objeções: *"Tudo será esclarecido no decorrer dos acontecimentos"*.

## III

Como isso ocorre no prosseguimento da análise, de que maneiras a nossa conjectura se transforma na convicção do paciente — isso não vale a pena descrever, é conhecido de todo analista por experiência cotidiana, e não oferece dificuldade à compreensão. Somente um ponto requer investigação e esclarecimento. O caminho que parte da construção do analista deveria terminar na recordação do analisando; mas nem sempre chega até lá. Frequentemente não conseguimos levar o paciente à recordação do que foi reprimido. Em vez disso, nele

---

* Na comédia *Der Zerrissene* [O dilacerado], de 1844.

obtemos, se a análise foi corretamente conduzida, uma firme convicção da verdade da construção, que tem o mesmo resultado terapêutico que uma lembrança reconquistada. Em que circunstâncias isso se dá, e como se torna possível que um substituto aparentemente imperfeito alcance total eficácia, tudo isso é matéria para indagação futura.

Concluirei este breve ensaio com algumas observações que devem abrir uma perspectiva mais ampla. Chamou-me a atenção, em algumas análises, que o fato de comunicar uma construção evidentemente certeira fez surgir nos analisandos um fenômeno surpreendente e, de início, incompreensível. Tinham recordações vivas, que eles próprios designavam como "supernítidas", mas não se recordavam do evento que era o tema da construção, e sim de pormenores ligados a esse tema; por exemplo, viam muito claramente os rostos das pessoas lá mencionadas, ou os aposentos em que algo semelhante podia ter ocorrido, ou, num grau adiante, os móveis desses locais, de que a construção nada podia saber, naturalmente. Isso acontecia tanto nos sonhos imediatamente após ouvirem a construção como despertos, em estados semelhando fantasias. Nada se ligava a essas recordações depois; era plausível, então, vê-la como o resultado de um compromisso. O "impulso para cima" do material reprimido, ativado pela comunicação da construção, havia tentado levar para a consciência aqueles significativos traços de memória; mas uma resistência conseguira — não deter o movimento, mas deslocá-lo para objetos próximos, secundários.

Poderíamos chamar de alucinações a essas recordações, se à sua nitidez se tivesse juntado a crença na sua real existência. Mas a analogia ganhou importância quando atentei para a eventual ocorrência de alucinações verdadeiras em outros casos, que certamente não eram psicóticos. O raciocínio continuou da seguinte maneira: talvez seja uma característica geral da alucinação, até agora não devidamente apreciada, que nela retorne algo vivido na infância e depois esquecido, algo que a criança viu ou escutou num tempo em que mal podia falar, e que agora abre caminho até a consciência, provavelmente deformado e deslocado por efeito das forças que se opõem a tal retorno. E, dada a estreita relação da alucinação com determinadas formas de psicose, nosso raciocínio pode se ampliar mais ainda. Talvez os delírios, em que vemos essas alucinações regularmente inseridas, não sejam eles próprios tão independentes do impulso para cima do inconsciente e do retorno do reprimido, como geralmente supomos. No mecanismo de um delírio costumamos sublinhar apenas dois fatores, o afastamento da realidade e de seus motivos, por um lado, e a influência da realização de desejos sobre o conteúdo do delírio, por outro. Mas o processo dinâmico não seria antes este: que o afastamento da realidade seja aproveitado pelo impulso para cima do reprimido para forçar seu conteúdo à consciência, enquanto as resistências atiçadas nesse processo e a tendência à realização de desejo partilham a responsabilidade pela deformação e o deslocamento do que é recordado? Afinal, esse é também o nosso conhecido mecanismo do sonho, que uma intuição antiquíssima já equiparava à loucura.

Não creio que essa concepção do delírio seja inteiramente nova, mas ela enfatiza um ponto de vista que em geral não recebe destaque. O essencial, nela, é a afirmação de que a loucura não só tem um método, como o poeta já percebia,* mas que contém igualmente um quê de *verdade histórica*, e é natural supormos que a crença compulsiva, que se apega ao delírio, tira sua força justamente dessa fonte infantil. Hoje disponho apenas de reminiscências para demonstrar essa teoria, não de impressões frescas. Valeria a pena, provavelmente, buscar estudar casos patológicos desse tipo com base nos pressupostos aqui desenvolvidos e estabelecer o tratamento em conformidade com eles. Seria abandonado o esforço vão de convencer o doente de que seu delírio é louco e contradiz a realidade, e se buscaria encontrar, reconhecendo o núcleo de verdade, um ponto em comum sobre o qual se desenvolvesse o trabalho terapêutico. Esse trabalho consistiria em liberar o quê de verdade histórica de suas deformações e seus apoios na realidade presente e ajustá-lo ao lugar do passado a que pertence. Transpor material da pré-história esquecida para o presente ou para uma expectativa do futuro é algo que acontece regularmente também no neurótico. Com frequência, quando um estado de angústia o leva a esperar que algo terrível sucederá, ele apenas se encontra sob

---

* Cf. Shakespeare, *Hamlet*, ato II, cena 3: "*Though this may be madness, yet there's method in it*".

a influência de uma lembrança reprimida — que tenta chegar à consciência e não pode se tornar consciente — de que algo assustador realmente ocorreu no passado. Acho que aprenderemos muita coisa valiosa desse esforço realizado com psicóticos, ainda que não leve ao êxito terapêutico.

Sei que não há mérito em abordar um tema tão relevante de maneira tão sumária, como fiz aqui. Deixei-me seduzir por uma analogia. Os delírios dos doentes se apresentam, para mim, como equivalentes às construções que fazemos nos tratamentos analíticos, tentativas de explicação e recuperação que, nas condições da psicose, apenas podem levar a substituir o pedaço da realidade que é recusado no presente por outro pedaço que foi igualmente recusado numa época distante. A tarefa da investigação individual será desvendar as relações íntimas entre o material da recusa de agora e o da repressão daquele tempo. Assim como nossa construção funciona apenas por restituir uma parcela da história perdida da vida, também o delírio deve sua força persuasiva à parte de verdade histórica que põe no lugar da realidade rejeitada. Dessa maneira, também ao delírio se aplicaria a frase que um dia usei apenas para a histeria: que o doente sofre de suas reminiscências. Essa breve formulação jamais pretendeu negar a complexidade das causas da doença e excluir a atuação de muitos outros fatores.

Se considerarmos a humanidade como um todo e a pusermos no lugar do indivíduo humano, veremos que também ela desenvolveu formações delirantes inacessíveis à crítica lógica e contrárias à realidade. Se, apesar disso, elas são capazes de exercer extraordinário poder sobre os homens, sua investigação leva à mesma conclusão a que chegamos para o indivíduo. Elas devem sua força ao conteúdo de *verdade histórica* que extraíram da repressão de épocas pré-históricas esquecidas.

# A CISÃO DO EU NO PROCESSO DE DEFESA (1940 [1938])

TÍTULO ORIGINAL: "DIE ICHSPALTUNG IM ABWEHRVORGANG".
MANUSCRITO INACABADO, PUBLICADO POSTUMAMENTE
EM *INTERNATIONALE ZEITSCHRIFT FÜR PSYCHOANALYSE-IMAGO*,
25, N. 3-4, PP. 241-4. TRADUZIDO DE *GESAMMELTE WERKE*
XVII, PP. 59-62. TAMBÉM SE ACHA EM *STUDIENAUSGABE* III,
PP. 389-94. ESTA TRADUÇÃO FOI PUBLICADA ORIGINALMENTE
NO *JORNAL DE PSICANÁLISE*, 28 (53), OUT. 1995.
NA PRESENTE EDIÇÃO, O TEXTO FOI REVISADO E AS NOTAS
À TRADUÇÃO FORAM QUASE TODAS OMITIDAS, POR HAVEREM
SE TORNADO DESNECESSÁRIAS.

Por um momento me encontro na interessante posição de não saber se o que pretendo comunicar deve ser visto como algo há muito conhecido, e mesmo óbvio, ou como algo inteiramente novo e surpreendente. Mas me inclino a crer na segunda possibilidade.

Finalmente me dei conta de que, quando jovem, o Eu da pessoa que décadas depois conhecemos como paciente na análise comportou-se de modo peculiar, em determinadas situações de apuro. Pode-se indicar as condições em que isso ocorreu, dizendo, de maneira geral e um tanto imprecisa, que foi sob o influxo de um trauma psíquico. Eu prefiro pôr em destaque um caso específico, claramente delimitado, e que sem dúvida não abrange todos os modos possíveis de causação. O Eu da criança, então, estaria a serviço de uma forte exigência instintual que está acostumado a satisfazer, e repentinamente é assustado por uma experiência que lhe ensina que a continuação desta satisfação terá por consequência um perigo real intolerável. Então ele deve decidir: ou reconhece o perigo real, curva-se diante dele e renuncia à satisfação instintual, ou recusa a realidade, querendo crer que não há razão para temor, a fim de poder prosseguir com a satisfação. Trata-se, portanto, de um conflito entre a exigência do instinto e a objeção da realidade. Mas a criança não faz nenhuma dessas duas coisas, ou melhor, faz ambas simultaneamente, o que resulta no mesmo. Responde ao conflito com duas reações opostas, ambas válidas e eficazes. Por um lado, rejeita a realidade, com o auxílio de determinados mecanismos, e não aceita nenhuma proibição; por outro lado, reconhece o perigo da realidade, admite a angústia* diante dele como sintoma de sofrimento e procura então defender-se. Uma solução engenhosa para a dificuldade, é preciso admitir. Os dois partidos em luta receberam o seu quinhão; o instinto pode manter sua satisfação, e à realidade se tributa o devido respeito. Mas sabemos que tudo tem seu preço, que apenas a morte vem de graça. O êxito foi alcançado à custa de uma fissura no Eu que não se curará jamais, e que aumentará com o tempo. As duas reações opostas ao conflito prosseguem existindo como núcleo de uma cisão do Eu. Todo o processo nos parece bem singular, pois tomamos por algo evidente a síntese dos processos do Eu. Mas tudo indica que nos enganamos nisso. A função sintética do Eu, de importância tão extraordinária, tem condições particulares e está sujeita a uma série de distúrbios.

Será proveitoso introduzir nesta exposição esquemática os dados de uma história clínica particular. Um garoto de três a quatro anos conheceu os genitais femininos devido à sedução por uma menina mais velha. Após o fim dessas relações, ele continua a estimulação sexual assim recebida, masturbando-se sofregamente, mas logo é flagrado pela enérgica babá e ameaçado de castração — que, como de costume, será efetuada pelo pai. Nesse caso estão presentes as condições para um enorme pavor. Por si só, a ameaça de castração não tem por que produzir muita impressão; o garoto se recusa a acreditar

---

* Lembremos que *Angst* pode significar tanto "medo" como "angústia".

nela, não imagina facilmente que seja possível a separação daquela parte do corpo tão apreciada. Ao ver os genitais femininos, ele pôde se convencer dessa possibilidade, mas na época não chegou a tirar tal conclusão, por ser grande a repugnância a ela e não haver motivo que a impusesse. Pelo contrário, o que podia sentir de mal-estar foi mitigado pela informação de que o que faltava ainda apareceria, ele — o membro — cresceria depois na menina. Quem observou suficientemente garotos pequenos poderá lembrar uma manifestação desse tipo, ante a visão dos genitais de uma irmãzinha. Mas é diferente se ambos os fatores se conjugam. Então a ameaça desperta a lembrança da percepção tida por inofensiva, e nela encontra a confirmação temida. O garoto acredita compreender por que os genitais da menina não tinham pênis, e já não ousa duvidar que o mesmo pode acontecer aos seus. Daí por diante ele tem que acreditar na realidade do perigo da castração.

A consequência habitual, e vista como normal, do pavor da castração, é que o garoto cede à ameaça, em obediência completa ou ao menos parcial — ao não passar mais a mão nos genitais —, imediatamente ou após uma luta mais longa, e portanto renuncia total ou parcialmente à satisfação do instinto. Mas não nos admira que o nosso paciente tenha recorrido a outra solução. Ele criou para si um substituto do pênis de que sentia falta na mulher, ou seja, um fetiche. Com isso ele recusou a realidade, é certo, mas salvou seu próprio pênis. Se não era obrigado a reconhecer que a mulher havia perdido o pênis, então a ameaça que lhe fizeram já não merecia crédito, ele não precisava temer por seu pênis, podia prosseguir imperturbado com a sua masturbação. Esse ato de nosso paciente nos aparece como um afastamento da realidade, como um processo que tenderíamos a ver como reservado às psicoses. E, de fato, não é muito diverso, mas vamos suspender nosso julgamento, pois a uma inspeção mais cuidadosa descobrimos uma diferença nada pequena. O garoto não contradisse simplesmente a sua percepção, alucinando um pênis onde não havia, mas efetuou tão só um deslocamento de valor, transferindo a importância do pênis para outra parte do corpo, algo em que foi auxiliado — de maneira que aqui não será explicitada — pelo mecanismo da regressão. Sem dúvida esse deslocamento ligou-se apenas ao corpo da mulher, nada se alterou com relação ao próprio pênis.

Esse, digamos, astucioso tratamento da realidade é decisivo para a conduta prática do menino. Ele prossegue com a masturbação, como se ela não trouxesse perigo para seu pênis, mas ao mesmo tempo desenvolve, em total contradição com sua aparente bravura ou despreocupação, um sintoma que mostra que de fato reconhece o perigo. Ele ouve a ameaça de que o pai vai castrá-lo, e logo depois, simultaneamente à criação do fetiche, surge nele um intenso medo de ser castigado pelo pai, que o ocupará por muito tempo, e que somente com o uso de toda a sua masculinidade ele pode dominar e supercompensar. Também esse medo do pai silencia a respeito da castração. Através da regressão a uma fase oral, aparece como medo de ser devorado pelo pai. É impossível não recordar aqui uma primitiva passagem da mitologia grega, que relata como o velho deus-pai Cronos devora seus filhos e tenta comer também o mais jovem, Zeus, e como este, salvo pela astúcia da mãe, castra depois o pai. Mas, voltando ao nosso caso, acrescentemos que ele produziu também outro sintoma, embora de pouca importância, que conservou até o dia de hoje, uma medrosa suscetibilidade ao toque de seus dois dedos mínimos do pé, como se, com todo o ir e vir de recusa e reconhecimento, a castração tivesse a expressão mais nítida. [...]

# ALGUMAS LIÇÕES ELEMENTARES DE PSICANÁLISE (1940 [1938])

TÍTULO ORIGINAL: "SOME ELEMENTARY LESSONS IN PSYCHO-ANALYSIS". MANUSCRITO INACABADO, DO QUAL UMA PARTE FOI PUBLICADA POSTUMAMENTE EM *INTERNATIONALE ZEITSCHRIFT ZUR PSYCHOANALYSE* [REVISTA INTERNACIONAL DE PSICANÁLISE], N. 25, 1, P. 21. TRADUZIDO DE *GESAMMELTE WERKE* XVII, PP. 141-7. EMBORA O TÍTULO ESTEJA EM INGLÊS, O TEXTO FOI REDIGIDO EM ALEMÃO.

Quando queremos apresentar determinado âmbito do saber — ou, mais modestamente, da pesquisa — a um público leigo, temos de escolher entre dois métodos ou técnicas. Um é partir do que toda pessoa sabe ou acredita saber e considera evidente, sem contradizê-la inicialmente. Logo surge, então, a oportunidade de chamar sua atenção para fatos do mesmo âmbito que ela conhece, é verdade, mas que até esse momento relegou a segundo plano ou não apreciou devidamente. Continuando, podemos familiarizá-la com outros fatos, dos quais não tem conhecimento, assim despertando-a para a necessidade de ir além dos seus juízos, de buscar novos pontos de vista e escutar novas hipóteses explicativas. Dessa maneira fazemos com que o outro participe da constituição de uma teoria nova do assunto e podemos lidar com suas objeções a ela já durante o trabalho em comum.

Uma exposição assim merece a denominação de *genética*; ela repete o caminho que o próprio pesquisador percorreu antes. Não obstante suas muitas vantagens, ela tem o defeito de não causar impressão bastante naquele que aprende. Aquilo que este viu nascer e lentamente crescer com dificuldades está longe de impressioná-lo tanto quanto algo que surge pronto à sua frente, como um conjunto aparentemente fechado.

A outra exposição, que tem precisamente esse último efeito, é a *dogmática*; ela antecipa seus resultados, pede atenção e crença nos seus pressupostos e pouco informa sobre a fundamentação destes. Mas há o perigo, então, de um ouvinte crítico pensar, meneando a cabeça: "Isso tudo parece esquisito! Como ele sabe disso?".

Em minha exposição, não me servirei de nenhum dos dois métodos exclusivamente; seguirei ora um, ora o outro. Não me iludo quanto à dificuldade de minha tarefa. A psicanálise tem pouca perspectiva de vir a ser popular. Boa parte do que ela diz ofende os sentimentos de muitas pessoas, e, o que incomoda quase da mesma forma, nossa ciência contém algumas hipóteses — difícil dizer se devem ser incluídas entre os pressupostos* ou entre os resultados de nosso trabalho — que inevitavelmente parecem muito estranhas ao pensamento habitual da multidão e contrariam radicalmente as opiniões dominantes. Mas não adianta; temos de iniciar nossos breves estudos pela discussão de duas dessas hipóteses delicadas.

## A NATUREZA DO PSÍQUICO

A psicanálise é uma parte da ciência da alma, da psicologia. Também é denominada "psicologia das profundezas", depois veremos por quê. Se alguém perguntar o que é propriamente o âmbito "psíquico", será fácil responder indicando seus componentes. Nossas percepções, ideias, lembranças, sentimentos e atos de vontade — tudo isso pertence ao que é psíquico. Mas,

---

* No texto dos *Gesammelte Werke* — o único existente em alemão —, há um evidente erro de edição neste ponto: no lugar de *Voraussetzungen* ("pressupostos, premissas") se encontra *Moralbesetzungen* (literalmente "investimentos morais"). Cf. I. Grubrich-Simitis, *Zurück zu Freuds Texten* [De volta aos textos de Freud], Frankfurt: Fischer, 1993, p. 288n.

se a pergunta for também se todos esses processos não teriam uma característica em comum, que nos permita apreender melhor a natureza ou, como se diz igualmente, a essência do psíquico, então será mais difícil dar uma resposta.

Se uma pergunta análoga fosse dirigida a um físico, sobre a essência da eletricidade, digamos, sua resposta — até recentemente — seria: "Para explicar determinados fenômenos, supomos a existência de forças elétricas que estão nas coisas e delas emanam. Estudamos esses fenômenos, encontramos suas leis e fazemos até mesmo aplicações práticas delas. Isso nos basta no momento. Não conhecemos a essência da eletricidade, talvez a descubramos depois, com o avanço de nosso trabalho. Admitimos que nossa ignorância diz respeito justamente ao que é mais importante e interessante no assunto, mas isso não nos incomoda a princípio. Não é de outro modo nas ciências naturais".

A psicologia é também uma ciência natural. Que mais poderia ser? Mas o seu caso é diferente. Nem todos se aventuram a emitir um juízo sobre as coisas físicas, mas todos — tanto o filósofo como o homem da rua — opinam sobre questões psicológicas, comportam-se como se fossem psicólogos amadores. E agora sucede algo notável: todos — quase todos — concordam em que o que é psíquico tem realmente uma característica comum, na qual se exprime a sua essência. E essa característica única e indescritível, mas que também não carece de descrição, é o *estado de consciência* [*Bewusstheit*]. Tudo o que é consciente seria psíquico;

e, inversamente, tudo o que é psíquico, consciente. Isso seria evidente, contrariá-lo seria absurdo. Ora, não se pode afirmar que uma resolução tal lance muita luz sobre a essência do psíquico, pois ante a consciência, um dos fatos básicos de nossa vida, a pesquisa se detém como diante de um muro. Não acha caminho nenhum que leve adiante. Além disso, a equiparação do psíquico ao consciente trouxe a desagradável consequência de os processos psíquicos serem arrancados do contexto geral de eventos do universo e serem contrapostos a todo o resto como algo estranho. Mas isso não era possível, não se podendo ignorar muito tempo o fato de que os fenômenos psíquicos dependem em alto grau das influências somáticas e, por sua vez, têm efeitos poderosos sobre os processos somáticos. Se alguma vez o pensamento humano entrou num beco sem saída, foi aqui. Para encontrar uma saída, pelo menos os filósofos tiveram de supor que haveria processos orgânicos paralelos aos processos psíquicos conscientes, a estes relacionados de maneira difícil de explicar, que serviriam para intermediar os influxos recíprocos entre "corpo e alma" e para reinserir o psíquico na estrutura da vida. Mas tal solução permaneceu insatisfatória.

A psicanálise evitou essas dificuldades ao contestar energicamente a equiparação do psíquico ao consciente. Não, o estado consciente não pode constituir a essência do psíquico, é apenas um atributo dele, e inclusive um atributo inconstante, muito mais ausente do que presente. O psíquico em si mesmo, qualquer que seja a sua natureza, é inconsciente, provavelmente de espécie similar a todos os outros processos naturais de que adquirimos conhecimento.

Para justificar tal afirmação, a psicanálise se baseia em certo número de fatos, dos quais passo a enumerar alguns.

Como se sabe, são denominados pensamentos espontâneos as ideias que subitamente aparecem prontas na consciência, sem que saibamos o que as preparou, que devem ter sido atos psíquicos, porém. Pode acontecer até mesmo que obtenhamos desse modo a solução de um difícil problema intelectual, sobre o qual refletimos antes em vão. Todos os complicados processos de escolha, rejeição e decisão, que se deram nesse meio-tempo, subtraíam-se à consciência. Não criamos uma nova teoria ao dizer que eram inconscientes e talvez tenham continuado assim.

Em segundo lugar destacarei, de um grupo imenso de fenômenos, um só exemplo que deve representar todos os demais. O presidente de uma assembleia (o parlamento austríaco, no caso) abriu a sessão, certa vez, com estas palavras: "Constato a presença do número mínimo de deputados e declaro a sessão *encerrada*".[1] Foi um caso de *lapso verbal*; não há dúvida de que ele queria dizer "aberta". Por que disse o contrário, então? Já estamos preparados para a resposta: "Foi um erro casual, um equívoco ao executar a intenção, que acontece facilmente por muitas razões. Nada significa e, além disso, é bastante fácil trocar coisas opostas".

---

1 Cf. *Psicopatologia da vida cotidiana*, 1901, cap. v.

Mas, ao examinar a situação em que ocorreu o lapso, inclinamo-nos a preferir uma explicação diversa. Muitas sessões anteriores do parlamento haviam transcorrido de forma desagradavelmente tempestuosa e estéril, e não seria de estranhar se o presidente tivesse pensado, no momento da abertura: "Se esta sessão que agora começa já houvesse terminado! Eu preferia fechá-la, em vez de abri-la". Quando começou a falar, é provável que esse desejo não lhe estivesse presente, não fosse consciente, mas existia, sem dúvida, e conseguiu se impor no aparente erro do falante, contra a intenção deste. Nesta oscilação entre duas interpretações tão diferentes, dificilmente um só caso poderá nos ajudar a decidir* por uma delas. Mas e se todos os outros casos de lapso verbal admitissem a mesma explicação, e assim também os equívocos semelhantes ao escrever, ler, escutar e pôr objetos fora do lugar? Se em todos esses casos — sem exceção — fosse possível demonstrar a existência de um ato psíquico, um pensamento, um desejo, uma intenção que justificasse o suposto erro, e que fosse inconsciente no momento em que ele se tornou efetivo, embora antes pudesse ter sido consciente? Então não se poderia mais questionar que existem atos psíquicos que são inconscientes, que às vezes podem se tornar ativos enquanto são inconscientes e

---

* De acordo com I. Grubrich-Simitis (op. cit., ibid.), nesse ponto há outro erro de edição, de leitura do manuscrito por parte dos editores: em vez de *Erklärung* ("explicação"), como está no v. XII dos *Gesammelte Werke*, o termo usado foi *Entscheidung* ("decisão"), aqui transformado em verbo.

que às vezes podem até mesmo vencer intenções conscientes. Quanto ao indivíduo, pode assumir atitudes diversas ante o lapso. Pode ignorá-lo completamente ou notá-lo ele próprio, ficar embaraçado, envergonhar-se dele. Geralmente ele próprio não é capaz de achar a explicação do erro, necessita de ajuda para isso, e muitas vezes se opõe à solução que lhe é revelada — ao menos por um instante.

Em terceiro lugar, pode-se demonstrar de forma experimental, com pessoas hipnotizadas, que existem atos psíquicos inconscientes e que a consciência não é uma condição imprescindível para a atividade. Quem presencia um experimento desses tem uma impressão inesquecível e adquire uma convicção inabalável. Eis o que ocorre aproximadamente. O médico entra na enfermaria do hospital, deixa seu guarda-chuva num canto, põe um dos pacientes em hipnose e lhe diz: "Agora vou sair; quando eu voltar, você virá ao meu encontro com o guarda-chuva aberto e o sustentará sobre a minha cabeça". Então o médico e o assistente deixam o quarto. Quando retornam, o doente, já desperto, faz exatamente o que lhe foi ordenado sob hipnose. O médico o questiona: "Mas o que está fazendo? Qual o significado disso?". O paciente está claramente embaraçado, balbucia algo como: "Eu achei, doutor, que, como está chovendo, o sr. ia abrir o guarda-chuva já aqui dentro". Uma explicação claramente insatisfatória, inventada no momento, para justificar de alguma maneira sua conduta. Para nós, espectadores, é evidente que ele não sabe seu motivo real. Nós o sabemos, pois estávamos presentes quando recebeu a sugestão que agora seguiu, enquanto ele mesmo nada sabe sobre ela.[2]

Agora consideramos resolvida a questão da relação entre o que é consciente e o que é psíquico: a consciência é apenas uma qualidade (atributo) — inconstante, além disso — do psíquico. Mas ainda temos de responder à objeção segundo a qual não seria necessário, não obstante os fatos mencionados, abandonar a identidade entre consciente e psíquico. Os assim chamados processos psíquicos inconscientes seriam justamente os processos orgânicos paralelos do psíquico, há muito reconhecidos. Mas isso rebaixaria nosso problema a uma questão aparentemente irrelevante de definição. Nossa resposta é que seria injustificado e muito impróprio desfazer a unidade da vida psíquica em favor de uma definição, quando vemos que a consciência nos pode oferecer apenas séries de fenômenos incompletas e lacunosas.

Não se deve crer, além disso, que essa outra concepção do psíquico é uma novidade que se deve à psicanálise. Um filósofo alemão, Theodor Lipps, declarou enfaticamente que o psíquico é, em si, inconsciente, e que o inconsciente é o propriamente psíquico. Havia muito o conceito de inconsciente batia à porta da psicologia. A filosofia e a literatura brincaram bastante com ele, mas a ciência não sabia aproveitá-lo. A psicanálise apoderou-se desse conceito, levou-o a sério, dotou-o de

---

[2] Experimentos de Bernheim que presenciei em Nancy, em 1889. Atualmente não preciso levar em consideração a dúvida quanto à autenticidade de tais fenômenos hipnóticos.

novo conteúdo. As pesquisas da psicanálise levaram ao conhecimento de características até então insuspeitadas do psíquico inconsciente, descobriram algumas das leis que o governam. Com isso, porém, não se quer dizer que o atributo do estado de consciência tenha perdido sua importância para nós. Ele continua a ser a única luz que nos ilumina e conduz na escuridão da vida psíquica. Devido à natureza especial de nosso conhecimento, nosso trabalho científico na psicologia consistirá em traduzir processos inconscientes em conscientes, de modo a preencher as lacunas na percepção consciente. [...]

# TEXTOS BREVES
(1937-1938)

# LOU ANDREAS-SALOMÉ* [1861-1937]

Em 5 de fevereiro deste ano morreu serenamente, em sua pequena casa na cidade de Göttingen, a sra. Lou Andreas-Salomé. Ela tinha quase 76 anos de idade. Os últimos 25 anos de vida dessa mulher extraordinária foram dedicados à psicanálise, que ela enriqueceu com trabalhos científicos e que também praticou. Não exagero ao dizer que todos nos sentimos honrados quando ela ingressou nas fileiras de nossos colaboradores e companheiros de luta, e que enxergamos nisso, ao mesmo tempo, mais uma garantia da verdade das teorias analíticas.

Sabia-se que ela, quando jovem, mantivera uma intensa amizade com Friedrich Nietzsche, baseada numa profunda compreensão das ousadas ideias do filósofo. Essa relação teve um final repentino quando ela rejeitou a proposta de casamento feita por ele. Também se sabia que muitos anos depois ela fora simultaneamente musa e como que mãe protetora do grande poeta Rainer Maria Rilke, que era um tanto desamparado na vida. De resto, porém, sua personalidade permaneceu um mistério. Ela possuía modéstia e discrição incomuns. Jamais falava das produções literárias e ensaísticas dela mesma. Claramente percebia onde se acham os verdadeiros valores da existência. Quem dela se aproximava tinha forte impressão da autenticidade e harmonia do seu ser e constatava, com espanto, que todas as fraquezas femininas, e talvez

* Publicado primeiramente em *Internationale Zeitschrift für Psychoanalyse*, v. 23, n. 1, 1937. Traduzido de *Gesammelte Werke* XVI, p. 270.

a maioria das fraquezas humanas, haviam se lhe tornado alheias ou sido por ela vencidas ao longo da vida.

Em Viena havia ocorrido, muito tempo atrás, o episódio mais comovente de sua trajetória de mulher. Em 1912 ela retornou a Viena para ser iniciada na psicanálise. Minha filha, que era sua amiga, ouviu-a lamentar-se de não haver conhecido a psicanálise na sua juventude. Mas, naturalmente, naquela época ainda não havia tal coisa.

Fevereiro de 1937

## CONCLUSÕES, IDEIAS, PROBLEMAS*

16/06. É interessante que das vivências remotas, em contraste com as posteriores, todas as diferentes reações [a elas] se conservem, também as contrárias, naturalmente. Em vez de uma decisão, que depois seria o resultado. Explicação: fraqueza da síntese, conservação da característica dos processos primários.

12/07. Em substituição à inveja do pênis, identificação com o clitóris; a melhor expressão da inferioridade, fonte de todas as inibições. Ao mesmo tempo — no caso X. — rejeição da descoberta de que tampouco as outras mulheres têm pênis.

"Ter" e "ser" para as crianças. As crianças gostam

---

* "Ergebnisse, Ideen, Probleme"; parte de algumas anotações de 1938 com esse título. Texto publicado postumamente no v. XVII dos *Gesammelt Werke*, de onde foi traduzido (pp. 151-2).

de expressar a relação objetal pela identificação: "eu sou o objeto". O "ter" é posterior, recai no "ser" após a perda do objeto. Modelo: o seio. "O seio é um pedaço de mim, eu sou o seio." Somente depois: "eu tenho ele", isto é, "eu não sou ele"...

12/07. Com os neuróticos é como se estivéssemos numa paisagem pré-histórica, no jurássico, por exemplo. Os grandes sáurios ainda se movem pelo local, e as cavalinhas crescem como palmeiras (?).

20/07. A hipótese de haver traços hereditários no Id praticamente muda as nossas concepções sobre ele.

20/07. O fato de o indivíduo sucumbir por seus conflitos interiores, e a espécie, na luta com o mundo externo, ao qual já não se acha adaptada, merece ser incluído no *Moisés*.

03/08. A consciência de culpa também nasce do amor insatisfeito. Como o ódio. Realmente, tivemos de produzir a partir desse material todas as coisas possíveis, como os Estados autárquicos com seus "produtos substitutivos".

03/08. A causa última de todas as inibições intelectuais e de trabalho parece ser a inibição do onanismo infantil. Mas talvez a coisa vá mais fundo, talvez não seja inibição por influências externas, mas a sua natureza insatisfatória em si. Sempre falta algo para a descarga e a satisfação plenas — *en attendant toujours quelque chose qui ne venait point* [sempre esperando alguma coisa que não vinha] — e essa parte que falta, a reação do orgasmo, manifesta-se em equivalentes de outros âmbitos, em ausências, irrupções de risada, choro (Xy), e talvez mais coisas. — A sexualidade infantil fixou novamente aqui um modelo.

22/08. O espaço pode ser a projeção da extensão do aparelho psíquico. Nenhuma outra derivação é provável. Em vez do *a priori* de Kant, precondições de nosso aparelho psíquico. A psique é estendida, nada sabe disso.

22/08. Misticismo é a obscura autopercepção do domínio fora do Eu, do Id.

# UM COMENTÁRIO SOBRE O ANTISSEMITISMO*

Examinando os comentários feitos em periódicos e livros, ocasionados pela recente perseguição aos judeus, deparei com um ensaio que me pareceu tão incomum que dele fiz algumas anotações, para meu uso pessoal. O autor dizia mais ou menos o seguinte:

---

* "Ein Wort zum Antisemitismus", publicado primeiramente em *Die Zukunft. Ein neues Deutschland: Ein neues Europa!* [O futuro. Uma nova Alemanha, uma nova Europa!], Paris, n. 7, p. 2. Traduzido de *Gesammelte Werke. Nachtragsband*, pp. 779-81.

"Esclareço, já de antemão, que não sou judeu, e que, portanto, não é uma motivação egoísta que me leva a fazer estas observações. Mas interessei-me vivamente pelas irrupções antissemitas de nosso tempo e dediquei atenção especial aos protestos contra elas. Eles vieram de dois lados, o eclesiástico e o secular; uns, em nome da religião, outros, invocando exigências humanitárias. Aqueles foram escassos e vieram tarde, mas vieram, afinal; até mesmo Sua Santidade o papa levantou a voz. Confesso haver sentido falta de algo nas manifestações de ambos os lados, algo no começo e algo no fim. Tentarei preencher essas lacunas.

"Creio que todos esses protestos poderiam ter uma introdução, que seria assim: 'É verdade que também não gosto dos judeus. De algum modo, eles me são estranhos e antipáticos. Têm muitas características desagradáveis e grandes defeitos. Também acho que a influência que têm sobre nós e nossos assuntos é predominantemente nociva. Comparada à nossa, sua raça é claramente inferior, todas as suas atividades indicam isso'. Então poderia se seguir o que, *sem contradição*, há realmente nesses protestos. '*Mas* nós professamos uma religião do amor, devemos amar nossos inimigos como a nós mesmos. Sabemos que o filho de Deus deu sua vida na terra para redimir *todos* os homens do fardo do pecado. Ele é nosso modelo, por isso é pecar contra sua intenção e contra o mandamento da religião cristã admitir que os judeus sejam insultados, maltratados, roubados e lançados na miséria. Temos de protestar contra isso, não importando que os judeus mereçam ou não esse tratamento.' De modo semelhante se exprimem os laicos, os que acreditam no evangelho da humanidade.

"Confesso que todas essas manifestações me deixaram insatisfeito. Além da religião do amor e da humanidade, há também uma religião da verdade, e ela não se apresenta nesses protestos. A verdade, porém, é que durante muitos séculos tratamos injustamente o povo judeu e continuamos a fazê-lo, ao julgá-lo injustamente. Quem não começa por admitir nossa culpa não cumpre seu dever nessa questão. Os judeus não são piores do que nós, têm características e defeitos um tanto diferentes, mas não temos o direito de olhar para eles com desdém. Em vários aspectos, eles são inclusive superiores a nós. Não precisam de tanto álcool como nós para achar a vida suportável; entre eles são raros os crimes brutais, o assassinato, o roubo e a violência sexual; sempre tiveram em alta conta os interesses e realizações intelectuais; sua vida familiar é mais afetuosa; cuidam melhor de seus pobres; a caridade é um dever sagrado para eles. Não podem ser considerados inferiores em nenhum sentido. Desde que lhes permitimos juntar-se a nós em nossos empreendimentos culturais, adquiriram mérito por valiosas contribuições em todos os âmbitos da ciência, da arte e da técnica, retribuindo prodigamente a nossa tolerância. Portanto, cessemos de brindá-los com nossas mercês, quando o que merecem é justiça."

Naturalmente, produziu forte impressão em mim essa tomada de posição tão decidida por parte de um não judeu. Mas agora devo confessar algo notável. Sou um homem velho, minha memória já não é aquela de antes. Já não me lembro onde li o ensaio de que tomei notas, nem quem foi seu autor. Será que algum leitor desta revista poderia me ajudar?

Alguém acaba de me sugerir que talvez se trate de um livro do conde Heinrich Coudenhove-Kalergi, *Das Wesen des Antisemitismus* [A essência do antissemitismo], onde se acha precisamente aquilo de que o autor que busco sentiu falta nos protestos recentes, e até mais. Conheço esse livro, apareceu em 1901 e foi reeditado por seu filho em 1929, com uma introdução admirável. Mas não pode ser esse; o que tenho em mente, de forma vaga, é algo de menor extensão e mais recente. Ou me engano por completo, não existe esse texto e a obra dos dois Coudenhove não teve *realmente* influência nenhuma sobre os contemporâneos?

## O ANTISSEMITISMO NA INGLATERRA*

*To the editor of* Time and Tide.
*I came to Vienna as a child of four years from a small town in Moravia. After 78 years, including more than half a century of strenuous work I had to leave my home, saw the Scientific Society that I had founded dissolved, our institu-*

---

* Carta redigida em inglês e publicada na revista *Time and Tide* em 26 de novembro de 1938, como resposta a uma solicitação para que ele contribuísse para um número sobre o antissemitismo. Traduzida de *Gesammelte Werke. Nachtragsband*, pp. 782-3. Também se acha na edição *Standard* inglesa (v. 23, p. 301) e em *Briefe* [Cartas] *1873-1939*, p. 448. Há algumas divergências entre o texto dos *GW* e o da *Standard* inglesa (em que a carta é datada de 16.11.1938); a principal delas é que

*tions destroyed, our Printing Press ("Verlag") taken over by the invaders, the books I had published confiscated and reduced to pulp, my children expelled from their professions. Don't you think the columns of your special number might rather be reserved for the utterances of non-Jewish people less personally involved than myself?*

*In this connection my mind gets hold of an old French saying:*
*Le bruit est pour le fat,*
*La plainte est pour le sot;*
*L'honnête homme trompé*
*S'en va et ne dit mot.*

*Nov 17th, 1938*
Sigmund Freud

[Ao editor de *Time and Tide*.
Quando era uma criança de quatro anos de idade cheguei a Viena, oriundo de uma pequena cidade da Morávia. Após 78 anos, incluindo mais de meio século de trabalho diligente, tive que deixar minha casa, vi ser dissolvida a Sociedade Científica que havia fundado, nossas instituições serem destruídas, nossa Editora (*Verlag*) ser tomada pelos invasores, os livros que eu havia publicado serem confiscados e reduzidos a polpa,

---

a *Standard* inclui também o seguinte parágrafo: "*I feel deeply affected by the passage in your letter acknowledging 'a certain growth of anti-semitism even in this country'. Ought this present persecution not rather give rise to a wave of sympathy in this country?*" [Sinto-me profundamente tocado pelo trecho de sua carta que admite "um certo crescimento do antissemitismo até mesmo neste país". A perseguição atual não deveria antes suscitar uma onda de compaixão neste país?].

e meus filhos serem afastados de suas profissões. Você não acha que as colunas de seu número especial deveriam ser reservadas para manifestações de pessoas não judias menos envolvidas pessoalmente do que eu?

Nesta ocasião me vem à mente um antigo provérbio francês:

> *Le bruit est pour le fat,*
> *La plainte est pour le sot;*
> *L'honnête homme trompé*
> *S'en va et ne dit mot.*\*

17 de nov. de 1938
Sigmund Freud]

---

\* "O barulho é para o vaidoso/ A queixa, para o tolo;/ O homem de bem, enganado,/ vai-se embora e não diz nada"; da peça *La Coquette corrigée*, de Jean Sauvé de la Noue (1701-1761), ato I, cena 3.

# ÍNDICE REMISSIVO

AS INDICAÇÕES *NA* E *NT* DESIGNAM
AS NOTAS DO AUTOR E DO TRADUTOR,
RESPECTIVAMENTE.

## ÍNDICE REMISSIVO

Abraão, 40, 66
abstinência, 19, 164
abuso sexual, 245
Adler, Alfred, 322
Adonai [Senhor], 38-9, 59; *ver também* Jeová
Adonis (divindade), 38
adulto(s), 48, 53, 109, 138, 157, 176, 184, 200, 245-6, 252, 276NA, 305
afetos, afetivo(s), afetiva(s), 21, 95-6, 107, 116, 166, 168, 170, 180, 183-4, 187, 223, 261, 329
Agamenon (personagem mitológica), 256NT
agressão, instinto de *ver* destruição/morte, instinto de
agressividade, agressivo(s), agressiva(s), 105-6, 111, 113, 123, 160, 163, 197, 202, 313-4
Agrigento, 314NT
água, simbolismo da, 20
Aketaton (Tell el-Amarna), 35
Akhenaton, 35-40, 42-4, 46-7, 69-70, 74, 84-5, 89, 91, 125, 153, 187; *ver também* Amenófis IV
Alá (divindade), 130
Alba Longa, 22
álcool, 367
Além *ver* vida após a morte
Alemanha, alemães, 79, 81NT, 100, 359
Alexandre, o Grande, 101
alfabeto hebraico, 63; *ver também* hebraico
alimentação, 148

alma(s), 82, 122, 158-9, 163, 178, 266, 315, 353, 355
*altus*, 221
alucinação, alucinações, alucinatória, 212, 266, 341
amamentação, 247-8
Amarna, 35, 37, 44, 73
ambivalência, 116-7, 123, 168, 184, 187, 230
Amenófis III, 32, 35
Amenófis IV, 31-3, 35, 84; *ver também* Akhenaton
amizade, 315
amnésia, 105-6, 201, 245
Amon (divindade), 15-6, 30, 33, 35-6, 38, 125
amor, amoroso, amorosa(s), 74, 112, 115, 130, 159, 162, 170, 174, 196, 200, 229, 231, 247-8, 255-6, 264, 271, 283, 298, 319, 364, 366-7
analista(s), 138, 181, 196NA, 228-32, 238, 256, 259, 266, 278-80, 282-3, 298, 306-7, 314, 317-22, 328-32, 334, 336, 338-9; *ver também* psicanálise
Anate-Jaú (divindade), 89
anatomia, 107, 136
Andreas-Salomé, Lou 362
Anfião (personagem mitológica), 20
angústia(s), 193, 195, 223, 240, 261, 268, 271, 279, 301, 342, 347; *ver também* medo(s)
Aníbal, 67NA
animal, animais, 19, 29, 106, 116-7, 119-20, 137, 141, 180,

ÍNDICE REMISSIVO

182-3, 194, 201NA, 212, 243, 245
*animus*, 158
Antiguidade, 30, 32, 145, 185
*Antiguidades judaicas* (Flávio Josefo), 43NA
antissemitismo, antissemitas, 127-8, 365-6, 368-9
aparelho psíquico, 136, 173, 192, 194, 205, 211, 213-4, 239-40, 258, 260, 288, 303, 309, 311, 365; *ver também* psique
Arábia, árabes, 50, 86, 130
arqueologia, 331-2
arte, artista, 37, 102, 150, 309, 318, 367
Ásia, 36, 84
assírios, 70, 91
associação livre *ver* livre associação
Astruc, 62NA
Atena *ver* Palas Atena (divindade)
áticos, dramaturgos, 100
Atkinson, J. J., 114, 179-80
Aton (divindade), 33-40, 42, 46-7, 53, 61, 74, 84-6, 89-90, 99, 124-5, 156
atos falhos, 233; *ver também* lapso
auditivos, auditivas, 137, 212, 246
Auerbach, E., 62NA, 63NA, 89NA
"*auri sacra fames*", 168
Áustria, 81, 291
autoconhecimento, 232
autoconservação, 195, 237, 245
autodestruição, 112, 197-8
aversão, 45, 146

Azupirani, 19

*baalim* [deuses locais], 99, 171
babá, 347
Babilônia, babilônio(s), 19-20, 41, 91
Bance, Alan, 293NT
barbárie, 78-9
"Batem numa criança" (Freud), 323NA
bebê, 15, 20
Beethoven, 150
behaviorismo, 206NA
beijar, 199
bem-estar, 155, 278
Bernheim, 359NA
Bes (divindade), 29
Bíblia, bíblico(s), bíblica, 15, 17, 40-1, 43, 45, 48-51, 59, 61-2, 66, 68-70, 73, 77, 81, 86-7, 94; *ver também* Pentateuco; Velho Testamento
biologia, biológico(s), biológica(s), 140, 196, 243, 245, 247, 257, 264, 315-7, 324-5
bissexualidade, bissexuais, 247, 312-3
boca, 201; *ver também* fase oral
Bonaparte, Napoleão, 16
Breasted, J. H., 15-7, 32NA, 34, 35NT, 37NA, 74NA
brincadeiras, 255
Brunswick, Ruth Mark, 278

Cades, 51-3, 55, 58-61, 65, 68, 71-2, 74-5, 86-7, 97, 131
Canaã, 41, 44, 55, 57, 68, 72, 76, 86-7, 89, 171

Capelle, Wilhelm, 314NA, 315-6
carinho materno, 248
casamento(s), 63, 296, 362
castração, 112, 119, 129, 139, 168, 203, 250-2, 254-5, 264, 267-8, 322-5, 347-50
catolicismo *ver* Igreja católica
células germinativas, 243
cérebro, cerebral, 136, 191, 337
ciência, científico(s), científica, 14, 34, 84, 95, 149NA, 159, 170, 191, 206-8, 245, 257-9, 315, 353-4, 359-60, 362, 367
circuncisão, 40-2, 44-6, 51, 58-9, 65-6, 85, 88, 124, 129, 168, 250
Ciro, 20, 22
cisão do Eu, 268-9, 345-7; *ver também* Eu, o
ciúme, 115, 147, 200, 255, 266
Clitemnestra (personagem mitológica), 256NT
clitóris, 203, 363
cloaca, teoria da, 203
Cnossos, 67NA
coação, 79, 143, 156, 252, 271, 290
Códice Sacerdotal, 62-3, 68, 94
coito, 112
Colônia (Alemanha), 128
complexo de Édipo, 112, 139, 248-9, 252-5, 256NT, 264, 271
complexo de Electra, 256
compulsão, compulsivo, compulsiva, 79, 83, 102, 107-8, 142, 173, 246, 303, 342
comunhão cristã, rito da, 119, 123

comunicação oral, 98
condensação, 219-20
*Conferências introdutórias à psicanálise* (Freud), 254NT, 273NT
conflito(s), 28, 91, 95, 108, 110, 113, 198, 215, 222-3, 225-6, 237, 260, 264, 285-8, 290, 294-9, 301, 306, 313-4, 321, 346-7, 364
consanguínea, união, 167
consciência, 82, 121, 124, 133-4, 137, 142, 149, 155-6, 160, 162, 164, 184-5, 191, 206-9, 212-3, 216, 226, 235-6, 257-9, 271, 311, 340-1, 343, 354-6, 358-60, 364
conscientes, atos e processos, 41, 122, 131, 134-7, 178, 206, 208-12, 236, 257, 261-3, 270, 279, 305-7, 343, 354-5, 357-60
conservação da espécie, 195, 245
"Considerações atuais sobre a guerra e a morte" (Freud), 265NT
conspiração dos "sábios de Sião", 121
construções analíticas, 331-43; *ver também* interpretações analíticas
conteúdo onírico *ver* latente, conteúdo onírico; manifesto, conteúdo onírico
contrainvestimento(s), 133-4, 215, 217, 225, 234; *ver também* investimento(s)
*Coquette corrigée, La* (Sauvé de la Noue), 370NT

ÍNDICE REMISSIVO

corpo humano, 106-7, 192, 198-200, 211-2, 247-8, 267, 348-9
cortical, camada, 135, 192, 211-2, 262
Coudenhove-Kalergi, Heinrich, 368
*credo quia absurdum*, 120, 163
Creta, 67NA
criança(s), 21, 23-4, 105, 116, 119, 138-9, 157, 165-6, 173-4, 179, 182, 184, 194, 200, 202, 218, 230, 231, 245-9, 253-4, 264, 271-2, 299, 307, 341, 346, 363, 369; *ver também* infância, infantil, infantis
cristianismo, cristão(s), cristã, 45, 119-21, 123-5, 129, 180, 187, 299, 302, 366
Cristo *ver* Jesus Cristo
Cronos (divindade), 350
culpa, sentimento/consciência de, 90, 104, 121, 124, 184-5, 236, 238, 311, 338, 364
cultura(s), cultural, culturais, 79, 92, 100, 117, 124, 128-9, 157-8, 197, 243-4, 249-50, 265, 272, 367
cura, 110, 225-7, 236, 238, 267, 282, 284-5, 299, 305-7, 311, 324

Darwin, 95, 114, 179
Davi, rei, 62-3
Da Vinci, Leonardo 150
*Dawn of Conscience, The* (Breasted), 15NA, 32NA, 34, 37NA, 74NA

defesa(s), 108-11, 113, 136, 263-4, 269, 271, 289, 294, 301-8, 320
delírio(s), delirante(s), 120, 179, 186, 225, 266-7, 341-3
dentes, 202
depressão, 325
desejo(s), 95, 123, 151, 178, 199, 217, 222-4, 230, 253-6, 260, 323-5, 341, 357
deslocamento, 129, 195, 204, 220, 268, 341, 349
desprazer, 160-1, 169, 193, 234, 238, 261, 301, 303
destruição/morte, instinto de, 195-7, 237, 244, 262, 311-4, 316-7
Deus, 29, 34, 35NT, 37NA, 38-40, 48, 51, 53, 60, 68, 74NA, 90, 92, 122, 124, 126-7, 129, 146-7, 154-6, 159-60, 164, 170, 184-8, 239, 366; *ver também* Adonai; Jeová; monoteísmo, monoteísta(s)
deus(es), deusa(s), 16, 20, 29-32, 34-40, 45, 49-51, 53, 59-60, 65-9, 73-6, 83-94, 97, 99, 117-20, 123NA, 124-5, 147, 152-6, 159, 163, 167, 170, 172, 176-9, 183, 185, 187, 314, 350; *ver também* politeísmo, politeísta
Deuteronômio, 38, 62, 73NT
De Vere, Edward, 253NA
dez pragas do Egito, 49
Diderot, 253
Disraeli, Benjamin, 17
divindade-mãe, 67NA

doença(s), doente(s), 96, 110, 197, 216, 225-7, 236, 240, 257, 264, 266, 276, 278, 284, 286, 288-9, 297, 299, 311, 318, 342-3, 358
dor(es), 212, 227, 240, 283
dramaturgos áticos, 100
duplos significados, 221

Ebiatar, 62
Édipo (personagem mitológica), 20, 22, 246, 250NA, 252, 256NT, 271; *ver também* complexo de Édipo
educação, educadores, 140, 162, 194, 229, 243, 271-2, 301
egeu, mundo, 67NA
egípcio, idioma, 15
Egito, egípcio(s), 14-7, 22-33, 35NT, 37-53, 55-8, 60-1, 65-6, 67NA, 69-71, 74, 77, 83-6, 88, 90, 92, 94, 97, 121, 131, 144, 148, 154, 167, 187
Eisler, Robert, 302
elaboração, 219
Electra (personagem mitológica), 256NT
Eloim, 59
"eloísta", 62, 88
emocional, emocionais, 115, 163, 169, 251
Empédocles, 196NA, 314-7
*Eneida* (Virgílio), 168NT
energia psíquica, 136, 193, 208, 214, 269
entropia psíquica, 310
epopeias/poemas épicos, 100-3
Erman, A., 34, 37NA, 45NA

Eros, instinto de, 195-7, 199, 260, 262, 312, 314, 316
erótico, erótica, 160, 230-1, 244, 247, 251; *ver também* zona(s) erógena(s)
Escrituras *ver* Bíblia; Pentateuco; Velho Testamento
Esdras, 63, 69
espécie humana, 113, 117, 138, 243
"espirituais", poderes, 158
espiritualidade, 92, 121, 154, 156-8, 160, 163, 170, 177
esquecimento, 84, 98-9, 106, 119
Ésquilo, 158
ética(s), ético, 32, 74, 94, 96, 121, 164, 168-9, 185
Eu, o, 96, 105, 108-10, 134-6, 160-2, 175, 192-8, 202, 204, 212-9, 222-9, 232, 234-8, 242-6, 251, 262-72, 280-1, 285-90, 293-4, 297, 300-9, 311, 320, 322-3, 347, 365
Eufrates, rio, 19
Europa, 167, 275
evangelhos, evangelistas, 120, 126, 129
*evangelium*, 122
evolução humana, 309
excitação, 199-200, 220, 245, 249
excretória, função, 202
exílio babilônico, 38, 54, 63, 154
êxodo hebreu, 14, 43-4, 47, 49, 52, 55, 60, 65, 71-2, 85-7, 97, 154-5
Êxodo, Livro do, 15, 43NT, 45NT, 51NT, 60NT, 64NT, 65, 66NA, 71NT, 73NT

## ÍNDICE REMISSIVO

exogamia, 116, 165, 167, 180-1
expiação, 122, 187

fábulas, 21, 115, 119
falecidos *ver* morto(s)
família(s), 16, 21-2, 24-5, 33, 36, 83, 111, 114, 119, 148, 167, 178, 180, 183, 243, 250, 272, 283, 308
fantasia(s), 101-2, 112, 121-3, 126, 186, 203, 249, 251, 283, 315, 340
faraó(s), 22-3, 31, 33, 42-3, 48-9, 52, 70, 72, 84, 86, 89, 92, 120, 167
fase fálica, 202, 204, 248, 254, 292, 323
fase oral, 202, 292, 349
fase sádico-anal, 202
*Fausto* (Goethe), 170NT, 273NT, 287NT, 304NT, 315NT
felicidade, 101, 155, 184, 283
feminilidade, feminino(s), feminina(s), 89, 202, 245, 247, 250-1, 254-6, 267-8, 322-5, 347-8, 362; *ver também* mulher(es)
Ferenczi, Sándor, 294, 317, 324
fetiche, fetichismo, fetichistas, 267-9, 348-9
filho(s), filha(s), 14-6, 19-23, 25, 32, 41, 68NA, 92, 115, 117-8, 122, 124, 126-7, 129, 152-3, 163, 166, 168, 180, 184, 186-7, 230, 250, 252, 255, 256NT, 275, 323, 333, 350, 363, 366, 368, 370
filogênese, filogenético, filogenética(s), 137, 139, 141, 182, 218, 248, 250, 264-5, 272
filosofia, filosófico, filósofo(s), 92, 190, 196NA, 206-7, 209, 271, 315, 354-5, 359, 362
"fim da análise", 279-80; *ver também* prazo da terapia
finlandeses, 100
fissura no Eu *ver* cisão do Eu
fixação, fixações, 63, 69, 107-9, 119, 198, 200, 204, 239, 251, 275, 281, 292
Flaubert, 73
Flávio Josefo, 22NA, 43NA, 302
Fliess, Wilhelm 323
fobias, 108, 116, 119
formação onírica, 210
Frazer, 126NA, 153NA
Freud, Anna, 301NA, 305
frustração, frustrações, 289, 295-6
função sexual, 199, 204, 244-6; *ver também* sexualidade, sexual, sexuais
*Futuro de uma ²usão, O* (Freud), 120NT, 265NT

Galton, 18
garotos *ver* menino(s)
*Genealogia da moral* (Nietzsche), 90NT
Gênesis, 41
genital, genitais, 106, 199-200, 202, 204-5, 250, 254, 267-8, 292, 322, 347-8; *ver também* clitóris; pênis; vagina
Germânia, 56

ÍNDICE REMISSIVO

Gilgamesh (personagem mitológica), 20
Goethe, 126, 150, 173, 174NA, 273NT, 287NT, 304NT
*Golden Bough, The* (Frazer), 126NA
Gósen, 43
*Götter Griechenlands, Die* (Schiller), 142NA
Göttingen, 362
Grécia antiga, grego(s), 45, 92, 100, 122, 146, 160, 167, 187, 246, 314-5
Gressmann, H., 53, 59NA
Grubrich-Simitis, Ilse, 190NT, 353NT, 357NT

*habiru*, 44, 73
*Hamlet* (Shakespeare), 253, 334NT, 342NT
Haremhab, 36, 44, 71, 84
hebraico, 14-6, 38, 67NA, 158
hebreu(s), 17, 26, 31, 44, 73; *ver também* Israel, israelitas; judaísmo, judeu(s)
Heine, Heinrich, 46NA
Heliópolis (On), 30, 32-3, 39, 47, 69, 84-5
henoteísmo, 177
herança arcaica, 137-41, 218, 308-9
Hércules (personagem mitológica), 20
hereditariedade, hereditários, hereditária(s), 103, 140, 243, 308-9, 364
Herodes, 23
Heródoto, 40, 45NA, 46NT, 51, 63

herói(s), 18-25, 53, 68, 100, 123, 148, 152, 167, 183, 246, 252-3, 271
heterossexualidade, 313
Hexateuco, 59, 62
hicsos, 43
hieroglífica, escrita, 63NA
higiene, 45NA
hindus, 100
hinos, 29, 33-4, 37, 74NA
hipnose, hipnóticos, 294, 358, 359NA; *ver também* sugestão
histeria, histérica, 283, 343
*História de uma neurose infantil* (Freud), 276NA
historiografia, 44, 63, 70, 97-8, 185
*History of Egypt* (Breasted), 15, 32NA, 34
Hoffmann, E. T. A., 174
homem, homens, 14, 17, 22-5, 28-9, 45, 48-9, 53, 55, 75, 85, 88, 107, 114-5, 122, 125, 147-54, 162-3, 169-70, 173, 176-8, 180, 183, 201NA, 243, 245, 247, 250, 252-3, 255-6, 267, 282, 313-4, 322-4, 325NA, 344, 354, 366-7; *ver também* masculinidade, masculino(s), masculina(s)
Homero, 100-1
hominização, 106, 157, 201
homossexualidade, homossexual, 204, 254, 313
horda primordial, 127, 183; *ver também* pai primordial
hordas, 44, 114-5, 118, 179
Horeb, monte, 50, 60, 68

# ÍNDICE REMISSIVO

Hórus (divindade), 45NA
humanidade, 79, 124, 147, 157, 163, 179, 186, 218, 254, 343, 366-7

*Ich und die Abwehrmechanismen, Das* (Anna Freud), 301, 305
Id, 135-7, 142, 160-1, 192-5, 197-8, 213-7, 220, 222-3, 225-6, 232, 234, 237-8, 244, 251, 260-3, 265-6, 269-70, 272-3, 301, 304-11, 364-5
Idade Média, 123
identificação, 113, 115, 123, 173, 255, 270, 363-4
idiomas antigos, duplo significado em, 221
Igreja católica, 79-81
ilusão, ilusões, 84, 178, 184, 225, 232
imagens, proibição de, 29-30, 63NA
imaginação, 21, 26, 136, 174, 297
*Imago*, 17, 78, 87, 144
imperialismo egípcio, 31, 33, 43, 83, 89-90, 92
Império britânico, 156
impotência sexual, 112
impulso(s), 169, 174-5, 184, 195, 202, 204, 217, 219, 235, 237-8, 244, 246, 251, 284, 287, 306, 310, 340-1
incesto, incestuosas, 116, 166-8
inconsciente, 129, 131, 134-6, 142-3, 174-5, 182, 207-24, 226, 228, 234-5, 238, 244, 251, 259, 267, 319, 323, 336, 341, 355, 357, 359-60

inconscientes, atos e processos, 133-5, 137, 210, 213, 218, 224, 235, 306, 356-60
indiano, povo, 46NA
inércia psíquica, 239, 310
infância, infantil, infantis, 18, 21, 23, 48, 53, 81, 101, 103, 105-7, 109, 126, 138-9, 152, 162, 173-6, 184, 193-4, 200-1, 203, 218, 228, 230-1, 242, 244-5, 250, 252-3, 264-5, 269-70, 272, 276, 278, 289-90, 341-2, 364-5; *ver também* criança(s)
inferno, 37NA
Inglaterra, 81, 144, 368
inibição, inibições, inibido, inibida, 49, 108-9, 125, 175, 204, 217, 230, 237, 251, 275, 291, 329, 363-4
instinto(s), instintual, instintuais, 109, 133, 135, 139, 141, 160-6, 168, 170, 175, 185, 192-3, 195-7, 199, 202-3, 217, 219, 223, 225-6, 235, 237-9, 242, 244, 260-7, 269-70, 280-1, 284-90, 293-8, 300-1, 310-2, 315-6, 321, 346; *ver também* destruição/morte, instinto de; Eros, instinto de
intelectualidade, 159, 162-3
inteligência(s), 28, 316
interior do Eu, 197, 213, 306; *ver também* Eu, o
*InternatÑnale Zeitschrift für Psychoanalyse*, 317NA, 362NT
interpretação dos sonhos, 215-7,

ÍNDICE REMISSIVO

219-21, 223-4; *ver também* sonho(s)
*Interpretação dos sonhos, A* (Freud), 18NT
interpretações analíticas, 21, 24, 83, 138, 328, 333, 336, 338, 357; *ver também* construções analíticas
intolerância religiosa, 32, 35
invasão alemã da Áustria, 81, 369
inveja do pênis, 254-5, 322, 324, 363
investimento(s), 96, 133, 136, 198, 204-5, 215, 217, 220, 248, 309-10, 353
irmão(s), irmã(s), 19, 49, 66, 115-6, 122-3, 147, 165-7, 180, 186, 245, 254, 256NT
irrupção, 109, 113, 124, 210, 216, 233-4, 266, 284, 305
Isaac, 66
Ísis (divindade), 45NA
islã *ver* muçulmana, religião
Israel, israelitas, 14, 25, 38-9, 50, 52, 55-7, 61, 63, 66, 68, 71, 73-4, 76, 82, 86, 147, 154, 155; *ver também* judaísmo, judeu(s)
Istar (divindade), 20
Itália, 79

Jacó, 41, 66
Jaú (divindade), 89
Jeová [ou Javé], 34, 50, 52-3, 55, 58-61, 65-6, 67NA, 68-70, 73-5, 86-90, 93-4, 99, 102, 130, 154, 171-2; *ver também*

Adonai
"jeovista", 62, 87-8
Jerusalém, 89, 159
Jesus Cristo, 23, 82, 122-4, 126-7, 142, 147, 302
Jetro, 51, 60
Jochanan, 67NA
Jochanan ben Sakkai, 159
Jones, Ernest, 123NA
Jordão, rio, 55
Josué, 51, 59, 62, 66
Judá, reino de, 56
judaísmo, judeu(s), 14, 17, 22-4, 27, 29, 31, 38-42, 43NA, 44-8, 51, 54-6, 62-3, 65-7, 70, 72, 75, 83, 85-90, 92-4, 97, 99-100, 102, 120-1, 124-30, 143, 145-8, 152, 154-5, 159-60, 163-4, 170-1, 176, 185-8, 365-7; *ver também* Israel, israelitas
Judeia, 126
*Jüdisches Lexikon* (Herlitz e Kirschner), 15
Jung, 256NT
Júpiter/Jovis (divindade), 67NA

Kant, 365
Karna (personagem mitológica), 20

Labirinto de Minos, 100
lapso, 333, 338, 356-8
latência, 96, 98, 102, 106, 109-10, 112-4, 120-1, 203, 245
latente, conteúdo onírico, 216, 219-22
latim, 221

*Lays of Ancient Rome* (Macaulay), 101NA
legislação judaica/mosaica, 26, 59, 69, 93
lembrança(s), 42, 49, 75, 88, 97, 99, 101-2, 105-6, 113, 116, 131, 133, 141, 154-5, 157, 163, 171, 174, 178-9, 186, 217, 228, 237, 246, 259, 270, 277, 280, 329-30, 335, 340, 343, 348, 353; *ver também* memória; recordação, recordações
lenda(s), lendários, lendária, 14, 18, 20-5, 42, 43NA, 47-8, 51-3, 61, 66, 100, 147, 246, 249; *ver também* mitologia, mito(s)
levitas, 22, 25, 57-8, 72, 75, 88
libido, libidinal, libidinais, 197-9, 201-2, 204-5, 239, 248, 251, 264, 292, 296, 299, 309, 313-4
*Life and Times of Ikhnaton, The* (Weigall), 37NA
linguagem, 114, 137-9, 157-8, 182, 209, 212-3, 218, 258, 279
linguistas, 221
Lipps, Theodor, 207, 359
líquido amniótico, 20
livre associação, 329
loucura, 342
Luís XV, rei da França, 62NA

Maat (divindade), 29, 32, 74-5, 84
Macaulay, 101NA
mãe(s), 19-20, 68NA, 107, 111-2, 115-6, 118, 153, 158, 165, 172-3, 203, 229, 246, 248-52, 253NA, 254-6, 275, 333, 350, 362
magia, mágico(s), mágicas, 30, 37, 53, 74-5, 84, 94, 121, 125, 156-7, 314
*Mahabharata*, 20NT
malária, 314
*Mal-estar na civilização, O* (Freud), 120NT, 128NT
mamíferos, 20INA
Maneto, 146NA
manifesto, conteúdo onírico, 216, 221-2
masculinidade, masculino(s), masculina(s), 67NA, 68NA, 111-2, 118, 180, 202, 245, 247, 249-51, 254-5, 322-5, 349; *ver também* homem, homens
masoquismo, masoquista(s), 202, 280, 283, 311-2, 325NA, 338
Massá, 52
massas, psicologia das, 95, 99, 103, 130-1, 140-1, 163, 175, 181-2
masturbação, masturbatórias, 112, 250-1, 254, 347, 349, 364
matriarcado, 116, 118, 158
maturidade psíquica, 328
medicina, 275
médico, 226, 276, 297, 314, 318, 324, 358
Mediterrâneo, 41, 67NA, 145
medo(s), 22, 112, 116, 119, 251, 260, 262, 264, 268, 279,

324-5, 347, 349; *ver também* angústia(s)
memória, 32, 36, 58, 60, 68, 84, 88, 101, 178, 192, 211, 217-8, 340, 367; *ver também* lembrança(s); recordação, recordações
menina(s), 107, 172, 203, 247, 254-5, 347-8
menino(s), 15-6, 21-3, 48, 52, 111-3, 173, 203, 245, 247-52, 254, 264, 347-9
menopausa, 288
menstruação, 201NA, 245
mentira, 84
Meribá-Cades, 50, 52
Merneptah, 44NA, 71-2, 86-7
Mesopotâmia, 33
Messias, o, 126, 147
meta(s), 108, 133, 151, 195-6, 199, 204-5, 221, 243, 265, 332
metapsicologia, 287
Meyer, Eduard, 22, 25NA, 50-3, 55, 66, 72, 86
Midiã, midianita(s), 40, 50-3, 55, 58, 60-1, 65, 68, 71, 73, 86
minoico-micênica, cultura, 100
Minos, 67NA, 100
misticismo, 121, 315
*Mito do nascimento do herói, O* (Rank), 18
mitologia, mito(s), 18-25, 27, 37, 47, 83, 100, 115, 117, 119, 148, 152, 167, 218, 250, 252, 256NT, 271, 350; *ver também* lenda(s), lendários, lendária
Mitra (divindade), 123NA

monoteísmo, monoteísta(s), 26, 29-34, 39-40, 47, 73, 80, 83-4, 89, 91-4, 96, 120-1, 124-6, 130, 142, 144, 149, 153-4, 177, 181, 186-7; *ver também* Deus
moral, morais, 76, 116-7, 164-5, 180, 185, 271, 353
Morávia, 369
morte, 19, 30-2, 36, 44, 47, 85, 113, 115, 117, 122, 126, 159, 186, 196-7, 202, 256, 262, 311-2, 314, 317, 347; *ver também* destruição/morte, instinto de
morto(s), 31, 37, 40, 54-5, 176, 180, 337
Mosche (Moisés), etimologia egípcia de, 14-6
"Mosessagen und die Leviten, Die" (Meyer), 25NA
muçulmana, religião, 130
mulher(es), 19, 33, 65, 107, 112-3, 115-6, 167, 180, 203, 223, 247, 250-2, 255-6, 267-8, 282-3, 288, 322-5, 348-9, 362-3; *ver também* feminilidade, feminino(s), feminina(s)
mundo exterior, 108-10, 113, 135, 157, 161, 192-3, 195, 198, 212-3, 217, 226-7, 237, 259-66, 268-73, 301, 305, 364
mundo interior, 226, 259, 263, 265, 270, 272-3

nações, 149, 308

## ÍNDICE REMISSIVO

narcisismo, narcísico, narcísica(s), 105, 128NT, 162, 164, 198, 248, 264
nascimento, 105, 167, 192, 200-1, 217, 275
nascimento de heróis, mitos de, 18-21, 23
nazismo, nazista, 8INT, 129
Neemias, 63, 69
Nefertiti, 33NA
Nestroy, Johann, 291, 339
neurose(s), neurótico(s), neurótica(s), 79, 83, 96, 103-5, 107-13, 125, 130-1, 139-40, 142, 157, 175, 185, 201, 211, 224, 227, 229-30, 236-7, 240-4, 246, 257, 264, 266-7, 269, 275-8, 280, 282, 284, 287-8, 293, 302, 305, 311, 324, 342, 364
*Neveu de Rameau, Le* (Diderot), 254NT
Nietzsche, 90NT, 362
Nilo, rio, 15, 23, 46NA, 89
*Nirvana*, 261
nome divino, restrições no uso do, 29, 59
nórdicos, povos, 128
normalidade psíquica, 280, 318
Núbia, 33, 36
Números, Livro de, 42NT, 50NT, 70NT, 87NT
nutrição, 202, 247

obsessivo(s), obsessiva(s), 120, 174, 179, 185
ódio, 68, 112, 127-9, 147, 184, 251, 364

On *ver* Heliópolis
onanismo infantil, 364; *ver também* masturbação, masturbatórias
oníricos, pensamentos, 216, 219-20
*Oresteia* (Ésquilo), 158
Orestes (personagem mitológica), 256NT
órgãos sensoriais, 157, 211-2, 217, 258; *ver também* sensorialidade, sentidos
orgulho, 44, 121, 156-7, 162, 164, 249, 272
Oriente, 131, 153
Oseias, 54
Osíris (divindade), 31, 37, 40

paciente(s), 61, 79, 110, 179, 223, 226, 228-34, 236-9, 256, 260, 266-7, 276-81, 283, 285, 293-8, 306-7, 318-9, 321, 324, 328-9, 334-9, 346, 348-9, 358
pai, 16, 19-21, 31-2, 35, 63, 111-3, 115-9, 122-5, 127, 147, 152-3, 158, 162-3, 165-9, 173, 180, 182-4, 186-7, 229-30, 245-6, 249-52, 253NA, 254-6, 324, 333, 347, 349-50
pai primordial, 117-8, 121-2, 127, 130, 132, 141, 168, 185-6
pais, 19-21, 111-2, 118, 139, 162, 165, 176, 193-4, 230, 238, 246, 264, 271-2
Paixão de Cristo, 123
paixões, 72, 253, 321

Palas Atena (divindade), 35, 68NA
*Palavras de Freud, As* (Paulo César de Souza), 151NT
Palestina, 33, 44, 50-1, 86
papa, 366
paranoia, paranoide, 266, 278
Páris (personagem mitológica), 20
partículas primordiais, 258, 316
passividade, 325
patriarcado, 118, 158, 163, 180
patriarcas hebreus, 40, 66, 68, 94
Paulo, apóstolo, 121-2, 124-6, 186
"pecado original", 122, 186
pênis, 111, 203, 254-6, 260, 267-8, 322-5, 348-9, 363
pensamento(s), 17, 79, 84, 92, 99, 103, 108, 137, 139, 143, 148, 152, 157-8, 179, 190, 206-7, 211-3, 216-20, 228, 259, 262, 271, 329, 337, 353, 355-7
Pentateuco, 48, 62-3, 159
percepção, percepções, 26-7, 31, 47, 67, 84, 100, 106-7, 111, 137, 156-8, 163, 166-7, 175, 178, 186, 192, 203, 206, 209-12, 214, 256, 258-9, 261-3, 265, 267-70, 293, 303, 309, 348-9, 353, 360
"perigos da análise", 321
persa(s), 63, 89, 91
perseguição, perseguições, 36, 43, 128, 365, 369
Perseu (personagem mitológica), 20

personalidade, 113, 149, 151, 260, 314, 317-8, 362
perversão, perversões, pervertidos, 200, 204, 246, 267
pesquisa psicanalítica, 115, 138, 182, 215
*Pinchas*, 25NA
pirâmide, 37
politeísmo, politeísta, 30, 92, 118, 124, 129; *ver também* deus(es), deusa
polução espontânea, 111
Pompeia, 331
porcos, 45NA
povos primitivos, 155, 250, 264
prazer, 14, 30, 156NT, 160-1, 174, 193, 200, 202, 204, 254, 261-2, 311; *ver também* princípio do prazer
prazo da terapia, 277-8
pré-consciente, 134-7, 209-11, 213-7, 222, 238, 262
pré-conscientes, atos e processos, 209, 211, 218-9
Primeira Guerra Mundial, 276-7
princípio da realidade, 262
princípio do prazer, 261-2, 270, 301, 303, 312; *ver também* prazer
"Problema do término da análise, O" (Ferenczi), 317
processos psíquicos, 108, 136, 209, 238, 258, 355, 359
procriação, 199-200
Profeta, o (Maomé), 130
profetas hebreus, 54, 69, 75, 77, 91, 154, 164, 184

"protesto masculino", 322, 325
protoplasmático, ser, 198
pseudópodes, 198
psicanálise, 17, 80-2, 103, 110, 144, 179, 190, 192NA, 200, 207, 231, 238, 247, 253-4, 257, 259-60, 282, 284, 288, 305, 308, 318, 328, 353, 355-6, 359-60, 362-3
psicologia, 95, 99, 103, 130, 131, 140-1, 152, 160, 163, 175, 181, 194, 202, 206-7, 245, 257-9, 353-4, 359-60
*Psicopatologia da vida cotidiana* (Freud), 338NT, 356NA
psicose(s), psicótico(s), 109, 120, 210, 224-7, 240, 257, 266-7, 300, 341, 343, 349
psique, 103, 135, 178, 181, 191-2, 197, 201, 211, 225-6, 241, 247, 269, 321-2, 365; *ver também* aparelho psíquico; vida psíquica
puberdade, 106, 109, 112, 134, 199-201, 204, 250-1, 283, 288

quatro elementos, 315-6

Ra (divindade), 30, 39
raça(s), racial, 81, 128, 194, 272, 308, 366
racional, racionais, 130, 166, 168, 229, 238
raiva, 197, 220
Ramsés, 16
Rank, Otto, 18, 20, 23, 275-6
Re (divindade), 32

recordação, recordações, 116, 155, 339-41; *ver também* lembrança(s); memória
refeição totêmica, 117, 119, 123, 180; *ver também* totemismo, totêmico(s), totêmica
regressão, 124, 148, 205, 349
rei e rainha, simbolismo infantil de, 21
"rejeição da feminilidade", 322, 325
religião, religiões, religioso(s), religiosa(s), 14, 18, 26, 29-43, 45NA, 46-7, 50-1, 53-6, 58-60, 65-77, 79-80, 82-90, 92-3, 96-100, 102-3, 114, 117, 119-27, 129-31, 143-4, 147, 153-6, 158, 164-6, 169-72, 176, 178, 180, 183-7, 366-7
renúncia instintual, 116, 157, 160-2, 164, 176
represamento libidinal, 295-6
repressão, repressões, reprimido(s), reprimida(s), 36, 69-70, 77, 80, 113, 121, 125, 133-7, 143, 175, 181-2, 185, 204, 214, 216, 218, 228, 234-5, 238, 242-4, 246, 251, 253-4, 264, 269, 275, 279-80, 284, 288-90, 293, 302-3, 306, 319, 321, 323-4, 328-30, 339-41, 343-4
reprodução, 246
resíduos mnêmicos, 105, 137, 212-3
resistência(s), 95, 134, 146, 186, 210-1, 215, 219, 227, 232-8,

242, 277, 280, 291, 305-7, 309-11, 318, 324-5, 328, 335, 340-1
respiração, 159
revolução nacional-socialista alemã, 129
Rilke, Rainer Maria, 362
"romance familiar", 21
romano(s), 121, 128, 186-7, 314NT
Rômulo, 20, 22
Roux, Wilhelm, 243
*ruach*, 158
Rússia soviética, 78

"sábios de Sião", conspiração dos, 121
*sacer*, 168, 221
sacerdote(s), 28, 35, 38, 43, 51-3, 57-8, 60, 62, 65, 69, 71, 75-6, 83, 91, 94, 125
sacralidade, sagrado, 40, 69, 166, 168, 183, 221, 367
sacrifícios rituais, 75, 91
sadismo, sádicos, sádica, 105, 202, 292
Sargão de Agade, 19-20
satisfação, satisfações, 70, 82, 160-2, 164, 169, 175, 193, 195, 202, 204-5, 222-3, 231, 244, 249, 251, 254, 256, 260, 262-3, 265, 270, 287-8, 301, 313, 346-8, 365
saúde, 288, 337
Saulo de Tarso *ver* Paulo, apóstolo
Sauvé de la Noue, Jean, 370NT
Schiller, 142NA

sedução, 107, 245, 347
seio materno, 247-8, 364
Selinunte, 314
Sellin, Ernest, 53-5, 69, 76, 83, 86, 98, 126, 132
semita(s), 41, 43, 49, 70, 85
sensação, sensações, 137, 202, 210, 212, 240, 248, 261-2, 324
sensorialidade, sentidos, 156, 158-60, 163
sensualidade, 156NT
sentimento(s), 66, 79, 90, 121, 128, 155, 159, 162, 166-7, 183-5, 206, 211-2, 229, 236, 238, 311-2, 324, 333, 338, 353
seres humanos, 44, 74, 83, 101, 124, 138, 141, 163, 169, 179, 182
Seth (divindade), 45NA
sexualidade, sexual, sexuais, 79, 105-7, 111-3, 156NT, 163-4, 166, 196-7, 199-205, 222-3, 231, 244-6, 248-51, 254, 264-5, 268, 299, 312, 325, 337, 347, 365, 367; *ver também* vida sexual
Shakespeare, 93NA, 253, 334NT, 342NT
Shaw, Bernard, 78NA
Sicília, 314NT
Silo, 25NA
simbolismo, símbolo(s), 34, 84, 138, 168, 182, 218, 221, 309
Sinai, monte, 48, 50, 60, 68, 86, 183
sintoma(s), 83, 96, 105, 108-9, 111-4, 120, 172, 175, 224,

229, 242, 244, 275, 279, 329, 338, 347, 349-50
Siquém, 41
Síria, sírio(s), 33, 38-9, 51, 86, 187
sistema nervoso, 191
Sitim, 54NA, 55
Smith, Robertson, 117, 179-81
"Sobre a psicogênese de um caso de homossexualidade feminina" (Freud), 256NT
"Sobre a sexualidade feminina" (Freud), 256NT
Sociedade Científica, 369
sofrimento(s), 229, 236, 238, 240-1, 295-7, 311, 338, 347
Sol, culto do, 29, 32-37, 39, 85
sonho(s), 19-22, 101, 138, 174, 212, 216-24, 233, 250, 266, 268, 288, 329, 338, 340
sono, 111, 133, 193, 210, 216-7, 222-4, 257, 263, 288
*spiritus*, 158
Strachey, James, 35NT, 127NT, 158NT, 186NT, 256NT
sublimação, sublimações, 204, 239
sugestão, 334, 359; *ver também* hipnose, hipnóticos
sumérios, 41
Super-eu, 136, 161-3, 165, 193-5, 197-8, 213, 215, 225-6, 229, 232, 236-8, 243, 271-3, 301NT, 311
superstições, 292

tabu, 59, 116
tábuas da Lei, 48, 71

teatro medieval, 123
Tebas, 30, 33, 35-6, 39
técnica psicanalítica, 225, 239, 328
Télefo (personagem mitológica), 20
Tell el-Amarna, 35, 85NA
templo de Jerusalém, 63, 159
templo(s), 32, 36, 62, 89
tensão, tensões, 161, 193, 195, 261, 271
*Tentação de Santo Antão, A* (Flaubert), 73NT
teóforos, nomes próprios, 59
terapia, 201, 239, 275-7, 283-4, 286, 289-90, 293, 295, 305, 307, 311
terremotos, 67NA
Tertuliano, 120NT
Tito, imperador romano, 159
Torá *ver* Pentateuco
*Totem e tabu* (Freud), 78, 82, 114, 179, 181, 273NT
totemismo, totêmico(s), totêmica, 29, 117-9, 123, 165, 180-1, 183
trabalho analítico, 106, 110, 125, 131, 139, 141, 181, 252, 275, 279, 293-4, 297-8, 307, 310-1, 318-9, 324, 328-9
trabalho do sonho, 216, 218-20, 222, 224
traço(s) mnêmico(s), 131, 133, 140, 250, 263
tragédias gregas, 123
transferência(s), 229-33, 235, 238, 277-8, 282-3, 295, 297-8, 306, 324-5, 329, 331

Transjordânia, 56, 60
transmigração das alma, 315
*Trauma do nascimento, O* (Rank), 275
trauma(s), traumático(s), traumática(s), 77, 96, 103-10, 112-4, 137, 139, 203, 242-3, 250, 275, 280-1, 284, 286, 289, 300, 346
travessia do mar Vermelho, 49
Tutankamon, 331
Tutankaton, 36
Tutmés III, 33

útero, 217, 283

vacas, 45NA
vagina, 203
Velho Testamento, 16; *ver também* Bíblia, bíblico(s), bíblica; Pentateuco
verbal, lapso, 356-7
vida após a morte, 31, 40, 84
vida intrauterina, 217
vida psíquica, 95, 99, 119, 134-5, 137, 172, 175, 191, 195, 214, 236, 247, 257, 295, 310-2, 315, 359-60
vida sexual, 106-7, 199-202, 204, 244-5, 249-52, 264
Viena, 144, 276-8, 338, 363, 369
vigília, 111, 216-9, 222, 224
violência, 25, 79, 115, 160, 253, 331, 367
virgindade, 68NA
visão, visual, visuais, 137, 158, 212, 246, 258, 348
Voltaire, 239NT

Volz, Paul, 76
Von Chamisso, Adelbert, 16
*Vorsokratiker, Die* (Capelle), 314NA
vulcânicas, erupções e divindades, 67NA

Weigall, A., 37NA, 39
*Wesen des Antisemitismus, Das* (Coudenhove-Kalergi), 368
Westminster, 95

Yahuda, 57, 63NA

*Zerrissene, Der* (Nestroy), 339NT
Zeto (personagem mitológica), 20
Zeus (divindade), 35, 68NA, 350
zona(s) erógena(s), 199, 201
*Zurück zu Freuds Texten* (Gubrich-Simitis), 190NT, 353NT

**SIGMUND FREUD,
OBRAS COMPLETAS
EM 20 VOLUMES**
COORDENAÇÃO DE PAULO CÉSAR DE SOUZA

1. **TEXTOS PRÉ-PSICANALÍTICOS** (1886-1899)
2. **ESTUDOS SOBRE A HISTERIA** (1893-1895)
3. **PRIMEIROS ESCRITOS PSICANALÍTICOS** (1893-1899)
4. **A INTERPRETAÇÃO DOS SONHOS** (1900)
5. **PSICOPATOLOGIA DA VIDA COTIDIANA E SOBRE OS SONHOS** (1901)
6. **TRÊS ENSAIOS SOBRE A TEORIA DA SEXUALIDADE, ANÁLISE FRAGMENTÁRIA DE UMA HISTERIA ("O CASO DORA") E OUTROS TEXTOS** (1901-1905)
7. **O CHISTE E SUA RELAÇÃO COM O INCONSCIENTE** (1905)
8. **O DELÍRIO E OS SONHOS NA GRADIVA, ANÁLISE DA FOBIA DE UM GAROTO DE CINCO ANOS ("O PEQUENO HANS") E OUTROS TEXTOS** (1906-1909)
9. **OBSERVAÇÕES SOBRE UM CASO DE NEUROSE OBSESSIVA ("O HOMEM DOS RATOS"), UMA RECORDAÇÃO DE INFÂNCIA DE LEONARDO DA VINCI E OUTROS TEXTOS** (1909-1910)
10. **OBSERVAÇÕES PSICANALÍTICAS SOBRE UM CASO DE PARANOIA RELATADO EM AUTOBIOGRAFIA ("O CASO SCHREBER"), ARTIGOS SOBRE TÉCNICA E OUTROS TEXTOS** (1911-1913)
11. **TOTEM E TABU, HISTÓRIA DO MOVIMENTO PSICANALÍTICO E OUTROS TEXTOS** (1913-1914)
12. **INTRODUÇÃO AO NARCISISMO, ENSAIOS DE METAPSICOLOGIA E OUTROS TEXTOS** (1914-1916)
13. **CONFERÊNCIAS INTRODUTÓRIAS À PSICANÁLISE** (1916-1917)
14. **HISTÓRIA DE UMA NEUROSE INFANTIL ("O HOMEM DOS LOBOS"), ALÉM DO PRINCÍPIO DO PRAZER E OUTROS TEXTOS** (1917-1920)
15. **PSICOLOGIA DAS MASSAS E ANÁLISE DO EU E OUTROS TEXTOS** (1920-1923)
16. **O EU E O ID, ESTUDO AUTOBIOGRÁFICO E OUTROS TEXTOS** (1923-1925)
17. **INIBIÇÃO, SINTOMA E ANGÚSTIA, O FUTURO DE UMA ILUSÃO E OUTROS TEXTOS** (1926-1929)
18. **O MAL-ESTAR NA CIVILIZAÇÃO, NOVAS CONFERÊNCIAS INTRODUTÓRIAS E OUTROS TEXTOS** (1930-1936)
19. **MOISÉS E O MONOTEÍSMO, COMPÊNDIO DE PSICANÁLISE E OUTROS TEXTOS** (1937-1939)
20. **ÍNDICES E BIBLIOGRAFIA**

PARA MAIS INFORMAÇÕES SOBRE OS VOLUMES PUBLICADOS, ACESSE:
www.companhiadasletras.com.br

ESTA OBRA FOI COMPOSTA
EM FOURNIER E CONDUIT
POR RAUL LOUREIRO
E IMPRESSA EM OFSETE PELA
GEOGRÁFICA SOBRE PAPEL
PÓLEN DA SUZANO S.A.
PARA A EDITORA SCHWARCZ
EM AGOSTO DE 2024

A marca FSC® é a garantia de que a madeira utilizada na fabricação do papel deste livro provém de florestas que foram gerenciadas de maneira ambientalmente correta, socialmente justa e economicamente viável, além de outras fontes de origem controlada.

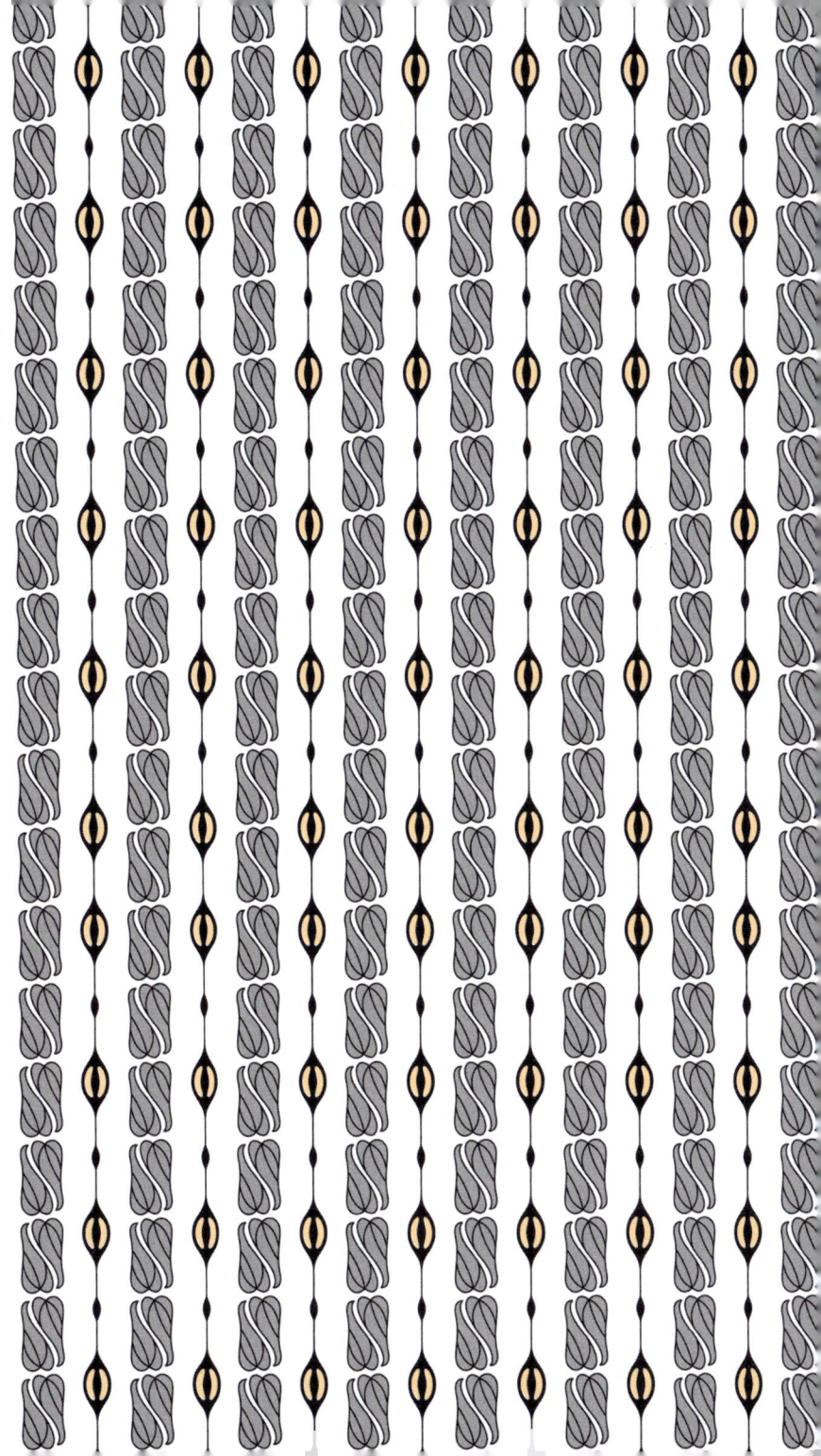

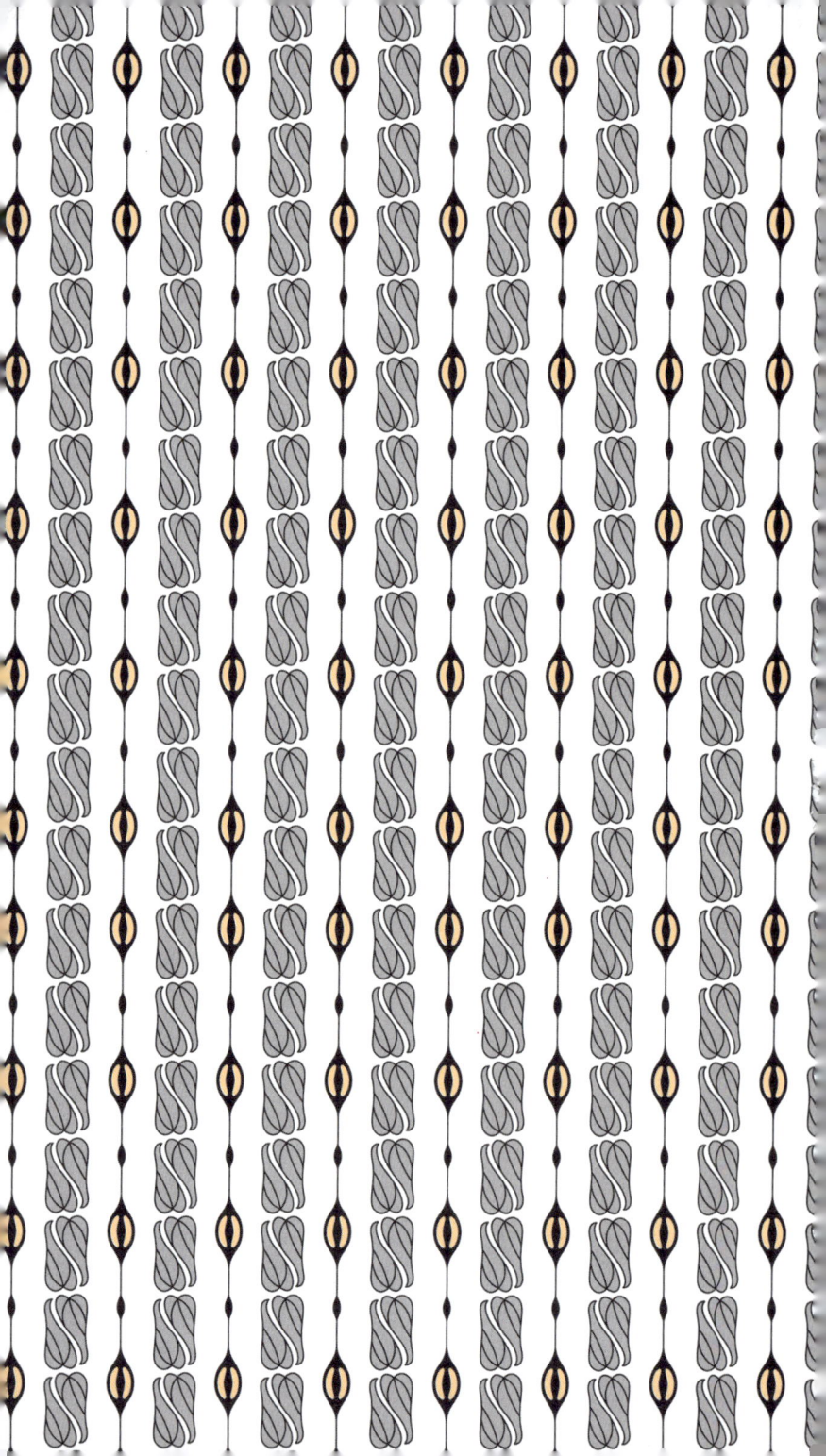